中国宏观经济发展的政治经济学

Political Economics of Development with China's macro economy

师　博　钞小静◎等著

发展的政治经济学与新中国70年

任保平　何爱平　师　博／主编

陕西省「三秦学者」创新团队支持计划项目
文化名家暨「四个一批」人才工程项目资助项目
陕西省特支计划「杰出人才」
西北大学「双一流」建设项目资助
Sponsored by First-class Universities and Academic Programs of Northwest University
陕西省「特支计划」青年拔尖
教育部人文社科基金「新常态下中国经济增长数量和质量多维互动机制研究」
（17XJA790004）

中国经济出版社
CHINA ECONOMIC PUBLISHING HOUSE
北京

图书在版编目（CIP）数据

中国宏观经济发展的政治经济学 / 师博等著. -- 北京：中国经济出版社，2019.8

ISBN 978 - 7 - 5136 - 5786 - 0

Ⅰ. ①中… Ⅱ. ①师… Ⅲ. ①中国特色社会主义 - 社会主义政治经济学 - 研究 Ⅳ. ①F120.2

中国版本图书馆 CIP 数据核字（2019）第 166155 号

责任编辑　贺　静
责任印制　巢新强
封面设计　华子设计

出版发行　中国经济出版社
印 刷 者　北京艾普海德印刷有限公司
经 销 者　各地新华书店
开　　本　710mm × 1000mm　1/16
印　　张　20.5
字　　数　294 千字
版　　次　2019 年 8 月第 1 版
印　　次　2019 年 8 月第 1 次
定　　价　89.00 元
广告经营许可证　京西工商广字第 8179 号

中国经济出版社 **网址** www.economyph.com **社址** 北京市西城区百万庄北街 3 号 **邮编** 100037

本版图书如存在印装质量问题，请与本社发行中心联系调换（联系电话：010 - 68330607）

总 序

发展经济学是第二次世界大战以后产生的研究发展中国家经济发展的经济学科，20 世纪 40 年代后期在西方国家逐步形成，主要探讨贫困落后的发展中国家如何实现现代化和工业化、摆脱贫困、走向富裕等问题。但是西方发展经济学以西方经济学的理论与方法为指导，并没有为中国经济发展提供有效的理论指导。进入新时代，中国面临的重大发展问题是现代化发展问题，经济发展的主要任务是现代化强国建设。西方发展经济学不可能指导中国经济的现代化发展，中国经济发展的实践亟须构建具有新时代特征和中国特色的中国发展经济学。新时代中国特色社会主义政治经济学的创新要以马克思主义经济发展理论为指导，以新时代中国经济发展的经验、事实和材料为基础，把发展经济学与政治经济学相结合，构建发展的政治经济学理论体系，探讨新时代中国现代化发展的特殊规律。

一、中国特色发展的政治经济学的理论定位

随着中国特色社会主义进入新时代，中国发展经济学的研究对象不再是如何解决贫穷落后的问题，而是应该研究中国独特的现代化发展道路，探索新时代中国现代化发展的特殊规律。概言之，主要包括两方面的内容：一是我国如何由落后国家变为一个经济大国，研究如何由计划经济转型为社会主义市场经济大国的道路。改革开放 40 年来中国经济快速发展，实现了由计划经济体制向社会主义市场经济体制

的转型、由封闭经济体系向开放经济的转型，成功进入了中等收入国家行列，这一阶段的发展道路为世界其他发展中国家提供了新的范本，需要在理论上加以系统总结和研究，进而形成系统化的中国特色发展的政治经济学的理论学说。二是进入新时代，我国如何从一个经济大国变为现代化经济强国。就经济总量而言，目前我国已经成为世界第二大经济体，但还不是经济强国，作为发展中大国的国际地位没有变，仍然面临现代化发展问题。传统增长方式亟待转型，“中等收入陷阱”必须尽快跨越，社会矛盾不断加剧，发展的不平衡、不协调、不充分、不可持续问题更加突出，亟须建立新时代中国特色发展的政治经济学，为解决这些问题提供理论指导，从而使中国从经济大国转向现代化的经济强国。新时代中国特色发展的政治经济学以中国现代化强国发展道路为研究对象，回答的是“什么是新时代的现代化发展”“在新时代如何实现现代化发展”“新阶段的现代化发展为了什么”这三个根本问题。既要解释中国从低收入国家发展成为中等收入国家所走过的发展道路，又要研究进入中等收入国家发展阶段后走向现代化的发展道路。易言之，既要对中国过去的发展道路进行理论总结，又要对中国新时代的现代化强国建设的道路进行研究。

习近平总书记在主持中共中央政治局第二十八次集体学习时强调，要立足我国国情和发展实践，揭示新特点、新规律，提炼和总结我国经济发展实践的规律性成果，把实践经验上升为系统化的经济学说。这不仅是对中国特色社会主义政治经济学的要求，而且是中国特色发展的政治经济学构建要坚持的基本原则。因此，中国特色社会主义政治经济学为中国特色发展的政治经济学提供了基本理论和方法，中国特色发展的政治经济学要坚持以人民为中心的发展思想，把增进人民福祉、促进人的全面发展作为出发点和落脚点，体现中国特色社会主义共同富裕的本质特征。同时也“要按照立足中国、借鉴国外、挖掘历史、把握当代、关怀人类、面向未来的思路，着力构建中国特色哲学社会科学，在指导思想、学科体系、学术体系、话语体系等方面充分体现中国特色、中国风格、中国气派[①]”。新时代中国特色发展的政治经济学要在中国特色社会主义政治经济学所揭示的内在的本质的经济必然性的基础上，研究新时代中国特色的现代化强国建设的道路，总结我国现代化发展的规律，指导新时代现代化强国建设。

中国特色发展的政治经济学的核心是促进生产力的发展，继续坚持解放、发展和保护生产力。其基本立场在于实现以人民为核心的经济发展，坚持人民主体地位，一切为了人民、一切相信人民、一切依靠人民是新时代中国特色发展的政治经济学始终要坚持的核心立场。

二、中国特色发展的政治经济学的实践定位

新时代中国特色发展的政治经济学的实践定位应该是立足于新时代中国发展的实际、中国经济改革的实践和中国新时代现代化发展的实际，研究中国现代化发展的重大理论问题、重大实践问题，总结概括中国经济以及世界经济现代化发展的重大历史经验教训，提炼升华，探索其中的经济规律，进而上升为系统化的经济学说，这样才能促进中国特色发展的政治经济学的理论创新，才能从学理上阐释中国道路的成功，才能指引新时代中国现代化发展的道路。

从这一实践定位出发，中国特色发展的政治经济学创新的内容应大致包括：一是中国由传统农业国转变为工业国的发展道路。中国的农业工业化与其他国家不一样，改革开放之前通过国家工业化，奠定了工业化的基础。改革开放以后，发挥市场机制的作用，利用民间资本的力量，通过乡镇企业促进了农村工业化，加速了中国工业化的进程。二是中国特色的城乡一体化发展道路。作为发展中国家，中国具有发展中国家二元经济结构的典型特征，因而城乡问题是中国现代化

① 习近平．在哲学社会科学工作座谈会上的讲话［EB/OL］．新华网，2016－05－18.

发展的核心问题之一。“党的十八大提出的‘走中国特色社会主义农业现代化道路，建立以工促农、以城带乡、工农互促的新型工农、城乡关系，形成城乡经济社会发展的新格局’是中国特色社会主义城乡一体化的伟大社会实践。”① 三是中国特色的社会主义市场经济道路。改革开放以来，我国成功地实现了从高度集中的计划经济体制向市场经济体制的转型，建立了社会主义市场经济体制的基本框架，走出了一条中国特色的社会主义市场经济发展道路。中国特色社会主义经济体制把市场经济的一般理论与中国的社会主义制度相结合，既具有市场经济的一般特征，又是与社会主义基本制度相结合的市场经济，是在积极有效的国家宏观调控下，市场对资源配置起基础性作用，能够实现效率与公平均衡发展的经济体制。中国特色社会主义市场经济道路的形成，是采用双轨过渡，从局部到总体，体制内改革与体制外推进相结合，改革、发展与稳定相协调，经济的市场化与政治的多元化相分离等方式建立起来的，因此，中国特色发展的政治经济学必须研究中国特色社会主义市场经济道路，总结其发展规律。四是中国特色的扶贫道路。作为最大的发展中国家，新中国成立以来，特别是改革开放以来，我国消除的贫困人数在世界范围内是最多的，据统计，改革开放以来我国的贫困发生率已由1978年的30.7%下降至2015年的5.7%②。中国的反贫困为人类做出了卓越的贡献，中国特色发展的政治经济学的理论创新必须总结这一经验。

三、中国特色发展的政治经济学的理论基础

马克思主义经济发展理论和中国特色社会主义政治经济学是新时代中国特色发展的政治经济学创新的理论基础。新时代中国特色发展

① 彭国昌．分离与融合：中国特色社会主义城乡一体化发展趋势与路径选择［J］．湖南社会科学，2014（1）．

② 孙久文，唐泽地．中国特色的扶贫战略与政策［J］．西北师范大学学报，2017（2）．

的政治经济学是在马克思主义经济发展理论和中国特色社会主义政治经济学所揭示的内在的、本质的经济必然性的基础上进行理论创新，研究中国特色社会主义现代化发展的道路。

（1）马克思主义经济发展理论是中国特色发展的政治经济学的理论基础。马克思主义经典作家在研究资本主义经济的过程中，也研究了经济发展的一般规律，形成了系统的马克思主义经济发展理论。这一理论核心包括：①经济发展的终极目标是人的全面发展。马克思主义经济发展理论认为经济发展的目标是人的全面发展，物质资料的生产是人全面发展的基础。马克思人的全面发展理论体现在马克思和恩格斯1845—1846年合作完成的《德意志意识形态》一书中，马克思认为人的全面发展是指人的智力和体力的统一，精神劳动、物质劳动和享受的统一，生存和发展的统一，并使人的潜能和天资、兴趣和才能得到空前未有的充分发展，使人的身心、精神（道德）、才能、个性全面而丰富地发展。人的全面发展是在社会发展中不断得到实现的，马克思把这一点总结为“社会发展的普遍规律”，同时，人的全面发展又推动了社会的全面进步[①]。②经济发展的动力在于生产力的发展。马克思主义经济发展理论认为生产力是经济发展的动力和最终决定因素。要素生产力和协作生产力是马克思生产理论体系的两个维度。马克思在其生产力理论中，首先论述了要素生产力对经济发展的作用，他在《资本论》第一卷中论述资本主义劳动过程时，就分析了生产要素对生产过程的影响，指出：“在劳动过程中，人的活动借助于劳动资料使劳动对象发生预定的变化。”[②] 经济发展中的生产要素包括劳动者、生产资料、劳动对象三个部分，其中人是经济发展的主体，也是经济发展的最活跃的要素。生产资料、劳动对象是经济发展的物质要素，是人的劳动借以进行的社会关系的指示器。同时，科学技术

① 戴跃侬．人的全面发展理论与马克思主义中国化［J］．马克思主义与现实．2007（5）．

② ［德］马克思．资本论：第一卷［M］．北京：人民出版社，2004：205．

也是生产力，科学技术决定着生产力要素中劳动者的素质，也决定着生产工具和劳动资料的水平。马克思在《资本论》的分工与协作中，还分析了协作生产力对经济发展的作用，协作生产力实际上通过劳动者与生产资料相结合的社会形式对经济发展产生影响。马克思分别研究了简单协作、工场手工业和机器大工业三种协作形式对经济发展的作用。③经济发展的持续性在于按比例协调发展。马克思主义经济发展理论中强调的按比例协调发展包括两个方面：一是国民经济各部门和各个生产环节按比例发展；二是人与自然协调发展。在再生产理论中他把社会生产划分为两大部类，认为两大部类之间相互影响、互为条件、相互制约，两大部类之间只有按比例协调发展，社会再生产才能顺利进行。同时，资本循环依次要经过三个阶段、变换三种职能形式，它们在时间上前后相继，在空间上同时并存，只有这样，资本循环才能顺利进行，这表明国民经济的各个环节必须保持协调关系。同时，马克思主义经济发展理论还论述了人与自然的协调关系，认为人与自然之间存在物质变换关系，在这个物质变换关系中，人与自然之间必须保持协调关系，在经济发展中既要遵循经济规律，又要遵循自然规律。④经济发展的效果取决于经济发展方式。马克思认为生产方式包括外延的扩大再生产和内涵的扩大再生产，前者是指生产场所的扩大，后者则是指生产资料效率的提高，同时，在地租理论中论述了粗放经营和集约化耕作两种方式。这实际上是分析了经济发展的两种方式：一是要素投入驱动型的发展；二是要素使用效率提高型的发展。如果经济发展主要靠要素投入来推动，就是粗放型经济发展方式；如果经济发展主要依靠要素效率的提高，则是集约型经济发展方式。马克思认为提高劳动生产率的途径是变革劳动过程的技术条件和社会条件，从而改变经济发展方式。

（2）中国特色社会主义政治经济学是中国特色发展的政治经济学的理论基础。中国特色社会主义政治经济学与中国特色发展的政治经济学之间既有联系，又有区别。中国特色社会主义政治经济学是对中国经济改革发展的实践经验进行系统总结而形成的系统化学说，是研究和揭示中国经济发展和运行规律的科学，是最高层次的经济理论。中国特色社会主义政治经济学在方向性、基础性、战略性层面研究中国生产力、生产关系以及生产方式的发展规律和趋势，为新时代中国特色发展的政治经济学的创新提供理论指导。例如，新时代理论，解放、发展和保护生产力理论，创新驱动理论，共同富裕理论，社会主义市场经济理论，新常态理论，供给侧结构性改革理论，五大发展理念理论等，这些都是新时代中国特色发展的政治经济学创新要坚持的基本原则。而新时代中国特色发展的政治经济学是中国特色政治经济学的重要组成部分，新时代中国特色发展的政治经济学的创新可以深化中国特色社会主义政治经济学中经济发展理论的研究。新时代中国特色发展的政治经济学要依据中国特色社会主义政治经济学，研究“什么是现代化发展”“现代化发展为了什么”“为谁实现现代化发展”等问题。进入新时代，中国经济发展面临一系列的新问题，需要从理论上加以阐释，包括中国特色的市场经济道路、中国的现代化道路、中国特色的工业化道路、中国特色的市场经济道路、中国特色的城镇化道路、中国特色的“三农”现代化道路等，对这些问题的研究既要以中国特色社会主义政治经济学为指导，其研究成果又可以丰富和发展中国特色社会主义政治经济学。

四、中国特色发展的政治经济学的新境界

习近平总书记在全国哲学社会科学工作座谈会上的讲话中指出，构建中国特色哲学社会科学体系应该从我国改革发展的实践中挖掘新材料、发现新问题、提出新观点、构建新理论。同时，应该从学理上“系统总结改革开放以来中国社会主义现代化建设的丰富实践经验，回应我国进入中等收入发展阶段面临的重大发展问题挑战”①。因此，

① 洪银兴．以创新的经济发展理论阐释中国经济发展［J］．中国社会科学，2016（11）．

中国特色发展的政治经济学必须开拓新的境界。

（1）发展观的新境界。五大发展理念是中国特色发展的政治经济学的发展观，开拓了中国特色发展的政治经济学中发展观的新境界，是发展观的一次重大创新。具体表现在：①创新发展体现了发展动力理论的新境界，创新是引领发展的第一动力，发展动力决定了经济发展的速度、效能以及可持续性。②协调发展的理念开拓了发展结构理论的新境界。我国进入中等收入阶段后，经济发展中的不平衡问题更加突出，需要转向协调发展，以增强新时代发展的整体性，使新时代的产业结构、供求结构、区域空间结构以及相应的发展战略趋向均衡。③绿色发展理念开拓了新时代经济发展财富理论的新境界，传统发展经济学的财富仅是指物质财富，绿色发展理念依据人—自然—社会复合生态系统的整体性观点形成新的财富论，进一步强调了自然资源的重要性。④开放发展的理念开拓了经济全球化理论的新境界，开放发展强调从融入全球化到主导全球化的转变，使我国由经济全球化的从属地位转变为主导地位。⑤共享发展的理念开拓了发展目的理论的新境界，体现了人的全面发展思想，要在新时代实现改革和发展成果全民共享。由此可见，五大发展理念开拓了中国特色发展的政治经济学中发展观的新境界，是发展观的一次重大创新。

（2）发展目标的新境界。党的十九大报告中指出，我国经济已经由高速发展阶段向高质量发展阶段转变，新时代中国特色发展的政治经济学要开拓发展目标的新境界，研究高质量发展。高质量发展要求以提高全要素生产率为目标，通过质量变革、效率变革、动力变革打造中国经济发展的升级版。质量变革是高质量发展的前提和基础，是高质量发展的环境保障。质量变革是指实现产品质量、生产质量和生活质量的提升，其关键是提升生产质量，增加有效供给，减少无效供给，提高供给体系的质量。效率变革主要包括生产效率、市场效率和协调效率三个方面。其中，生产效率强调要素配置效率、企业运行效率和生产组织效率；市场效率关注市场准入效率、市场匹配效率和市场交易效率；协同效率是经济与社会、经济与生态之间的协同运行效率。动力变革是指经济发展动力的调整，包括创新发展动力和结构发展动力。创新发展是高质量发展的第一驱动力，是提升生产能力、提高市场效率、增强企业竞争、实现协调发展的第一支撑力。结构发展动力是高质量发展的战略支撑，须通过产业结构、动力结构和要素结构的全面优化实现高质量的经济发展。

（3）经济发展任务的新境界。新中国成立之后，中国经济发展的目标是实现国家的繁荣富强，也就是实现国家富裕。进入新时代以后，国家富裕的任务已经基本完成，无论是经济发展、经济改革，还是现代化都应当考虑“富民”，即能不能给人民带来利益，能否使人民群众分享经济发展的成果，这既是新时代中国特色发展的政治经济学的任务，又是新时代中国特色发展的政治经济学经济发展任务的新境界。中国特色发展的政治经济学以“富民”为目标，不仅涉及加快经济发展问题，还涉及经济发展成果如何分配，才能使人民群众得到最大收益、最大的社会福利问题①。即一方面要实现经济又好又快发展，“快”是指速度，“好”是指质量，“好”放在前面，是发展观的新境界，也就是经济发展由数量型、速度型转向高质量发展型；另一方面，让人民富裕，不但要扩大中等收入者的比重，还要在收入普遍提高的基础上缩小收入差距，让居民生活质量普遍得到提高。

（4）经济发展模式的新境界。进入新时代意味着我们必须摒弃过去数量型的经济发展模式，探索质量型的发展路径，以提高经济发展质量为核心，把质量当成基础性和关键性的变量，通过转方式、调结构、创新发展，将中国经济引入高质量发展的轨道。实现从高速增长向高质量发展阶段的转型，必须进行发展模式的创新，开拓经济发展

---

① 洪银兴．以人为本的发展观及其理论和实践意义［J］．经济理论与经济管理，2007（5）．

模式的新境界。新时代背景下的经济发展与过去发展模式最大的区别就是要建立在质量效益的基础上，强调经济结构在诸多领域的全面升级，同时，经济发展方式逐步由粗放型向集约型转变，提高经济发展质量，实现高质量发展。新时代中国经济发展要从单纯的速度提升变为速度与质量效益的同步提升，不能仅以 GDP 为标准，更重要的是要着力解决发展的不平衡和不充分问题，提高居民生活质量，满足人民对美好生活的需求，让居民共同享受经济增长的成果，减少贫富差距和城乡差距。

（5）经济发展动力的新境界。处于低收入发展阶段时，经济发展的主要任务是摆脱贫困和实现快速经济增长，因此经济发展的目标是以规模扩张和要素驱动为动力追求经济发展的规模和数量。进入中等收入国家行列并成为世界第二大经济体以后，我国经济发展的目标由摆脱贫困转向基本实现现代化，由建设经济大国转向建设经济强国，为此，必须实现经济发展动力的转换，从要素驱动彻底转向创新驱动。因此，新时代中国特色发展的政治经济学需要强调经济发展动力的创新，不断强化创新引领新时代发展的动力作用。科技创新是全面创新的引领，应大力推动科技创新成为产业创新的动力，在提升自身在全球价值链上地位的基础上，实现知识创新与技术创新、科技创新与产业创新、产业创新与产品创新的深层次对接。

（6）经济发展动能的新境界。经济发展不同阶段的动能是不同的，当前中国经济正处于新旧动能转换的关键时期，培育经济发展的新动能是适应和引领中国经济新常态的必然要求。培育和发展经济新动能就是要给经济增长注入新的活力、新的动力、新的能量。新动能不仅是经济发展的新引擎，而且是改造提升传统动能、促进质量效益型经济发展的动力。新动能的形成需要供需双侧协调发力。供给方面，通过创新驱动、结构调整、制度变革等手段培育供给侧新动力；需求方面，通过消费、投资、出口需求协同拉动重振需求侧动力。由于新时代经济矛盾1的主要方面集中在供给侧，应将供给侧动力作为新时代现代化发展新动能的核心。概言之，中国特色发展的政治经济学要适应世界新产业革命的趋势，以科技创新为核心，以产业创新为抓手，以制度创新为保障，坚定走创新型经济发展的道路，以创新为抓手实现新动能的培育。

（7）发展战略的新境界。经过新中国70年，特别是40多年的改革开放，中国经济发展进入了新时代，我们面对的已经不再是单纯的发展问题，而是发展起来以后的现代化问题，相应地，中国特色发展的政治经济学必须进行发展战略的创新，开拓发展战略的新境界。具体而言，在战略思路上，新时代中国特色发展的政治经济学要以促进经济增长转向高质量发展为目标，以知识、技术、信息和人力资本等为先进生产要素，以创新为第一驱动力，构建现代化经济体系，实现以新型工业化为核心的新时代经济现代化，以追求效率、秩序、民主为核心的新时代政治现代化，以城市化和城镇化为特征的新时代社会结构现代化，以人的素质提高和生活方式变革为主体的新时代人的现代化。在战略目标上，新时代中国特色发展的政治经济学要由高速增长目标转向高质量发展目标，要由过去的制度创新转向以建设创新国家和现代化强国为内容的综合创新。战略措施上，新时代中国特色发展的政治经济学要由单一市场化路径转向市场化、工业化、城市化和生态化的协调同步发展，以“强起来”为目标构建新时代对外开放新格局，全面提高对外开放水平。

（8）发展型式的新境界。美国发展经济学家钱纳里提出了“发展型式”的概念，他认为“发展型式”就是经济发展过程中在重要领域的系统变化。中国过去的发展型式围绕解决贫穷落后问题而形成，这种发展型式以速度为目标，以要素投入为动力，以规模扩张为方式实现经济发展。进入新时代，我国社会的主要矛盾已经转化为人民日益增长的美好生活需要和不平衡不充分的发展之间的矛盾，中国经济面临的不再是发展问题，而是发展起来以后的现代化问题，此时就要依据变化了的问题和主要矛盾，开拓发展型式的新境界。要以发展质量为目标，以创新为驱动力，以效率提升为主要方式，以满足人民对美好生活的需要为终极目的，以现代化为主线进行发展型式的变革。

五、中国特色发展的政治经济学的理论体系创新

“中国是世界上最大的发展中国家，现在也是经济发展最快、最成功的国家，面临的发展问题最多、困难最大，实践经验和可供研究的资料最丰富，是最能够出发展经济学理论的地方，也是发展经济学研究条件最好、最有利的地方。”① 新中国成立以来特别是改革开放以来我国取得了巨大的发展成绩，有许多成功的经验需要总结，并从学理上上升为系统化的经济学说。因此，新时代中国特色发展的政治经济学创新的任务具有二重性：一是总结研究改革开放以来的新问题、新材料，形成系统化的学说以指导新时代的中国经济发展；二是形成系统化的学说，为世界发展经济学贡献中国方案和中国智慧。依据发展经济学的一般范式，中国特色发展的政治经济学理论体系的创新应该包括以下几个层次。

（1）中国特色发展的政治经济学的“中国特色”。这主要包括两个方面：一是新时代中国经济发展的特殊性。从新时代中国经济发展初始条件和主要矛盾的变化出发，从发展目标、发展模式、发展主题、发展道路等方面研究新时代中国经济发展的特殊性。二是在新时代中国经济发展特殊性分析的基础上，研究新时代中国特色发展的政治经济学的“中国特色”。

（2）中国特色的发展条件。经济发展的条件决定了经济发展的方式和模式，以及经济发展的道路。这一层次主要研究四个方面的问题：

① 简新华．创建中国特色发展经济学［J］．生产力研究，2008（18）．

一是中国发展条件与发达国家的比较；二是中国发展条件与其他发展中国家初始条件的比较；三是在比较的基础上研究中国经济发展的特殊禀赋条件、制度条件、市场条件、技术条件、基础设施条件、经济基础条件、文化条件等方面的中国特色；四是中国经济发展面临的特殊问题，从人口、资源、环境、就业、“三农”、贫穷、地区、城乡、工农差别等方面研究中国新常态经济发展面临的特殊问题。

(3) 中国特色的发展道路。在中国特色发展初始条件研究的基础上，研究中国特色的发展道路，包括：中国特色的市场化道路、中国特色的改革发展道路、中国特色的工业化道路、中国特色的城市化(城镇化)道路、中国特色的信息化道路、中国特色的“三农”现代化道路、中国特色的开放发展道路，并进一步研究中国经济发展在上述“六化”中的特殊规律。

(4) 中国特色的发展过程。这一层次主要研究如何实现新时代现代化发展的问题，依据五大发展理念和新时代主要矛盾的变化，研究五大发展理念的理论贡献，以及在实践上如何推进五大发展。重点研究如何在新时代中国经济发展中落实创新、协调、绿色、开放和共享发展，从而推动中国经济实现高质量发展。

(5) 中国特色的发展模式。这一部分主要研究新中国成立以来以及改革开放以来我国所选择的不同于西方但又适合本国国情的经济发展模式。具体而言，一是中国发展模式的演变，包括计划经济时期的经济发展模式、改革开放以来的发展模式和新常态下的经济发展模式。二是中国发展模式的同质性与异质性，比较研究中国较其他国家发展模式的特殊性。三是中国发展模式的转型，依据世界经济发展的趋势，以及中国进入中等收入国家的现实状况，研究新常态下中国经济发展模式的转型。

(6) 中国特色的发展战略。经济发展战略是指在一定时期内，国家关于国民经济发展的带有全局性、长远性、根本性的总体构想，及其为此实施的总体规划和方针政策。这一层次主要研究：一是中国经济发展战略的历史演变。主要包括：计划经济时期的赶超战略、改革开放时期的追赶战略、新时代的质量效益战略。二是发展战略的中国特色。从具体国情和发展阶段性特征出发，研究中国发展战略在选择、实施等方面的中国特色。三是新时代中国经济发展战略的转型，如何从长期的追赶战略转向质量效益战略。

(7) 中国经济发展的前景。这一层次主要研究：一是中国经济发展对人类的贡献。总结大国发展的经验，总结中国发展模式、道路、体制等方面对世界的贡献。二是中国特色发展的政治经济学对世界发展经济学的贡献。总结概括中国经济发展的实践经验及可在发展中国家推广的理论。三是中国经济发展前景的估计。在对世界上各种关于中国经济发展前景分析的观点进行评价的基础上，估计新时代中国经济发展的未来前景。

六、“发展的政治经济学与新中国70年”丛书简介

“发展的政治经济学与新中国70年”丛书是教育部人文社会科学重点研究基地——西北大学中国西部经济发展研究中心和西北大学经济管理学院理论经济学科共同完成的一套系列丛书，也是我们在理论经济学建设方面的新成果。

西北大学理论经济学科过去以政治经济学的教学与研究见长，后来何炼成教授又提出了中国发展经济学的构想，政治经济学与中国发展经济学成为西北大学理论经济学科的主要研究领域。近年来，我们在研究理论经济学，特别是习近平总书记提出的中国特色社会主义发展政治经济学的过程中，逐渐形成了一个新的思想认识，即中国的问题是发展问题，而发展问题需要运用政治经济学的理论与方法来研究。在这种思想认识的基础上，我们把政治经济学与发展经济学相结合，提出了建立“发展的政治经济学”理论体系的思想认识。

在这一认识的指导下，我们首先开始写文章逐步阐释这一思想。2012 年我和我的学生钞小静在 2012 年第 11 期《经济学家》上发表了《从数量型增长向质量型增长转变的政治经济学分析》，逐渐通过经济增长问题来研究发展的政治经济学。在 2013 年第 5 期《经济学家》上，何爱平教授发表了《发展的政治经济学：一个理论分析框架》，阐释了发展的政治经济学的基本框架。2015 年我和我的博士生马强文又写了《经济发展方式转变的政治经济学分析》，在云南召开的第一届公共经济学论坛上我讲了这篇文章，阐释了发展的政治经济学的基本思想。在 2015 年第 3 期《黑龙江社会科学》上，我发表了《学好用好政治经济学 把握时代发展规律》的文章，指出“中国改革开放所面临的很多问题都是政治经济学问题，都需要用现代政治经济学予以回答。学好用好政治经济学对把握中国经济发展和改革的规律意义重大”。

2016 年，《西部论坛》杂志主编黄志亮教授专访孟捷、周文和我三人，专访稿发表在《西部论坛》2016 年第 5 期上，在我的专访稿《中国经济学的形成基础与体系构建》中，我提出中国特色社会主义政治经济学理论体系构建要抓住“发展”这个主题，中国经济学首先应研究中国发展的经济学，甚至可以称之为中国发展的政治经济学。

我在 2016 年第 6 期《中国高校社会科学》上发表了《“中国发展的政治经济学”理论体系构建研究》的文章，系统阐释了发展的政治经济学的思想，文中指出“当代中国马克思主义政治经济学的构建应该以中国特色经济发展道路为研究对象，主线是发展经济学与马克思主义政治经济学结合而形成的‘中国发展的政治经济学’。在理论逻辑上，‘中国发展的政治经济学’以马克思主义政治经济学为理论基础，既反映人类经济发展的一般规律，又反映中国经济发展的特殊规律，还能有效解释当代中国经济发展现象、指导中国经济发展实践。在实践逻辑上，‘中国发展的政治经济学’要有效解释中国特色的发展道路，抓住‘经济发展’这个主题，并直面中国经济发展的大问题、大矛盾。在发展经济学和政治经济学的结合中构建的‘中国发展的政治经济学’理论体系，应该研究中国经济发展的初始条件、中国宏观经济发展的政治经济学、中国中观经济发展的政治经济学、中国微观经济发展的政治经济学、中国与世界合作发展的政治经济学等五个层次问题”。我在2018年第3期《天津社会科学》上发表了《创新中国特色社会主义发展经济学 阐释新时代中国高质量的发展》的文章，阐释了发展经济学与政治经济学相结合的问题，同时我多次在全国性的学术研讨会上介绍了我的这篇文章的思路。2018年我们给本科生开设了一门课程“中国特色社会主义政治经济学18讲”，把讲授内容组织大家写成文章，在《西北大学学报》连续发表，我的文章和师博教授的文章都体现了发展的政治经济学的思想，文章发表后先后被人大报刊复印资料和中国社会科学文摘转载。

围绕这些文章的思路，我们经过认真研究，提出了组织这套丛书的研究设想，恰好2019年是新中国成立70周年，所以我们把这套丛书的名称定位于“发展的政治经济学与新中国70年”，一方面，这套书是发展经济学与政治经济学相结合的产物；另一方面，这套书是新中国70年的经验总结和概括。

这套丛书包括：《中国特色发展的政治经济学》《发展的政治经济学：理论框架与分析范式》《中国宏观经济发展的政治经济学》《中国中观经济发展的政治经济学》《中国微观经济发展的政治经济学》《中国与世界合作发展的政治经济学》《中国特色发展道路的政治经济学》《中国特色生态文明建设的政治经济学》《中国特色绿色发展的政治经济学》《中国特色的企业发展理论》。

本套丛书得到了西北大学社科处的高度重视，同时，教育部人文社会科学重点研究基地——西北大学中国西部经济发展研究中心和经济管理学院共同完成了这套丛书。在丛书写作的过程中，我从经济管理学院院长转任到了西北大学研究生院院长的位置，但是我仍然担任教育部人文社会科学重点研究基地——西北大学中国西部经济发展研究中心主任，利用中心平台，在西北大学经济管理学院副院长师博教授的协助下，我们继续完成了这套丛书。本丛书的出版感谢西北大学各级校领导的支持，感谢社科处、学科办和研究生院的支持。感谢我的老师南京大学洪银兴教授等师长的支持，我的思路得到了老师们的支持和鼓励。同时，这套丛书的出版也得到了中国经济出版社霍宏涛副总编辑和贺静副编审的大力支持，在书稿修改、封面设计等方面他们也做了大量的工作。

"发展的政治经济学"是我们的一个新的构想，我们期待着学术界同人的关注和批评，我们将在这个领域中不断开拓，争取多出高质量的研究成果。

西北大学研究生院院长

教育部人文社会科学重点研究基地

——西北大学中国西部经济发展研究中心主任

任保平敬序

2019 年 1 月于缥缃居

前 言

新中国成立70年来，在中国特色社会主义政治经济学的理论指导下，中国经济社会已经完成了由“站起来”到“富起来”的历史性飞跃。新中国70年的宏观经济发展，在经济增长上人均GDP由1952年的119元增至2018年的64644元，剔除价格因素后增长了近71倍。在中国经济奇迹的背后，是马克思主义政治经济学与中国国情、国力紧密结合给予的理论与现实支撑，是社会财富不断积累、国家创新能力逐步提升、美丽中国建设已见成效、收入分配逐渐优化、消费和投资趋于升级的具体表现。

2012年中国进入新时代，经济已由高速增长阶段转向高质量发展阶段，建设社会主义现代化强国是未来中国经济发展的目标。在新的历史方位，中国经济发展的禀赋条件、外部环境以及战略机遇都发生了巨大变化，“强起来”的历程同样离不开中国特色社会主义政治经济学的指导和引领。新时代中国特色社会主义政治经济学的创新要以马克思主义经济发展理论为指导，以新时代中国经济发展的经验、事实和材料为基础，将发展经济学与政治经济学相结合，构建发展的政治经济学理论体系，探讨新时代中国现代化发展的特殊规律。

中国宏观经济发展的政治经济学遵循马克思主义经济发展理论，以新中国成立70年来的宏观经济运行的特征与规律为研究对象，以政府与市场、中央政府与地方政府、政府与企业、国有企业与非国有企业等四大关系为切入点，基于中国宏观经济发展的政治经济学的核心问题、短期分析和长期分析三个维度，采用归纳与演绎相结合、定量与定性相结合的研究方法，构建理论体系和研究框架。

一、中国宏观经济发展的政治经济学的核心问题

经过70年的发展，中国已成为全球第二大经济体，由低收入国家迈入中等偏上收入国家，2020年前后人均GDP将超过1万美元，进入高收入国家行列，与此同时，国民财富快速积累。在理论研究层面，亚当·斯密、大卫·李嘉图和卡尔·马克思等古典经济学家长期关注国民财富的变化，并认为财富在一定程度上决定着经济的发展。财富及其质量影响和刻画着新时代的生产力，首先财富会作用于创新，影响国家创新体系的构建，进一步创新既是经济持续增长的引擎，又是保障绿色发展的长效机制。更为重要的是，创新发展和绿色发展理念是新发展理念的核心内容，是决定经济高质量发展的关键因素。因此，中国宏观经济发展的政治经济学关注的核心问题是中国财富数量和质量的演变，以及以房地产为核心的财富变动对创新的影响，进而创新对环境治理的作用机制。

1. 财富质量与生产力

《2018全球财富报告》显示，2017年中国家庭财富总值已达51.9万亿美元，位居全球第二。然而，中国财富数量急剧攀升的同时，以财富结构衡量的财富质量的优化程度不尽如人意，制约生产力水平的持续提升。就国民财富的所有制结构而言，公共和私人财富配比的不合理性导致了政府职能与市场职能难以协调，使得经济增长率总是处于周期性波动态势；从公共财富的内部结构看，公共设施的重复建设、供给效率低下和地方公债攀升一直是公共财富效率低下的表现；从私人财富的内部结构上看，中国家庭财富中继承性财富比重逐渐升高，而积累性财富比重则趋于下降。财富作为代际的遗产进行继承，使得下一代呈现出显著的风险规避倾向，导致大量财富长期滞留于低创新性

领域和虚拟经济领域，造成财富难以进入实体经济发挥更具现实意义的生产性价值。

首先，国民财富从所有制结构上可以分为公共—私人财富，因此，国民财富的质量可以用公共—私人财富的相对比重去衡量。在公共—私人财富的相对比重的研究中，皮凯蒂（2014）以资本—国民收入比作为财富存量的计量指标，通过绘制英、法等发达国家从19世纪末期到21世纪初期公共财富与私人财富存量的时间序列图，发现私人资本在国民总资本中始终占据主导地位，表明在以私有制为基础的发达国家中，私人资本的经济效应对经济发展起决定性作用。同时，公共—私人资本相对比重的运动与历史上数次经济周期和不同经济阶段紧密相关，在危机时期，公共—私人资本比会通过“国有化”运动上升，在平稳时期“私有化”运动会导致公共—私人资本比的下降，“国有化”与“私有化”的矛盾运动直接影响了经济运行的稳定性，成为影响经济增长的关键因素。公共—私人财富比是衡量国民财富质量的指标，是作用于政府—市场职能相对强弱关系来影响经济运行效率，最终决定增长率的大小。其政策启示是应控制公共—私人财富比在合理范围之内，以平滑经济周期带来的波动性影响，维持经济运行的高效率。如果是处于危机时期，通过“国有化”运动可以提高公共—私人财富比，强化政府的职能，以政府短期内的干预来克服危机，消除市场失灵的弊病；如果是处于平稳时期，通过“私有化”运动可以降低公共—私人财富比，充分调动市场的配置效率，发挥市场高效的职能，有利于经济长期增长。

其次，公共财富的质量理论还讨论与政府公债效应理论相关的问题。公共财富内部质量主要表现在对公共资产和公共债务的相对权衡，故可以用公共资产—公共债务比来衡量。首先，对于其作用机制来说，度量公共财富内部质量的公共资产—公共债务比率会通过作用于国有经济资金利用效率和公共资产、公共服务数量等因素，产生消费、投资效应，影响总需求的形成来决定国民收入的大小。其次，对于其作用效应的变化规律来说，公共财富的质量对经济增长的作用存在二重性，随着公共负债比率的增加，公共财富的增长效应逐渐由正转负，存在公共资产—公共债务的最佳比重——公债阈值，在这个比重公共财富对经济增长的贡献效果最好。所以确定公共资产—公共债务的最佳比重对于提高有效需求以及推动经济增长至关重要。

最后，从私人财富质量来看，私人财富可以分为继承性财富和创造性财富。继承性财富在个人财富的占比将对个体实现财富增值的路径选择产生影响，进而决定家庭资产结构和个体人力资本积累从而影响实体经济发展和创新活动，最终影响经济增长。社会中继承性财富占比的变化会通过作用于创新和阶层流动，进而影响生产力。

2. 财富与创新发展

高质量发展要求以提高全要素生产率为目标，通过创新提高市场效率，打造中国经济发展的升级版。创新发展是高质量发展的第一驱动力，是中国经济发展的核心。不容忽视的是，在发展过程中，宏观经济逐渐暴露出一些不足之处。从财富的角度来看，中国的房地产行业具备高回报的特性，为获得高额利润，实体经济会将有限的资金投入到房地产行业，自身创新能力的发展因此受限。由于财富结构的变化使得宏观经济“脱实向虚”的倾向较为突出，资源配置不合理的现象十分严峻。

在经济发展的过程中，中国社会已经积累起庞大的财富，但传统增长模式过度关注财富数量增长的弊端导致财富结构问题突出，财富配置的不协调难以支撑经济的持续性发展。中国特色下，房产是私人财富，也是继承性财富的重要组成部分，无论是从宏观角度还是微观角度来看，房产都是财富中不可忽视的组成部分。正如前文分析，财富继承对个体行为选择和经济发展运行具有重大影响，且随着中国房地产行业不断繁荣昌盛，房产在财富中的占比上升，而房地产的价值大小取决于房价的高低。在理论层面，房价对创新既有积极的影响，也有阻碍作用。

房价促进创新的作用体现在：①房价的上涨对企业具有信用缓解效用，即企业所持有的厂房、建筑等房产的价值会随房价的上涨而攀升，而这种财富是可以通过不动产抵押等方式帮助企业缓解研发时所面临的融资约束。②房价增长具有优胜劣汰的功能。从地区的产业结构角度出发，当房价高于某一临界值时，会对低创新能力的企业产生驱逐效应。③房市的繁荣发展可以放松政府所面临的预算约束，间接增加创新的财政支持力度。

房价抑制企业创新活动的作用包括：①房地产行业的过热会对企业的创新资金产生挤占效应。②从银行等金融机构的立场来看，作为理性放贷人，显然金融机构会更倾向于把有限的信贷资金投入低风险、高收益的房地产行业，企业的创新受到抑制。③房价的过快增长同样会对创新人才的行为选择造成负面影响。一方面，会带来“房奴效应”，扭曲居民的消费需求；另一方面，过高的房价势必会减少城市的年轻人口，人才可能会选择稳定的职业替代高风险的创业活动。

3. 创新与绿色发展

人类社会步入后工业文明时代，资源与环境约束的双重压力从根本上制约了经济和社会发展。与此同时，传统西方工业文明的发展道路揭示了一种以高能耗、高污染为代价的增长方式。在对于发展瓶颈与增长方式的反思上，绿色发展理念开拓了新时代经济发展财富理论的新境界。传统发展经济学的财富仅仅包含了物质财富，绿色发展理念依据人—自然—社会复合生态系统的整体性观点形成新的财富论，进一步强调了自然资源的重要性。关于自然财富观的论述，马克思和恩格斯早在《哥达纲领批判》中就对其加以阐述：“劳动不是一切财富的源泉。自然界同劳动一样也是使用价值的源泉。”“绿水青山就是金山银山”，自然财富不仅是实现城市化、工业化和社会发展的重要基础，也是“最公平的公共产品和最普惠的民生福祉”，成为构成绿色财富观的核心组成部分。马克思主义理论认为经济发展的终极目标是实现人的全面发展，进而推动社会的全面进步。经济发展的根本动力在于生产力的发展，生态财富积累作为人民对日益增长优美生态环境的内在需求，是提高和发展生产力的良好保障，保护生态环境就是保护生产力，改善生态环境就是改善生产力。坚持绿色发展就是保护和发展生产力。

新时代下的绿色发展理念必须建立在可持续发展理论和创新驱动发展理论的基础上。当前，我国经济已由高速增长阶段转向高质量发展阶段，以往的粗放型经济发展模式难以为继，转变发展方式、优化经济结构、转换经济增长动力成为新时代的核心任务，建设美丽中国离不开创新驱动发展战略和绿色技术创新体系的构建。近年来，我国不断加强雾霾治理的政策力度，这必然促使企业在寻租、跨地转移以及就地创新三者之中作出抉择。显然，无论以污染治理技术创新为代表的末端治理，还是以企业生产技术创新为核心的前端预防，都能实现创新对生态保护和经济发展的双赢。因此，促进企业自发选择技术创新，并将技术创新与污染治理有效结合，是推动我国经济与生态环境和谐发展的重要手段和长效机制。

创新发展对绿色发展的驱动，体现在创新技术对节能减排的抑制作用上，以市场导向的绿色技术创新体系加速推动了产业结构的调整、优化和绿色转型，促进了清洁能源、环保产业的发展，实现了增长方式和路径的转变。同时，创新更有利于打破市场分割，实现市场整合，提升资源配置效率和能源效率，通过淘汰落后产能和过剩产能，实现低能耗、低污染的绿色低碳循环发展方式。此外，面临新时代发展方式转型的要求，创新体系的构建同样体现在制度创新上。构建市场机制的环境规制治理体系有利于促进产业绿色转型，提升经济增长质量和长期可持续发展。而政府通过积极营造公共创新环境、增强知识产权保护力度和大力培育人力资本，则有助于提升企业创新偏好和创新效率，实现“大众创业、万众创新”的局面，助力绿色发展。

二、中国宏观经济发展的政治经济学的短期分析

传统的凯恩斯宏观经济学从静态视角，聚焦于消费、投资、就业与价格水平等变量的短期波动，解释政府为什么干预经济以及如何有效干预经济，进而形成了其基本的分析框架。本书也强调对宏观经济的短期分析，但不同之处在于，结合中国经济发展的实践，更为关注居民收入变化带来的消费结构升级、“为增长而竞争”形成的大规模基础设施投资、创新对劳动力流动的影响、收入分配的优化以及核心通货膨胀率的演进。

1. 消费升级的政治经济学分析

党的十九大报告中指出，中国特色社会主义已经进入新时代，我国社会主要矛盾已经转化为人民日益增长的美好生活需要和不平衡不充分的发展之间的矛盾，而消费的升级正是这种人民追求美好生活的表现。新中国成立70年来，经济增长带来居民收入水平提升以及消费结构升级，居民综合恩格尔系数由1978年的65.87%逐渐降至2018年的28.5%。新中国成立之初，居民消费水平处于低层次阶段；到1978年我国居民仍以生存型消费为主导，发展、享受型消费占比小；随后，中国居民消费结构升级速度加快，居民在医疗保健、交通通信、教育文化上的发展、享受型消费支出已超过食品烟酒的消费支出。

我国城乡居民消费结构在不同时期具有差异化特征。首先，1949—1977年，城乡居民消费水平长期低迷且停滞不前，大多数居民消费水平处在基本温饱状态。如农村居民恩格尔系数1957年为65.7，而到1964年增长到67.1，1965年更上升到68.5，恩格尔系数不断攀升，相当一部分农村居民仍然处于贫困之中，消费结构亟待调整。其次，1978—1992年，我国城乡居民人均收入开始增长，城镇居民人均

可支配收入高于农村居民，我国城乡消费结构的特征表现为：第一，城镇综合恩格尔系数低于农村综合恩格尔系数，但农村综合恩格尔系数下降幅度大于城镇恩格尔系数。第二，城乡消费结构普遍以生存性消费为主，城乡发展、享受型消费占比均较低。在该时期，城镇居民在食品烟酒上的支出占总消费支出比重的54.78%，而农村居民在食品烟酒上的支出占总消费支出比重仅为58.79%，且在发展、享受型消费中农村居民在交通通信的消费略高于城镇居民。其次，1993—2012年，我国城乡人均收入进一步增加，城乡消费结构的特征表现为：第一，城镇综合恩格尔系数与农村恩格尔系数均呈下降趋势，且城镇综合恩格尔系数低于农村综合恩格尔系数。第二，我国城乡发展、享受型消费支出占比均逐步上升，城乡消费结构升级开始显现。城镇发展、享受型消费支出占比在该时期上升幅度为17.59%，而农村发展、享受型消费支出占比也为上升态势，但上升幅度低于城镇，仅为13.91%。再次，2013—2016年，城镇居民人均可支配收入相比上一年涨幅低于农村居民，我国城乡消费结构的特征表现为：第一，城乡综合恩格尔系数波动下降，下降幅度减缓。城镇综合恩格尔系数自2013年的30.13%下降到2016年的29.30%，而农村综合恩格尔系数2013—2016年下降为32.24%，且城镇综合恩格尔系数与农村综合恩格尔系数年均下降幅度分别为1.88%和0.93%。第二，我国城乡发展、享受型消费逐渐增长，但上涨幅度较小。在该时期，我国城镇居民在医疗保健、交通通信、教育文化上的发展、享受型消费支出超过农村居民。最后，2017年至今，农村人均收入涨动幅度仍高于城镇居民。我国城乡消费结构的特征表现为：第一，城乡综合恩格尔系数均不断下降。城镇综合恩格尔系数进一步下降到28.64%，而农村综合恩格尔系数下降到31.18%，比城镇综合恩格尔系数高出2.54个百分点。第二，城乡发展和享受型消费支出占比进一步上涨且上涨幅度减缓，但农村发展和享受型消费支出占比高于城镇居民。

消费作为最终需求，既是生产的最终目的和动力，又是人民对美好生活需要的直接体现。国际经验表明，当一个国家收入进入中高等阶段后，居民消费率会逐渐上升并收敛至一个较高的水平，居民消费成为拉动经济增长的核心动力（汪伟，2017）。我国最终消费支出占GDP比重近年来逐渐升高，居民消费的重要性日益凸显。但最终消费支出增速从2010年的17.38%下降到2017年的8.8%，消费增速有趋缓的态势，并据国家统计局公布的数据，2018年11月社会消费品总额同比增长8.1%，与上年同期相比下降了2.1个百分点，也从侧面印证了消费增速放缓。国家发展改革委于2018年就扩大消费有关工作情况举行的新闻发布会上，明确指出促进消费要围绕消费升级方向。因此，在消费增速趋势性下降的情形下，我国居民的消费也从数量的提高转向质量的提升，消费亟待提质扩容，更应关注长期消费结构的转型升级。

2. 基础设施投资的政治经济学分析

投资作为宏观经济运行中的一种流量，可以作为总需求的一部分直接进入国民收入的核算当中。政府主导下的大规模投资通常用于改变有效需求不足的困境，刺激经济增长，达到扭转经济危机的目的。而在中国宏观发展的政治经济学框架中，政府驱动的基础设施投资除了被用作拉动经济增长的强大引擎，还成为政府干预经济的重要途径：政府可以通过行业或地区指向的基础设施投资，来推进产业结构的升级或是实现生产力空间布局的改变。

在新中国成立之初，为了快速实现由农业国向工业国的转变以及突破资本主义国家的封锁，新生的中国政府集中了大量的财力、物力和人力，在工业、国防和交通运输领域进行了大量的投资，奠定了中国工业化和现代化的坚实基础。而在改革开放之后，由政府主导的大规模基础设施投资逐渐成为中国应对经济危机、刺激经济增长和促进区域协调发展的重要手段，也是中国经济发展过程中的一大特色。

2017 年我国全社会固定资产投资额达到了 641238 亿元，占 GDP 的比重从 2000 年的 32.8% 上升到了 77.5%，数额巨大的投资已经成为中国经济长期稳定增长的动力源泉和应对经济危机的重要举措，中国的经济格局也因此发生了深刻的变化。在当前经济发展方式变革的大背景下，对于新中国成立 70 年来投资发展的演变历程的把握，有助于政府继续制定合理的投资政策，实现经济发展的创新、协调、绿色、开放、共享。

基础设施是用于保证国家或地区社会经济活动正常进行的公共服务系统，交通基础设施是其中的重要组成部分。凯恩斯在其 1936 年出版的《通论》中以有效需求不足为依据，呼吁政府干预经济，扭转经济危机，基础设施投资作为政府支出的重要组成部分开始进入理论研究的视野。凯恩斯的思想经过后世经济学家的发展，实现了“政策化”：在经济疲软时期增加财政支出，甚至不惜扩大财政赤字，以此来弥补有效需求的不足，实现充分就业，最终消除经济危机。基础设施投资作为国民经济核算中的一种流量，可以依托乘数效应成倍地带动社会总需求进而提高国民收入，刺激经济增长，这一特性使得基础设施投资成为直接拉动国民经济增长的重要手段。

党的十九大报告中指出，随着中国特色社会主义进入新时代，社会主要矛盾已经转变为人民日益增长的美好生活需要和不平衡不充分的发展之间的矛盾。在基础设施投资领域，类似的矛盾同样存在。基础设施投资作为经济活动中的一种流量，需要一定的时间来形成存量的积累。虽然近年来中国政府大幅加快了基础设施投资的力度，但中国的基础设施存量水平与发达国家还存在着明显差距：2015 年中国按面积计算的铁路网密度约为 126.0 千米/万平方千米，低于美国的 248.2 千米/万平方千米、日本的 530.5 千米/万平方千米、德国的 948.2 千米/万平方千米、法国的 544.5 千米/万平方千米以及英国的 674.6 千米/万平方千米；而按人均计算的铁路网密度中国约为 0.8

千米/万人，低于美国的 7.4 千米/万人、日本的 1.6 千米/万人、德国的 4.1 千米/万人、法国的 4.6 千米/万人以及英国的 2.6 千米/万人。节假日频繁出现的运力紧张和道路拥挤等现象说明，我国在基础设施投资方面仍然有较大的发展空间和发展需求。

除基础设施供给不充分的问题外，中国当下的基础设施存量体现出东部地区显著高于西部地区、城市显著高于农村的不平衡分布态势。2007—2016 年，东部、中部、西部和东北四大区域的基础设施存量都有显著的增长，但是东部地区的公路铁路密度仍保持领先，中部地区紧随其后，东北地区次之，而西部地区的公路铁路密度最低，与其他地区差距明显。这种不平衡的基础设施布局不仅仅源于西部地区较为落后的经济发展水平，同时也和西部地区复杂的地理条件有关，复杂的地理环境使得基础设施建设难以开展。

我国当前的经济发展格局与基础设施供给的分布都呈现出明显的区域差异，并且这两种差异在空间上高度吻合：生产力较为落后的西部地区及农村地区，所拥有的基础设施存量也比较少。西部地区交通线路密度显著低于东部地区，而广大农村地区的交通、通信、电力和医疗等各项基础设施均大幅落后于城市，巨大的基础设施存量差距不利于各地区协调发展，不利于实现共同富裕。为践行创新、协调、绿色、开放、共享的新发展理念，有必要继续加大西部地区和农村地区的基础设施投资力度，充分发挥政府在调控区域发展差距中的积极作用，使全体人民共享经济发展带来的福利。

3. 创新发展视角下中国劳动力流动的政治经济学分析

现阶段，我国人口红利衰减使得劳动力这一经济发展核心要素的供给结构发生了根本性变化，日益攀升的劳动力成本抑制了国民经济竞争力。在市场化经济条件下，人口迁移的根本动因在于就业和收入提升。

五大发展理念是中国特色社会主义发展的政治经济学的发展观，

开拓了中国特色社会主义发展的政治经济学中发展观的新境界，是发展观的一次重大创新。作为其中核心之一的创新发展则体现出了发展动力理论的新境界，创新是引领发展的第一动力，发展动力决定了经济发展的速度、效能以及可持续性。随着我国产业结构的优化升级，创新通过催生新产业、新经济和新业态已成为创造就业的关键力。不仅如此，高质量的人口流动还体现为对创新成果的经济利润和市场潜能的追逐量，这种凭借产业升级转型对劳动力人口持续吸引的效果在新中国成立后的每一个节点上都有所体现。与此同时，劳动力供给的结构性短缺迫使地方政府采取力度空前的优惠政策吸引人口落户，形成蔓延至全国范围的“人口争夺战”。然而现阶段我国的人口结构问题空前严峻，短期性的户籍、补贴等优惠政策能否实现“人口扎根”的预期效果以及对劳动力要素市场化配置的扭曲程度仍有待时间的考验。在这一特殊的时间节点上，对于影响人口流动的根本因素到底是产业吸引型还是政策引导型的探讨仍没有完全定论。但毋庸置疑的是，创新作为产业升级的核心和政策引领的目标，不仅仅是经济高质量发展的驱动力，还应作为人口迁移过程中的特殊吸引力，在新时代的背景下影响着中国人口迁移的新规律。

更进一步地，协调发展的理念开拓了发展结构理论的新境界。我国迈入中等收入阶段后，经济发展中的不平衡问题更加突出，党的十九大报告中指出，我国现阶段的主要矛盾已经转化为人民日益增长的对美好生活的需求和不平衡不充分的发展之间的矛盾。此时的中国需要转向协调发展，以增强新时代发展的整体性，使新时代的产业结构、供求结构、区域空间结构以及相应的发展战略趋向均衡。技术进步同样可以为中国经济发展注入新鲜的血液，为中国经济增长提供强有力的动力支持。但令人担忧的是，技术积累水平虽然可以作为创新能力强的地区吸引人口的有效竞争力，却无法令创新能力薄弱地区得到任何发展机会，这既同区域间协调发展目标背道而驰，又加剧了地区间人口竞争，使不平衡不充分的发展问题变得更加严峻。

中国经济发展中需要充分释放创新对就业、人口流动的正向促进作用，仍然需要坚持深化市场改革，建立健全技术创新市场导向机制，打破行政主导和部门分割，由市场决定企业技术创新项目和经费分配，充分发挥市场对技术研发类型、要素价格、资源配置的导向作用。使中国的研发投入结构向着市场导向的改革新时代迈进，不仅促进了创新活动的地理集聚，也有助于国家和地区政府对创新体系的改进，提高了研发投入的效率，从而成为提升地区创新能力及缓解均衡其不平等现状的重要手段。各地方企业应加强对技术创新过程的监管，改进技术创新的绩效评价标准，建立以产出和成果为导向的科学评价机制，消除我国目前技术创新管理中普遍存在的重事前论证、轻过程监管，重投入、轻产出的弊端。应权衡政治关联的收益与成本，科学进行技术创新决策。地区政府应加强研发创新活动，增强技术积累，以技术进步提升工资水平和创造就业岗位，充分发挥市场对制定劳动力价格的主导作用。在技术与创新吸引人口迁入和促进人口“扎根”的同时，以税收减免、财政补贴和金融贴息的方式将技术溢出的外部性内部化，鼓励技术外溢在市场主导下推动各地区间协同发展。强化企业在技术创新中的主体地位，激发民营企业的创新活力。

4. 共享发展视角下中国收入分配的政治经济学分析

共同富裕是经典马克思主义的核心思想，其理论内涵具体表现在经济基础、制度保障和实现过程三个方面。就经济基础而言，共同富裕的物质基础表现为高度发达的生产力；就制度保障而言，共同富裕的实现要求消灭资本主义私有制，建立社会主义公有制；就实现过程而言，共同富裕是一个贫富差距逐渐消除的漫长的过程。伴随着中国的实践探索，共同富裕在我国具有了新的理论内涵。毛泽东思想中的共同富裕集中表现为消灭阶级剥削与阶级压迫，实现社会主义大同社会；邓小平理论中指出，共同富裕是社会主义的本质特征，要通过先富带后富，最终实现共同富裕；在此基础上，“三个代表”重要思想与“科学发展观”也进一步丰富了共同富裕的理论内涵；现阶段的共同富裕，要求全面建成小康社会，在解决好社会主要矛盾的前提下，让全体人民享有幸福安康的美好生活。总而言之，共同富裕既是社会主义制度区别于其他剥削制度的本质要求，又是新时代中国特色社会主义的价值目标和实践追求，要实现共同富裕，就必须致力于缩小贫富差距，从根本上消除两极分化的现象。

1978—1985 年，我国城镇可支配收入与农村居民纯收入的比值、泰尔指数以及基尼系数均呈现出下降的趋势。这一趋势主要受到了 1978 年农村改革的影响。1995—1997 年年我国城镇可支配收入与农村居民纯收入的比值、泰尔指数以及基尼系数均呈现出波动上升的趋势。1994 年实行的“八七扶贫攻坚计划”以及“米袋子省长负责制”增加了政府对于农业以及农村问题的关注，这一系列措施具有增加农民收入的作用。1998—2003 年我国城镇可支配收入与农村居民纯收入的比值、泰尔指数以及基尼系数均呈现出不断上升的趋势。受经济增长以及 1998 年实行促进经济增长、扩大内需以及去产能等经济政策的影响，带动城市劳动生产率不断增长，城镇居民可支配收入也随之增长。2004—2015 年城镇可支配收入与农村居民纯收入的比的变动趋势表现为先缓慢上升然后下降的过程。

中国的经济起飞最初受益于以农村的发展为代价的城市经济的快速增长，受这一理念的影响，相关政策一直向城市倾斜，造成城乡收入差距的进一步扩大。中国的城市化进程不同于西方国家的城市化进程。由于受到计划经济时期以及赶超型战略实施时期所采用的以户籍制度为基础的强行分割城镇居民与农村居民的政策的影响，自改革开放以来农村劳动力向城市的流动仍然受到限制。农村劳动力受到的限制主要体现在两个方面：一是以户籍制度为基础的人口管理体制以及各地政府限制农村劳动力流通的行政手段，使得农民工在城市落户困难，未在城市落户的农民工难以享受或者不能以相同的成本享受城市的交通、教育和医疗等资源，使得其生活成本高昂，在城市难以为继，收入的提高受到限制。二是由于土地流通受限，能够在城市生存的农村劳动力难以完全将其所占有的土地完全转变为实际的财产，享受土地增值带来的收益，在承担城市高额生活成本的条件下，其收入难以提高。因此，政府应当向多年在某一城市工作的农村劳动力适当放开其进入城市、享受该城市教育、医疗等资源的门槛，降低其生活成本，增强其向城市转移提高收入的动力。此外，政府还应促进外出务工农民所占土地的出租、出借等，实现土地的集约化使用、农业生产的规模化，提高农民收入。

5. 中国核心通货膨胀的政治经济学分析

作为宏观经济调控四大目标之一，稳定物价一直是货币政策当局所关心的重点；同时，与一国经济发展密切相关的通货膨胀问题在宏观经济学研究范畴中也占突出地位。因此，各国政府都将稳定物价作为当局制定货币制度时的最终目标，通货膨胀则作为衡量物价水平的核心指标一直受到广泛关注。

中国作为社会主义市场经济的发展中大国，有区别于其他经济体的异质性特征。其中，“中央政府与地方政府的关系”以及“政府与国有企业、民营企业的关系”这两层结构特征在中国经济发展问题的各个方面都有所体现，通货膨胀问题也不例外。而我国中央政府和地方政府的关系主要体现在财政分权方面，财政分权则会通过两种作用机制来影响通货膨胀。首先，财政分权所带来的地方政府的财政收支规模及结构的变动会影响到通货膨胀水平，具体来看，财政收入规模与通货膨胀水平成反比，而财政支出规模与通货膨胀水平成正比；同时，财政支出结构方面，财政分权下的地方政府有动力和能力将支出结构向基础建设方面倾斜，从而带动通货膨胀的提升。其次，地方政府投资又会通过三种传导机制促使通货膨胀的产生。国有企业与民营企业的关系对通货膨胀的影响往往与中央政府与地方政府的关系相挂钩，根本原因在于虽然国有企业与民营企业都是在市场机制下运营，但是两类企业的发展都与政府的决策选择有着千丝万缕的联系。

我们使用剔除法测算了 2001—2016 年的中国核心通货膨胀率。我国通货膨胀呈现出的特点如下：①样本区间内的核心通货膨胀（CPIEXT Inflation）与通货膨胀（CPI Inflation）的波峰、波谷和波动频率保持一致，其动态变化呈高度正相关，但是前者的波动幅度较后者来说更为平缓。②物价波动大致可以分为 5 个阶段：一是 2001—2002 年，这一期间物价明显回落到通货紧缩状况；二是 2002—2004 年，这期间物价逐渐上涨，总体通胀达到高峰，可能是因为房地产市场价格的影响；三是 2004—2008 年，在此期间核心通货膨胀维持在一个较为温和的水平，而总体通胀的波动起伏较大，在 2008 年又达到一个新的高峰，总体来说，核心通胀远远小于总体通胀，也进一步说明外部的供给冲击对总体通胀的影响是暂时的；四是 2008—2009 年，由于 2008 年的全球金融危机导致无论是总体通胀还是核心通胀都迅速回落，于 2009 年跌至 -1%；五是 2009—2016 年，2009 年后国家采取宽松的经济刺激政策使得核心通胀和总体通胀再次迅速回升，在此期间核心通胀的反应落后于总体通胀，于 2011 年达到波峰后又逐渐回落到 2%，2012—2013 年则处于平稳的通胀水平，2014 年的总体通胀水平略有下降，而 2015—2016 年则又略有上升。

财政分权与通货膨胀的关系。三大经济带分权化程度的波动趋势基本保持一致，其动态变化成高度正相关；但从具体分布来看，三大区域间分权化程度仍存在较大差异，在样本区间内，东北及东部沿海地区的财政自主度波动幅度最大，且始终明显高于其他两个地区，中西部次之，而远西部的财政自主度则始终保持三地区中最低水平。也就是说，三大经济带中，东北及东部沿海地区的分权化程度最高，中西部次之，而远西部的分权化程度最低。

与之相对应的，分权化程度和通货膨胀在地区间的分布特征恰好完全相反。政府收入规模与通货膨胀水平成反比，而政府支出规模与投资规模均与通货膨胀水平成正比，再来考虑财政自主度的定义式为省本级预算内收入与省本级预算内总支出的比值，那么，财政分权程度提升时，可认为地方政府收入与支出规模均增大，此时难以确定二者的比值变化方向。但若综合考虑财政分权程度与国有化程度的内在变动关系——财政分权会降低地区国有化程度，则不难理解分权化程度与通货膨胀水平的这种反向变动关系。

三、中国宏观经济发展的政治经济学的长期分析

1. 中国经济增长与收敛的政治经济学分析

新中国成立以来，在中国共产党的领导下，中国从积贫积弱发展成为全球第二大经济体。中国国内生产总值从1952年的679亿元增至2018年的900309亿元，剔除价格变动后增长17347%，人均GDP由119元增至64644元，实现了中国经济的奇迹。1953—2018年中国经济除少数年份外，总体保持者正增长。1978年改革开放前，中国经济增长率波动相对较大，随后中国经济进入了40年的稳健增长期。在中国经济快速发展的背后，尤其是1978年改革开放之后，中国经济增长既有要素投入、技术进步、制度创新的贡献，更离不开中国共产党从中国经济的实际出发制定出的符合经济发展规律的发展规划。新古典增长理论的“收敛铁律”表明，由于边际报酬递减规律的作用，发达经济体和欠发达经济体间人均GDP差距将以年均2%的速度缩减。众多经济学家基于对共同富裕的向往以及用经济增长理论解释中国奇迹的探索，长期关注着中国经济快速增过程中的收敛性，并发现20世纪90年代中期后中国经济增长数量并未趋同。新时代背景下，我国更需要以地区间增长质量收敛来抵消增长数量的发散效应，实现区域协调并进，助力经济高质量发展。

我们采用了 Metafrontier 方向性距离函数测算 1992—2017 年省际经济增长质量指数，基于地区间财政支出策略性竞争的统一分析框架，考察经济增长数量和质量的收敛特征与作用机制。主要结论如下：第一，中国省际经济增长数量并未收敛，而经济增长质量却表现出显著的收敛性特征。第二，经济数量增长率上升会显著降低经济质量增长率，即部分地区以牺牲经济增长质量为代价，实现了数量型的经济增长。而经济质量增长率却未能对经济数量增长形成有效影响。第三，内生交互效应显示，经济发展水平或者地理接近地区经济数量增长率能够显著刺激本地区经济增长加速，而地区间经济增长质量却鲜有互动。由于地方政府在环境治理和民生领域存在“逐底竞争”，地区间仅“为增长数量而竞争”，缺乏“为增长质量而竞争”。第四，外生交互效应表明，相邻或相近地区经济发展水平越高，对提升本地区经济质量增长率产生了正外部性。第五，对影响因素的分解发现，虽然财政支出占比对经济数量增长率的作用系数没有通过显著性检验，但由于其他地区会对本地财政支出变动作出策略性反应，最终通过反馈效应对本地经济增长数量产生显著影响。并且由于收入能力的差异，地方政府间策略化竞争行为导致发达地区与欠发达地区财政支出水平的拉大、地区间经济增长难以收敛。

2. 新时代中国经济高质量发展的政治经济学分析

中国进入新时代，经济发展的质态相应发生了变化，质量的重要性逐渐显现。追溯到马克思主义理论，经济发展质量从微观层面可理解为产品质量，即使产品及其经济活动的使用价值既合意于人的物质需要，又合意于社会需要；从中观层面可理解为结构质量，即使经济结构实现平衡；从宏观层面可理解为生产力质量，即使生产力不断提升与发展。

在微观层面，马克思的技术创新理论为发展动力提供了依据。微观产品质量的提升需通过要素质量的提高来实现，而要素质量的提升需借助劳动过程中的技术条件的变革，技术进步和创新可通过提高要素的结合效率以及将剩余价值转换为资本的使用效率，来提高要素的生产效率从而提升要素的质量。

从中观层面分析，马克思的社会再生产理论为我们阐释了结构平衡的重要性。马克思认为社会再生产的核心问题是如何实现社会总产品，而社会再生产的实现应保持两大部类、第Ⅰ部类内部以及第Ⅱ部类内部之间的构成比例平衡，因为社会扩大再生产的实现条件为第Ⅰ部类的可变资本与剩余价值加总后与第Ⅱ部类的不变资本相等，这表明第Ⅰ部类生产的生产资料是为了满足第Ⅱ部类对生产资料的需要，而生产资料总会制约着消费资料的生产。

从宏观层面来看，马克思在生产力理论中阐述了实现经济发展质量的要求。马克思认为生产力的发展是衡量社会发展水平的基本尺度，且生产力具有质量特征，它取决于从事生产活动过程中的效率，若生产效率提高，由劳动提供的使用价值量高；而生产效率降低时，其使用价值量相应偏低。而在产品结构保持不变的情况下，生产效率的衡量一般可用单位时间内生产的劳动产品数量或者单位时间内生产的劳动产品所耗费的劳动时间来表示劳动生产率，但现实生活中产品结构是发展变化的，不能单纯依靠劳动生产率来衡量。因此，生产效率的高低还应将技术以及资本的投入产出的变化等因素考虑在内，包括技术效率和资本效率。

新时代中国经济发展需要由数量扩张的传统发展转向质量提升的新发展转变，依据马克思主义政治经济学对经济发展的内在要求，以及我国目前经济发展的现实约束，我们认为实现经济高质量发展的关键在于重塑增长动力、优化经济结构和提升发展效率，并将“三维创新驱动—结构再平衡支撑—发展效率提升”的“三位一体”的系统性改革框架作为推动经济高质量发展的路径选择。

3. 新时代中国宏观调控转型的政治经济学分析

新时代中国特色社会主义总体任务既包括经济发展，又涵盖了政治、社会和生态环境等多维目标，其实现过程是一项长期而艰巨的系统性工程，在本质上需要国家宏观调控的政策保障。首先，社会主义国家的所有制基础是公有制，这就需要政府从总量和结构层面对经济运行予以调控，满足以人民为中心的利益诉求。其次，从 2020 年到 21 世纪中叶，中国特色社会主义现代化强国建设需要遵循两步走的战略，只有宏观调控才能保证经济在长期一以贯之地按照既定方针运行。再次，发达国家走过的现代化历程，往往伴随着两极分化、城市拥挤、农村凋敝、环境污染等现代病。我国经济发展能否规避西方现代化历程的弯路，关键要通过新时代中国特色社会主义宏观调控的顶层设计加以预防。最后，宏观经济的高质量发展是建成新时代社会主义现代化强国的必由之路，我国由高速增长阶段转向高质量发展阶段，需要改变以经济增长为核心目标、以直接干预为调控原则以及以需求管理为主要调控方式的传统宏观调控，建立与新时代经济运行的新特点和新规律相协调的高质量发展的宏观调控体系。

传统的宏观调控是以经济增长、充分就业、物价稳定和国际收支平衡为目标，这一目标体系相对易于评价和考核，但却遗漏了新时代中国宏观经济运行的一些重要问题，如环境治理、风险防控和精准脱贫等。新时代中特色社会主义宏观调控是以建设富强民主文明和谐美丽的社会主义现代化强国为宗旨，相应地就应转变宏观调控目标，以适应新时代经济运行趋势和特征。综合而言，新时代宏观调控的目标应是以高质量发展为导向，以充分就业为先导，以物价稳定为基础，以化解重大风险为核心，以污染防治为根本。

相应地，新时代中国特色社会主义需要建立宏观调控有度的经济体系，不断增强我国经济的创新力和竞争力。宏观调控就应遵循间接引导、固定规则、和存量调控的原则，避免过度调控和干预成本过高，引导公众的理性预期，最终提升宏观调控的长期政策效果。具体来看，调控新原则包括：间接引导为主、直接干预为辅，固定规则为主、相机抉择为辅，存量调控为主、流量调控为辅。最终，调控方式也需要转型：数量调控转向质量调控、总量调控转向结构调控、需求调控转向综合调控、“强刺激”政策搭配调控转向货币政策和宏观审慎政策双支柱调控。

中国经济已由高速增长阶段转向高质量发展阶段，宏观经济研究也需要紧密结合中国特色社会主义国情，关注高质量发展问题，吸收和采纳高质量研究方法，理论紧密联系实践讲好中国故事，服务于富强、民主、文明、和谐、美丽的社会主义现代化强国建设。

目　录

第一篇

宏观经济发展的政治经济学核心问题

第一章　财富质量与生产力

第一节　现实与理论背景

自亚当·斯密的《国民财富的性质和原因的研究》问世以来，大卫·李嘉图、卡尔·马克思等经济学家广泛关注财富的性质以及经济政策对财富的作用，进而财富与生产力的关系也成为经济增长理论中的重要主题。托马斯·皮凯蒂在其《21 世纪资本论》一书中指出："在人口老龄化社会和经济增速缓慢的背景下，历史上的发达国家往往出现了资本收益率大于经济增速的情况，这意味着经济增长正式从流量驱动增长的阶段进入到存量推动增长的阶段，财富存量对生产力发展起到举足轻重的作用。"值得注意的是，生产力的发展阶段取决于技术发展水平，而技术发展水平由国家或地区的创新能力决定，财富存量是决定创新活动的一大关键因素。因此，在中国经济"新时代"的背景下，随着人口老龄化问题的加剧和经济结构性减速的出现，中国也将面临与发达国家相似的发展历程，即迎来"创新驱动"和"财富驱动"的新时代。这也决定了研究中国财富存量对生产力的作用机制具有较高的理论价值和现实意义。

然而从数量和质量两个层面来看，中国的财富存量却存在不协调的因素。一方面，伴随改革开放40 多年经济的快速增长，中国社会已经积累了数量庞大的物质财富。据《2018 全球财富报告》[1] 统计，中国家庭财富总值已达 51.9 万亿美元，位居全球第二，这表明中国财富的数量优势已十分突出，财富对增长贡献的潜在价值不容忽视。另一方面，传统的增长模式只关注财富数量的增长，导致中国的财富呈现出了结构不合理的特征，集中表现在国民财富所有制结构的矛盾、公共财富内部的矛盾以及私人财富内部的矛盾这三大结构性矛盾上，并严重制约了财富引领经济增长的功能。就国民财富的所有制结构而言，公共和私人财富配比的不合理性导致了政府职能与市场职能难以协调，使得经济增长率总是处于周期性波动态势；从公共财富的内部结构看，公共设施的重复建设、供给效率低下和地方公债攀升一直是公共财富效率低下的表现；从私人财富的内部结构看，中国家庭财富中继承性财富比重逐渐升高，而积累性财富比重则趋于下降。财富作为代际的遗产进行继承，使得下一代呈现出显著的风险规避倾向，导致大量财富长期滞留于低创新性领域和虚拟经济领域，造成财富难以进入实体经济发挥更具现实意义的生产性价值。

基于这一现实背景，只有解决了财富“数量多”和“质量低”这一对矛盾，才能扫清上述制约中国经济增长的结构性障碍。因而中国宏观发展的政治经济学应当重视对财富质量的关注，通过阐释财富质量对生产力的影响机制，解决中国宏观经济发展中的结构性问题，充分释放财富对经济发展的潜在价值，深化经济高质量发展。

在理论层面，财富对生产力的作用机制理论是经济增长理论中的重要因素。经济增长理论在近 200 年的发展历程中，经历了由数量型增长理论到质量型增长理论的演变历程，财富对增长的作用机制理论也随之演进，遵循着从数量型到质量型理论的发展脉络。

数量型增长理论经过了古典增长理论、新古典增长理论和新增长理论

---

① https://www.credit-suisse.com/corporate/sc/articles/news-and-expertise/global-wealth-report-2018-us-and-china-in-the-lead-201810.html.

三个阶段①，资本作用机制理论是财富作用机制理论在这一时期的典型代表。首先，在古典增长理论中，斯密认为经济增长的源泉在于资本积累，阐释了资本对于提高劳动生产力的重要作用。李嘉图的资本积累理论认为资本积累可以增加机器的使用量，提高劳动生产率，最终有利于国民财富的积累。马克思的扩大再生产理论强调资本积累对于扩大再生产的重要性，指出资本是资本主义社会能在近200年历史中创造人类文明99%的财富的关键。其次，在新古典增长理论中，哈罗德—多玛模型和索洛模型都认为资本对增长的作用机制是通过储蓄率来进行传导的，储蓄率及其影响的资本投入被认为是增长稳态情况的决定性因素。最后，在新增长理论中，AK模型、"干中学"理论和人力资本理论均认为资本积累有利于内生的技术进步，因而资本能够通过规模报酬促进经济持续增长。

然而，在数量型增长理论中，财富的作用机制理论仅限于关注资本数量对生产力的作用，却忽视了财富的质量这一重要因素与增长的关系，进而遗漏了资产所有制问题、公共资产配置以及家庭资产配置对增长的影响。这导致在数量型增长理论的指导下，许多经济体财富的配置结构并不合理，经济发展中也出现了许多数量型增长理论未曾预料和难以解释的问题。面对现实的压力，财富的作用机制理论也逐渐由传统的数量型增长理论向质量型增长理论过渡。

在质量型经济增长理论中，无论是世界银行的托马斯增长质量理论强调物质、自然和无形资本等各类资本的可持续发展，还是亚洲开发银行的包容性增长理论关注财富分配问题对经济增长的作用，抑或是当代中国学者越来越重视所有制结构、公共资产配置以及家庭资产配置和经济增长的关系，都表明研究财富的结构与经济增长的关系将成为未来经济增长理论的一大重要发展方向，财富质量将成为继财富数量后另一大决定生产力发展的关键因素，成为影响经济高质量增长的重要变量。

① 数量型和质量型经济增长理论的基本理论参见：任保平．经济增长理论史[M]．北京：科学出版社，2014：6.

基于上述理论背景，构建财富质量对增长的作用机制理论也符合经济增长理论的发展趋势，具有重大理论价值。一方面可以补充和发展经济增长理论，推动经济增长理论向质量型增长理论的深化发展；另一方面还可以解释传统增长理论难以解释的疑难杂症，引导各国财富结构的合理化，提高财富的利用效率，最终充分发挥财富的增长效应。

第二节　当代经济增长理论中的财富质量理论

当代经济增长理论中的财富质量理论集中体现为对财富结构和增长关系的研究，其研究成果主要从以下三大视角出发：公共—私人财富的比较视角、公共资产—公共债务的比较视角和继承性财富—创造性财富的比较视角，分别代表了国民财富质量、公共财富质量和私人财富质量对经济增长的影响机制。

一、国民财富的质量：基于公共—私人财富的比较视角

国民财富从所有制结构上可以分为公共财富和私人财富，因此，国民财富的质量可以用公共—私人财富的相对比重去衡量。在公共—私人财富的相对比重的研究中，皮凯蒂（2014）以资本—国民收入比作为财富存量的计量指标，通过绘制英、法等发达国家 19 世纪末期到 21 世纪初期公共财富与私人财富存量的时间序列图，发现私人资本在国民总资本中始终占据主导地位，表明在以私有制为基础的发达国家中，私人资本的经济效应对经济发展起决定性作用。同时，公共—私人资本相对比重的运动与历史上数次经济周期和不同经济阶段紧密相关，在危机时期，公共—私人资本比会通过“国有化”运动上升，在平稳时期，“私有化”运动会导致公共—私人资本比的下降，“国有化”与“私有化”的矛盾运动直接影响了经济运行的稳定性，成为影响经济增长的关键因素。

国内学者对公共—私人财富比对增长影响机制的研究集中体现在对国

有企业与民营企业关系的研究上，最终上升到对政府—市场职能分配与增长关系的探讨。杨春学和杨新铭（2015）系统地总结了国企—民企关系对经济作用的主流观点：坚守马克思原教旨主义的学者反对“国退民进”，因为过大的私有制资产比重不仅会动摇社会主义国家的经济基础，而且其中存在大量的剥削行为，这势必会加大贫富差距，最终影响经济稳定发展；坚持新自由主义市场原教旨主义的学者支持“国退民进”，认为国有企业所占比重仍然太高，所占用资源过大，不符合建立高效率的市场经济的内在需要，最终会导致经济增长缓慢甚至停滞，因此国有资产应转化为更高效率的私人资产。针对两派针锋相对的观点，他们通过比对中国国有企业比重和经济增长率的历史数据，并参考西方发达国家国有企业的发展经验，得出了“只有依国情而定的国有经济比重才能既保证效率又关注公平，维持经济稳定增长”的结论。王昊（2014）在国企—民企关系中讨论了政府职能转变的问题，认为国有资产与私人资产之争会决定政府和市场的关系，从而影响经济运行的效率，最终决定生产力的发展。他同时建议应当转变政府职能，让市场在资源配置中发挥决定性作用，才能确保经济的高效运行、促进经济增长。胡梅玲（2016）梳理了国企与民企关系的发展历程，从三个历史阶段探讨了国企和民企间相互促进和制约的作用关系，认为国企与民企之比只是影响经济增长的一个中间变量，两者所处的政策、市场环境才是决定因素，只有为国企与民企营造良好的公平竞争环境才能决定适度的国有—私人资产比，最终维持经济稳定、确保经济平稳发展。

由此可见，可以如下总结国民财富质量的影响机制：公共—私人财富比是衡量国民财富质量的指标，通过作用于政府—市场职能相对强弱关系来影响经济运行效率，最终决定增长率的大小。其政策启示是应控制公共—私人财富比在合理范围之内，以平滑经济周期带来的波动性影响，维持经济运行的高效率。如果是处于危机时期，通过“国有化”运动可以提高公共—私人财富比，强化政府的职能，以政府短期内的干预来克服危机，消除市场失灵的弊病；如果是处于平稳时期，通过“私有化”运动可以降低公共—私人财富比，充分调动市场的配置效率，发挥市场高效的职能，有利于经济长期的增长。

二、公共财富的质量：基于公共资产—公共债务的比较视角

公共财富的内部质量问题主要表现在公共资产与公债的相对比重上，公共财富的质量决定政府职能的效率，因此，相应的理论研究集中表现在对政府公债效应的研究上。

在政府公债效应理论中，刘忠敏、李双等（2018）归纳了历史上典型的公债理论，认为主要包括长期经济增长效应和短期增长效应理论。长期增长效应理论中主要包括无限期界模型和内生经济增长模型理论，认为公债分别作用于净财富积累和技术进步，最终影响增长率；短期效应理论中认为公债有消费效应、投资效应、进出口效应和分配效应四种效应，通过决定有效需求的形成来影响经济增长，与之相对应的理论有李嘉图等价命题和凯恩斯命题、“挤出效应”和“挤进效应”理论、公债分配效应理论等。丁有钢（2017）也总结出了政府债务对经济增长的作用机制，认为存在隐性公债与显性公债两种作用机制：隐性公债效应即国有企业债务—国民企业收入比的影响，直接与国有企业效益大小相关，其效应主要通过国有企业的资金利用率来传导；显性公债效应为政府债务与 GDP 比率的影响，但对具体作用机制没有给出理论解释。对于公共资产—公共债务比作用效应的变化规律，主要的理论是莱因哈特和罗格夫及相关学者提出的“阈值论”。该理论认为，当政府债务/GDP 比率低于阈值时，公债对经济增长有正向促进作用；当处于较高水平时，则会抑制经济增长。其比率与增长率的图像应呈现出“倒 U”形曲线形状，存在一个作用效应最佳的公债阈值。

在实证方面，公债相对比重效应的研究集中在对公债的适度比重的测度上，Reinhart 和 Rogoff（2010）针对“欧债危机”，开创性地分析了公债的适度比重，发现政府债务—GDP 比超过 90% 就会阻碍经济增长，但该结论受到包括 Krugman 在内的大批学者的强烈质疑，引发了当前围绕高债务

与增长的一场大辩论。国内学者张启迪（2015）研究了 1970—2012 年欧元区 16 国政府债务与经济增长的关系，证明了公债“稳健阈值”的存在性，认为公债阈值应处于 54% ~78% 。丁有钢（2017）则从中国政府债务的省际数据出发，发现政府显性债务占比与国民收入的变动规律与“阈值论”描述的“倒 U”形曲线相符，并认为中国的显性公债占比的阈值在 3.4%左右。同时他还发现隐性公债，即国有企业总负债量占国民收入的比重与平均增长率呈反向变动关系，但是没有得到隐性公债占比的阈值。

因此，公共财富的质量理论主要与政府公债效应理论相关，公共财富内部质量主要表现为对公共资产和公共债务的相对权衡，故可以用公共资产—公共债务比来衡量。首先，对于其作用机制来说，度量公共财富内部质量的公共资产—公共债务比率会通过作用于国有经济资金利用效率和公共资产、公共服务数量等因素，产生消费、投资效应，影响总需求的形成来决定国民收入的大小。其次，对于其作用效应的变化规律来说，公共财富的质量对经济增长的作用存在二重性，随着公共负债比率的增加，公共财富的增长效应逐渐由正转负，存在公共资产—公共债务的最佳比重——公债阈值，在这个比重上公共财富对经济增长的贡献效果最好。所以确定公共资产—公共债务的最佳比重对于提高有效需求以及推动经济增长至关重要。

三、私人财富的质量：基于继承性财富—创造性财富的比较视角

理论界对私人财富结构的研究集中在对家庭资产配置结构及其经济效应的研究上，通常按照资产流动性将私人财富划分为固定资产与金融资产。但笔者认为，比起家庭资产流动性结构对增长的影响，研究财富来源方式与增长的关系在中国更具现实意义，因为财富继承是中国家庭的头等大事，继承财富在个人财富中的占比将对个体实现财富增值的路径选择产生影响，进而决定家庭资产结构和个体人力资本积累，从而影响实体经济发展和创新活动，最终影响经济增长。沿着这一思路，笔者总结了理论界

提出的有关继承性—创造性财富相对比重对个体经济行为和经济增长的作用机制，为私人财富质量理论的建立奠定了基础。

皮凯蒂（2014）突出强调了研究继承财富的现实意义，他认为当资本收益率长期明显大于经济增长率时，继承财富必然会变得比创造财富更受人们欢迎，因为过去积累的财富不仅无须劳动即可自我增长，而且其增速还高于工作挣来的用于储蓄的财富。如果联合国对人口增长预测的中位数准确，则在21世纪全球各地都会出现增长放缓的情况，继承财富的重要性在全球都会得以提升，况且统计显示，法国“继承财富占个人全部财富比重”正在迅速上升，2010年已经接近70%的水平。因此，在当代，财富继承的重要性将会重新显现，势必会对个体行为选择和经济运行产生深远影响。

继承财富对经济增长的作用机制主要可分为三类：首先，关于继承财富对创新活动的作用机制，制度学派的凡勃仑（1889）在其著作《有闲阶级论》中指出，继承性财富多的个体往往表现出“有闲阶级”特征，他们通常由于自身丰厚的遗产而倾向于避免有效劳动，所以其创造的财富比重往往低于平均水平，其对经济增长的贡献有限；继承性财富少的个体往往敢于冒险和创新，其创造的财富比重往往较高，所以其对经济增长的贡献更加突出。其次，关于继承财富对知识溢出的作用机制，刘易斯（1996）讨论了财富来源途径对知识和创新的扩散作用，他主张知识和创新的扩散作用取决于社会阶层的流动性，首先接触到新知识和新产品的是上层阶级的人，只有当下层阶级能够向上层流动时才能接触到新产品和新知识，从而促进知识和创新的扩散。当积累性财富占据主导时，社会阶层流动性较强；当继承性财富占据主导时，社会阶层流动性较低。所以当继承性财富取代积累性财富时，社会阶层流动性较低，知识和创新的扩散受到抑制，最终不利于经济增长。最后，关于继承财富对资源配置的作用机制，陈晓君（2017）认为财富的流动性越高越有利于财富积累，并且从财富的来源来看，继承性财富占个人财富比重高的群体主要是富人，财富主要以资本形式落在他们手中，且富人由于倾向于风险规避，风险在其手中沉淀，财富的流动性低，所以不利于财富增长；而创造性财富占比高的群体主要是平民，财富增值的渠道主要来自收入，且主要用于日常消费与储蓄，所以财富的流动性高，有利于财富增长。任保平（2015）指出，通过财富流动个体可以在交换中取得相对优势价格，从而激励个体创新和技术进步，最终有利于资源优化配置和提高资源利用效率，如果财富总是通过遗产继承聚集于既得利益集团或者垄断部门，不仅大部分民众无法共享改革红利，未来财富的再生产也会因为效率低下而受到阻碍。

因此，随着继承性财富在个人财富中占比的提高，继承财富的重要性将重新显现。同时，继承性财富和创造性财富的相对关系对创新活动和资源配置有着深远影响，所以私人财富质量可以用继承性财富—创造性财富比来衡量。

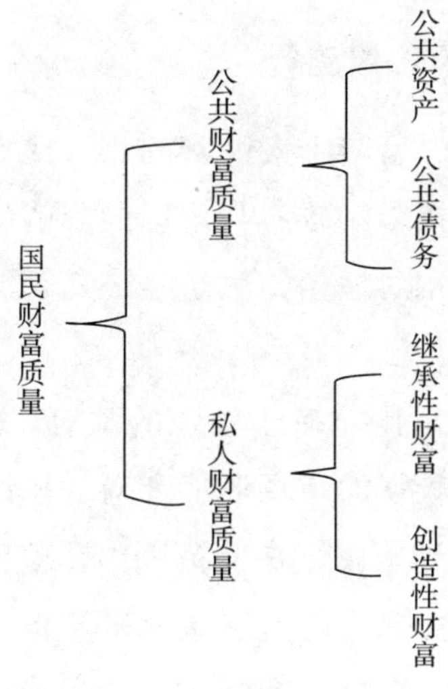

图 1－1　国民财富质量、公共财富质量和私人财富质量的层级关系

①国民财富的质量⇨政府—市场的职能的相对强弱⇨公平和效率的相对地位⇨经济运行的平稳性⇨经济增长

②公共财富的质量⇨公共服务数量—公债风险的相对关系⇨资金利用率、公共净财富存量和技术进步⇨消费和投资效率⇨经济增长

③私人财富的质量⇨创新效率、扩散效应和流动效应⇨创新活动、技术进步和资源配置⇨经济增长

图 1－2　国民财富质量、公共财富质量和私人财富质量的作用路径

综上所述，基于传统增长理论的不足以及当代经济增长理论中的财富质量理论，本章试图提出一个财富质量对经济增长作用机制的理论框架，以系统化地阐释财富的结构性问题对当代经济增长的重要作用。理论框架由国民财富质量作用机制理论、公共财富质量作用机制理论以及私人财富作用机制理论三部分构成，其层级关系和作用路径分别如图 1－1 和图 1－2所示。

第三节　财富质量影响生产力的作用机理

一、国民财富质量的作用机制理论

（一）国民财富质量的作用路径

国民财富的质量由公共财富与个人财富的相对比重决定，其作用路径为：公共—私人财富比会直接影响政府与市场的职能的相对强弱，进而影响经济运行的公平和效率的相对地位，决定经济是否能够稳定运行，最终影响经济增长的平稳性。

其中，高公共—私人财富比对应于较强的政府职能和对公平的强调，低公共—私人财富比对应于较强的市场职能和对效率的强调。同时，存在一个公共—私人财富比的合理范围，在此范围内，政府—市场与公平—效率这两对矛盾才能得到充分协调，同时强调公平与效率。高于合理范围的上限会带来效率的低下，低于合理范围的下限会带来公平的缺失，都不利于经济增长的稳定性。因此，只有处于合理范围内时经济增长率才会维持在较高水平。

（二）变化规律：国民财富质量效应的“倒 U”形曲线

基于国民财富质量的作用路径以及相关历史统计数据，其效应的变化规律满足如下规律：随着公共—私人财富比的提高，其对经济增长率的效应可划分为三个阶段，其作用规律呈现出“倒 U”形曲线。

当公共—私人财富比处于第一阶段时，公共—私人财富比过低，私人财富规模相对较大，过分强调效率而忽视公平，市场职能难以维持经济稳定运行，产生了分配不公和贫富差距悬殊的严重后果。这一方面会抑制总需求量的形成，制约经济增长；另一方面会增加经济运行风险，加剧经济危机的爆发，不利于经济稳定增长。因此，在该阶段时，通过“公有化”运动，增加公共—私人财富比至合理范围内，可以充分发挥政府的职能，缓解贫富差距悬殊的弊端，同时提高公共服务水平，促进增长率的提高。

当公共—私人财富比上升至第二阶段时，此时公共—私人财富比过低位于合理范围之内，市场和政府能共同发挥作用。政府—市场职能关系和公平—效率相对地位能得到相互协调，确保经济平稳发展，对经济增长产生推动作用，因此，经济增长率才能维持在较高水平。

当公共—私人财富比处于第三阶段段时，公共—私人财富比高于合理范围的上限，公共财富规模过度膨胀，对公平的过分强调忽视了效率问题，政府职能对经济增长产生了严重的负面效应，导致公共资产的供给效率低下、重复建设等问题越发严重，运营公共资产的国有企业的绩效也越来越低，最终制约了经济增长。因此，在该阶段，通过“私有化”运动，减少公共—私人财富比至合理范围内，可以充分发挥市场的职能，提高资源的配置效率，促进增长率的提高。

因此，国民财富质量的增长效应取决于公共—私人财富比的大小，公共—私人财富比过大或过小都会不利于经济平稳发展，只有处于合适范围之内才能协调好政府—市场与公平—效率这两对矛盾，确保经济的平稳发展。

（三）国际经验：国民财富质量周期性波动与经济周期的相互关联

《21 世纪资本论》一书中描绘了欧洲各国从 19 世纪末到 21 世纪初公共—私人财富比的变化规律，其规律呈现出周期性波动的特征。结合国民财富质量作用效应的变化规律，我们可以发现公共—私人财富比的周期性波动与经济周期密切相关，通过影响政府与市场的职能之间以及公平与效率之间的矛盾运动，导致：①“公有化”运动和经济快速增长；②公债危机、供给效率低下和“滞胀”困境；③“私有化”运动和经济快速增长；④分配不公、贫富差距悬殊、经济增长缓慢及经济危机爆发这四组现象的交替出现，最终影响经济运行的平稳性来决定生产力的发展。其周期性波动规律与对应的经济增长率波动的相互关联大致可用图 1－3 表示：

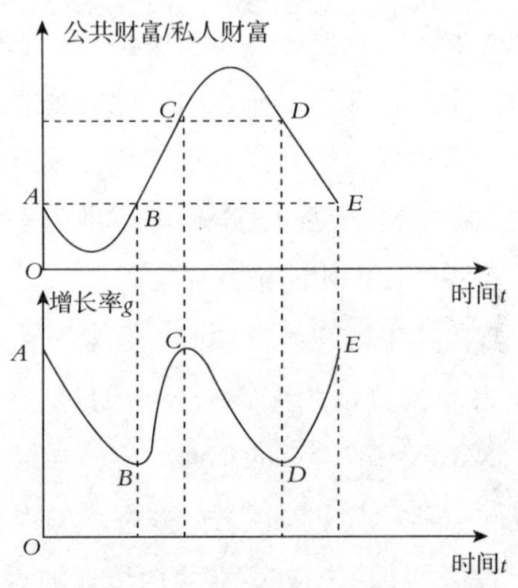

图 1－3　国民财富质量周期性波动与经济周期关系

1. 第一阶段：公共财富与政府职能的扩张拉动增长

经济运行的第一阶段如图 1－3 中的 *BC* 段所示，这一时期是公共—私人财富比从低谷值开始增长，在最佳比例范围内平稳上升，直到超过公共—私人财富比合理上限为止的阶段。其背景往往是危机后经济发展缓慢、公共—私人财富比处于低谷的时期，经济运行的特征表现为政府职能的完善是经济增长中的主导力量，公共支出的迅速增加以及庞大公共资产提供的辅助性服务促进了经济的快速增长。

其中，推动公共—私人财富比增加的动力可用政府支出扩张理论解释：从需求上看，此时市场失灵问题越发凸显，经济对于基础设施、教育医疗等服务需求旺盛，对公共财富的需求越发凸显，政府公共支出因此不断提高，积累的公共财富比重也越来越大；从供给上看，由于公共部门是以非进步部门为主，需要不断地增加投资以维持增长，因此公共支出的增速会大于经济增长速度，公共财富积累速度会高于私人财富积累速度；同时因为官僚垄断和公共支出的集中效应，政府会力图将公共支出维持在一个较高的水平上，确保了公共—私人财富比的只升不降。这一阶段增长的动力主要来自公共财富的增加，政府职能的完善成为促进增长的关键力量。

历史上，法国20世纪50年代开始的“黄金三十年”以及中国2008年经济危机后的“国进民退”等发展阶段与这一阶段相对应，都表现为从相对较低的经济增速和公共—私人财富比的起点开始，伴随着“国有化”运动的开展，公共支出迅速增加，公共财富大量积累，经济增长率一直维持在较高水平，此时公共财富对经济增长的正向促进作用最大，国民财富质量处于较高水平。

2. 第二阶段：公共财富和政府职能的过度扩张制约增长

经济运行的第二阶段如图1－3中的*CD*段所示，该阶段公共—私人财富比的变化规律是从适度范围的上限开始，一直上升到周期中的最高水平，并且开始缓慢下降。由于之前公共支出的过度增长，一直处于公共资产相对规模过高的阶段，此时公共资产对增长的正向促进效应转为负向抑制效应，经济增速逐渐从高速增长阶段向中低速和低速增长阶段过渡，通货膨胀也开始恶化，最终往往会陷入“滞胀”的困境。

对于大多数贸易逆差的国家来说，解决公债的手段往往依赖于人为地引入通货膨胀来抵销债务。同时，由于公共财富规模的过度扩张，公共—私人财富比超过了适度比例范围的上限，公共资产的供给效率低下、重复建设等问题开始越发严重，运营公共资产的国有企业的绩效也越来越低，公共财富的低效问题最终超过公共资产实际的辅助服务效应，所以此时公共资产对增长的效应逐渐由正向促进效应转为负向抑制效应，导致经济增长速度的放缓，逐渐从高速增长阶段向中低速和低速增长阶段过渡。随着通货膨胀情况的恶化以及经济增速的放缓，国民经济往往在这一阶段的末期陷入了“滞胀”的两难困境，政府不得不减少公共支出规模，导致公共—私人财富比开始呈现下降的趋势。这一阶段政府的职能开始与经济增长的实际要求相悖，不再能继续推动增长，最终伴随着公共财富比重的下降而被削弱。

历史上，西方资本主义国家20世纪70年代的“滞胀”危机以及21世纪欧洲的“欧债危机”等时期便与这一阶段相对应，公共资产和政府公债的过度膨胀是导致增长停滞和恶性通胀的罪魁祸首，经济几乎再次陷入停滞的境地。

3. 第三阶段：私人财富和市场职能的扩张推动增长

经济运行的第三阶段如图1－3中的*DE*段所示，该阶段公共—私人财富比的变化规律是从最佳比例范围的上限下降至下限的阶段。其经济运行的特征为市场重新成为推动增长的主要动力，高效运行的私人财富推动了创新活动的迅速发展，最终促进新一轮经济增长的开始。

面对前一阶段产生的“滞胀”问题，解决经济困境的关键在于把低效率的公共财富转化为更加高效的私人财富，而变卖公共资产成为解决低效问题和公债危机的一大途径，因此在这一过程中，公共资产也迅速地转化为私人资产，经济进入了私人资产相对比重较高的时期。私人财富的扩张使得市场重新在经济增长中扮演起决定性角色，所以经济运行效率提升，创新活动开始活跃起来，经济又迎来新一轮的快速增长。这一阶段增长的主要动力来源于高效率的私人财富的扩张以及市场配置效率的提高。

历史上，西方资本主义国家20世纪80年代保守主义改革引导的“私有化”运动和中国1997年以来的“国退民进”便与这一过程相对应，在这一阶段经济重获动力，技术创新也得到了极大发展，国民财富又重新被市场高效地配置到真正有实力的个体手中，市场成为这一阶段推动增长的主角。

4. 第四阶段：私人财富过度膨胀与市场失灵制约增长

经济运行的第三阶段如图1－3中的*AB*段所示，公共—私人财富比的变化规律是从适度范围的下限开始，一直下降到周期中的最低水平，并且开始缓慢上升。其经济运行的特征表现为市场职能的弊端越发凸显，导致在公平和效率上都出现了严重的负面影响，经济增长又陷入停滞状态，经济危机爆发的可能性加大，所以政府职能需要再一次被加强，公共—私人财富比开始回升。

在公共资产私有化的进程中，私人资本急剧膨胀，公共资本被持有巨额财富的少数人掌握，进而引发分配不公、贫富差距加大的严重后果，一方面抑制了总需求量的形成，制约了经济增长；另一方面会增加经济运行风险，加剧经济危机的爆发。而公共资产比重过低也导致政府提供的公共服务难以满足广大缺乏资本的普通民众的需求，市场失灵问题难以被矫正，经济运行效率开始降低。在这一阶段，无论是政府还是市场的职能都受到了严重制约，经济无论在公平还是效率上的表现都不尽如人意，最终增长速度会不可避免地放缓，经济危机的爆发也近在咫尺。所以为了应对经济风险和危机，政府职能再一次地被加强，公共—私人资产比开始回升。

历史上的2008年金融危机便与这一阶段相对应，过度膨胀的私人财富导致了经济中财富分配极度不公的出现以及经济风险的累积，市场职能的弊端导致了公平和效率上的双重困境，最终以爆发经济危机这种极度形式导致了增长的停滞。

综上所述，公共—私人财富相对比重的周期性波动与经济周期中的四大阶段的交替出现密切相关。公共—私人财富比通过影响政府和市场的相对职能大小进而影响经济运行的公平和效率，最终通过决定经济增长的经济运行的平稳性来决定生产力的发展。从现实上看，该理论能够较好地解释资本主义国家从20世纪50年代的“国有化”运动到70年代的“滞胀”，再到80年代保守主义改革引导的“私有化”运动，最后到2008年经济危机这一过程中公共—私人财富比对经济增长的周期性作用效应，因此具有一定的现实基础。

（四）中国特色：中国的“国进民退”和“国退民进”与经济增长的相互关联

中国的“国进民退”和“国退民进”与经济增长的相互关联可以用国民财富质量理论来解释，其分别对应着图 1－3 中 *AC* 段的“公有化”运动和图 1－3 中 *DE* 段的“私有化”运动：“国进民退”代表公共—私人财富比过低，所以才通过发展“公有化”运动强化政府职能来拉动增长；“国退民进”则表示公共—私人财富比过高，所以才通过发展“私有化”运动强化市场职能以促进增长。

历史上，“国进民退”与“国退民进”之争也符合图 1－3 中描述的国民财富质量决定的经济周期四大阶段，其中图 1－4 描述了 1978 年后的两大阶段。

首先，1950—1978 年是计划经济发展的阶段，与资本主义国有化运动相类似，此时“国进民退”的公有化运动为主旋律。其中，1950—1960 年是国民财富质量周期的第一阶段，与图 1－3 中的 *BC* 段相类似，呈现出公共财富与政府职能的扩张拉动增长的特点，经济增速取得显著增加，“国进民退”势头发展迅猛；1961—1978 年则是国民财富质量周期的第二阶段，与图 1－3 中的 *CD* 段相类似，出现了公共财富和政府职能的过度扩张制约增长的问题，“国进民退”的速度开始放缓。

其次，1978—1998 年是社会主义市场经济体制发展时期，“国退民进”的私有化运动开始代替“国进民退”成为主要潮流。其中，1978—2006 年是国民财富质量周期的第三阶段，与图 1－3 中的 *DE* 段相类似，私人财富和市场职能的扩张推动了经济飞速增长，成就了“中国奇迹”；2007—2008 年是国民财富质量周期的第四阶段，与图 1－3 中的 *AB* 段相类似，私人财富过度膨胀与市场失灵对增长产生了诸多负面影响，最终以经济危机的极端形式表现出来。

最后，1998—2018 年是社会主义市场经济体制完善时期，2008 年后的“四万亿刺激计划”标志着新一轮国民财富质量周期的开始，经济又进入了国民财富质量周期的第一阶段，再次呈现出公共财富与政府职能扩张拉动增长的特点。

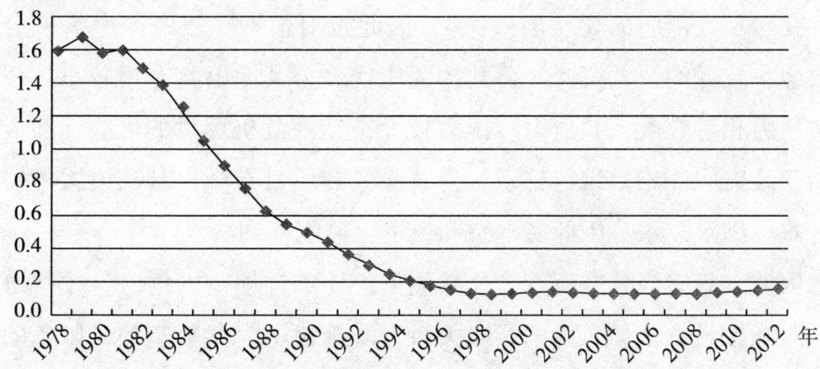

图1－4　1978—2012年中国公共—私人财富比变化

由此可见，中国的“国进民退”与“国退民进”之争本质上是围绕国民财富质量展开的，两者的最终目的都是通过完善公共—私人财富比以协调政府—市场职能，促进经济增长。而其矛盾运动也决定着中国国民财富质量的周期性波动，最终决定了中国的经济周期。通过国民财富质量理论，能更好地解释“国进民退”与“国退民进”之争背后的原因机制，并指导当下国民财富质量的提高和公共—私人财富比的完善，最终促进中国经济的平稳增长（见图1－4）。

二、公共财富质量的作用机制理论

（一）公共财富质量的作用路径

公共财富的质量可以用公共资产—公共债务比衡量，其作用机制为：公共资产—公共债务比作用于公共服务数量—公债风险的相对关系，进而决定资金利用效率、公共净财富存量、技术进步等因素，产生消费、投资效应，最终通过影响有效需求的各个组成部分来影响经济增长。

具体而言，较高的公共资产—公共债务比代表着公共净财富存量较大，提供的公共服务数量较多而公债的债务压力相对较小，有利于维持政府职能的稳定，产生较大的消费、投资效应，但同时因为公共部门往往是非进步部门，大规模的公共资产往往会不利于技术创新和资金利用效率，且存在对私人部门的“挤出效应”，因此也对消费、投资产生了一定的负面效应；较低的公共资产—公共债务比代表公共净财富存量较小，公债的债务压力相对较大，政府财政压力较大，经济危机爆发的可能性加大，同时由于政府职能难以维持稳定，公共服务的质量有限，基础设施等辅助性服务难以满足需求，因此对消费和投资也可能不利。

因此，只有当公共资产—公共债务比处于合理范围内时，才能协调好公共服务数量—公债风险的相对关系，既确保了公共财富提供服务的有效性和充分性，实现与私人财富的有效互补，又控制了公债带来的风险压力，维持政府职能的稳定性，最终保证公共财富能产生较高水平的消费、投资效应，促进经济的增长。

（二）变化规律：公共财富质量效应的“倒 U”形曲线

基于公共财富质量的作用路径，同时结合莱因哈特和罗格夫及相关学者提出的“阈值论”，其效应的变化规律表示如下：与公共财富质量效应相类似，随着公共资产—公共债务比的提升，其效应可分为三个阶段，公共资产—公共债务比的作用规律呈“倒 U”形曲线。

当公共资产—公共债务比处于第一阶段时，此时公共资产—公共债务比水平较低，公共债务规模过于庞大，经济危机爆发的可能性加大，公债的风险问题是阻碍增长的关键因素。而且此时公共服务往往供给不足，因此产生的消费和投资效应有限，所以增长率处于较低水平。如果此时能控制公债增长的速度，将公债相对比重降低，使公共资产—公共债务比上升至合适范围中，经济运行的风险会大幅下降，同时政府财政压力得到缓解，确保政府职能能够有效运行，提高公共资产的运行效率，增加公共服务量的供给水平，进而增加消费和投资效应，促进增长率的提高。

当公共资产—公共债务比处于第二阶段时，公共资产—公共债务比水平处于合理范围之内，既能确保公共财富提供服务的有效性和充分性，又能控制公债带来的风险压力，维持政府职能的稳定性，确保公共财富能产生较大的消费、投资效应，维持较高的增长率。

当公共资产—公共债务比处于第三阶段时，公共资产—公共债务比水平超出合理范围上限，此时公共资产规模过于庞大，虽然公债的风险问题不显著，但公共资产的运营问题可能是阻碍增长的关键因素。由于公共部门往往是非进步部门，大规模的公共资产往往技术进步缓慢，资金利用效率低下，重复建设问题突出，公共服务的供给质量低下；同时由于还存在对私人部门的"挤出效应"，不利于技术创新和总投资的增加，因此也对消费、投资产生了负面效应，所以增长率处于较低水平。如果此时能控制公共资产增长的速度，使公共资产—公共债务比下降至合适范围内，则能够大幅提高公共服务的供给质量，同时又能把公债风险控制在合理的范围之内，增加消费和投资效应，维持高水平增长。

三、私人财富质量的作用机制理论

（一）私人财富质量的作用路径

在继承财富的重要性重新回归的背景下，私人财富质量可以用继承性财富—创造性财富比来衡量。对于其作用路径，私人财富质量可以通过影响个体人力资本投资、知识创新在社会阶层间的扩散程度和财富流动性来影响经济运行效率，最终影响经济增长，与之相对应的分别是创新效应、扩散效应和流动效应。

首先，对于创新效应，继承财富高的个体往往表现出"有闲阶级"特征，由于其生活绝大部分依赖于资本收入，所以会避免有效劳动，从而忽视对人力资本的投资和错失"干中学"的人力资本积累机制，社会人力资本投资比重因此下降；同时，因为继承财富高的个体财富绝对量也大，其相对风险规避程度较高，因此倾向于将大部分资产投资在风险较低而收益率高的虚拟经济领域，这无疑挤占了对风险性高但创新性强的实体产业的投资，造成了经济中"脱实向虚"趋势和制造业萎缩现象的出现，从而对创新产生负向的抑制效应。其次，对于扩散效应，根据刘易斯的观点，当继承性财富占据主导时，社会阶层流动性较低，下层阶级能够向上层流动接触到新产品和新知识十分有限，从而不利于知识和创新的扩散，知识溢出效应有限，使得技术进步缓慢。最后，对于流动效应，继承财富高的阶层依靠虚拟经济更高的资本收益率能攫取更多的财富，导致财富始终聚集于少数利益阶层，财富的流动性和财富的配置效率低下，不利于资源有效配置，最终阻碍了财富的再生产。

因此，私人财富质量主要通过三大效应来影响经济增长，而随着私人财富质量中继承财富占比的提升，三大效应对创新活动、知识溢出和资源配置的负效应越发凸显，成为造成资本边际收益递减并最终制约经济增速的重要力量。

（二）变化规律：私人财富质量的循环累积因果规律

随着继承财富占比的提升，三大效应对经济增长的负效应逐渐被强化，最终会抑制财富的再生产，减缓创造性财富的增长速度。事实上，私人财富质量的恶化存在着循环累积因果机制，继承性财富—创造性财富比的提高会通过影响经济增长最终又促进自身的提高。

首先从短期来看，对新创造的财富的分配是私人财富质量变动趋势自我强化和因果循环的重要途径。随着继承性财富—创造性财富比的提高，经济增速下降，社会生产的待分配的创造性财富比重进一步下降。由于资本收益率远大于劳动收益率，其中大部分的份额被以资本形式出现的原有继承性财富裹挟，这便导致富裕阶级的继承性财富在与平民的创造性财富的分配之争中胜出，继承性财富—创造性财富比会在分配后进一步提高。由于在分配后创造性财富比重进一步下降，私人财富质量也下降，最终导致了下一轮待分配的创造性财富比重的下降。因此，经历了“生产—分配—生产”的循环过程，继承性财富—创造性财富比也就具有了循环累积因果规律。

其次从长期来看，继承性财富和创造性财富的不平等地位会扭曲社会风气，成为强化私人财富质量的因果循环的又一渠道。由于继承性财富的红利大于创造性财富，一方面会导致原有富裕阶层对继承性财富产生路径依赖，成为永久的食利阶级；另一方面会诱使新加入富裕阶层的创新创业者放弃原有的实体产业，试图将创造性财富转变为继承性财富，成为新兴食利阶级。久而久之，继承性财富比重的提升也会在社会风气扭曲的推动下自我强化。

由于私人财富质量的恶化存在着循环累积因果机制，经济增长的放缓也会因此循环累积。如果任由继承财富占比攀升，社会无疑会陷入“脱实向虚”和两极分化的陷阱之中，不利于创新活动和资源配置，最终阻碍经济增长。因此，协调继承性财富和创造性财富的比例关系，成为维持私人财富质量和经济增速的关键。

（三）国际经验：法国私人财富质量的演变历程和经济增长

根据《21世纪资本论》一书中有关法国继承财富占财富总额比重的统计数据，如图1－5所示，法国的继承性财富—创造性财富比从19世纪到21世纪大致经历了三大阶段，私人财富的质量作用机制理论可以较好地解释这三大阶段的形成。

第一阶段是1850—1910年继承性财富—创造性财富比上升的阶段，私人财富质量的增速几乎保持不变，这与私人财富质量的因果循环累积规律相一致，此时伴随的后果是法国经济增速的放缓和社会矛盾的激化。第二阶段是1910—1970年继承性财富—创造性财富比上升的阶段，由于1910年欧洲局势的动荡，财富继承不能得到顺利执行，使得继承性财富—创造性财富比骤然呈下降趋势，且这种趋势在一战、1928年国际经济危机、二战和20世纪70年代“滞胀危机”等冲击下反复得到强化，最终由90%降至40%的水平，但过低的继承性财富—创造性财富比并不意味着私人财富质量的高水平，相反，经济增长因此陷入了“滞胀危机”中。第三阶段是1970—2010年继承性财富—创造性财富比回升的阶段，随着经济环境的日益稳定，财富交接也能够顺利进行，继承性财富占比增速又骤然上升，并

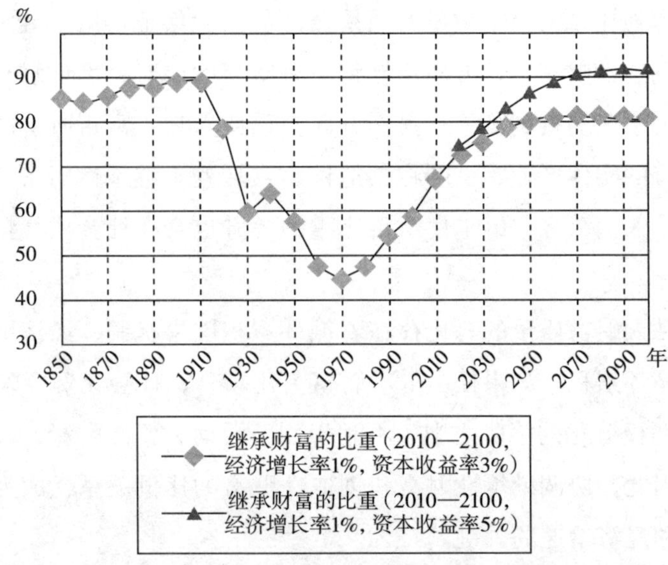

图 1－5　1850—2100 年法国继承财富占财富总额的比重

且遵循着因果循环累积规律自我强化，其重要性终于在 21 世纪回归。同时，随之而来的还是与 20 世纪初相类似的经济增速放缓和社会两极分化现象的回归，私人财富质量似乎又不可避免地开始恶化，三大效应对经济增长的负效应越发突出。

（四）中国特色：中国私人财富质量的特征性分析

《世界不平等报告 2018》[①] 中指出，2015 年中国财富前 1% 私人所占财富份额已高达 30%，未来仍有上升趋势。因此，中国私人财富质量主要取决于高净值人群的财富状况，有必要以这些人群的财富特征为代表来描述中国私人财富质量的现状和未来趋势。

首先，对于中国私人财富质量的现状，《中国财富传承市场发展报 2017》[②] 中指出高净值人群近 90% 的财富来源为创造性财富，其中创办公司、投资获利和工资、福利积累这三种途径分别约占 50%、25% 和 15%，

① 参见 https://wir2018. wid. world/。

② 参见 https://www. cib. com. cn/cn/aboutCIB/about/news/2017/20170706. html。

而继承性财富来源仅占 8% 左右，这表明当前中国继承性财富—创造性财富比值较小，仅为约 0.089，私人财富质量较高，其对创新、知识溢出和资源配置的阻碍效应较低。

其次，对于中国私人财富质量的未来趋势，根据《2016 财富传承密码特别报告》[①]，中国大陆财富创造者的平均财富传承年龄为 75 岁，《中国财富传承市场发展报告 2017》中指出，近 50% 的高净值人群的年龄在 40 ~ 60 岁，并且 45% 的受访者表示已经或在 3 年内积极考虑财富传承。同时，高净值人群巨大的投资增速会进一步强化继承性财富占比的提升，《2016 财富传承密码特别报告》中认为，未来 5 年中国高净值人群可投资金融资产年均增速约为 15%，将明显高于同期预设的 GDP 6.5% 的增速，预计未来 20 年内中国有 31.5 万亿的财富将被传承。这意味着中国继承性财富—创造性财富比在未来 20 年内有望稳定增加，私人财富质量可能陷入“循环累积因果机制”的两条路径中，私人财富质量的三种负效应将不断强化。

此外，中国高净值人群的投资方向具有典型的中国特色，可能会进一步强化三种效应对生产力的阻碍作用。根据《中国财富传承市场发展报告 2017》，中国高净值人群的投资方向主要为房地产、股市和海外投资。前两项是典型的虚拟经济部门，导致创新效应得到强化，是挤出创新活动、产业的“脱实向虚”和财富阶层固化的元凶，长期以来将抑制技术进步和创造性财富的生产。而第三项是中国作为发展中国家的一大特色，由于海外发达国家预期资本收益更高，且国内投资环境相对更不稳定，中国高净值人群倾向于将财富用于对国外市场部门投资。根据兴业银行与 BCG 于 2016 年开展的私人银行客户调研，27% 的受访者拥有海外资产，这一比例在资产规模超过 1 亿元的超高净值客户中高达 55%；而已经布局海外资产的客户中，近两成已经移民，财富越多，海外投资和移民比例越高。因此，中国私人财富通过财富外流这一特殊途径导致国内财富总量的减少，

① 参见 http://www.hurun.net/CN/Article/Details?num=BA1338D308B1。

不仅导致用于形成总需求的消费、投资降低，创新、流动和配置这三种效应也同时得到强化，相对于发达国家来说，中国私人财富质量的恶化将更加不利于生产力的发展。

这对中国无疑也是具有重大启示意义的。在改革开放取得举世瞩目成就的同时，也产生了创新活动被挤出、产业的“脱实向虚”和财富的阶层固化等负面结果，继承财富在其中无疑扮演了推波助澜的角色，且其三大效应对经济增长产生的负面影响将越发明显，可能会成为制约创新活动发展和资源配置优化的“拦路虎”。因此，破解由私人财富质量引致的上述问题，控制继承财富比重的攀升或许是一个较好的思路，这能够通过弱化继承财富比重过高带来的三大负效应，促进创新活动、财富流动和优化资源配置，推动创新活动的实体部门发展，为中国经济结构性减速提供新动力。

四、理论总结与政策建议

本章通过梳理当代增长理论中关于财富结构性的理论研究，尝试构建一个财富质量对生产力作用机制的理论框架，包括国民财富质量作用机制理论、公共财富质量作用机制理论以及私人财富作用机制理论三大部分，分别用公共—私人财富比、公共资产—公共债务比和继承性—创造性财富比三项指标进行衡量。三类财富质量紧密联系、相辅相成，其作用路径分别通过：①决定政府—市场职能的相对强弱；②公共服务数量—公债风险的相对大小和；③产生影响创新活动、技术进步及资源配置效率的三大效应来决定经济增长。

从理论上看，基于国民财富质量作用机制理论和公共财富作用机制理论，可以得到国民财富质量和公共财富质量对经济增长的“倒U”形作用规律。因此，维持公共—私人财富比、公共资产—公共债务比在合适范围，能对协调政府职能和市场职能的相对关系以及公共服务和公债风险的相对关系，促进经济长期平稳增长做出巨大贡献。同时，基于国民财富质量作用机制理论和私人财富作用机制理论，能够得到两个推论：国民财富质量周期性波动与经济周期的相互关联和私人财富质量的因果循环累积规律，因此，控制公共—私人财富比在合理范围内波动和避免继承性财富占比的过度增长对平滑经济周期和保持经济增速至关重要。

从现实上看，该理论体系能为解释“国进民退”、政府债务问题和“脱实向虚”等中国特色问题提供参考价值，有助于解决中国长期增长中的结构性问题，实现中国经济的高质量发展。基于理论内容，本章对提高中国财富质量和促进经济高质量发展提出以下政策建议：①对于国民财富质量，应当控制公共—私人财富比的过度波动，使之维持在合理范围之内，以协调政府—市场职能以及公平—效率的相对关系。同时，应当促进国企和民企的平等与和谐发展，维持国有资产—私人资产的相对大小，促进经济的平稳运行。②对于公共财富质量，应当维持公共资产—公共债务比处于合理范围之内，协调好公共服务数量—公共债务风险的相对关系，防止政府债务的过度增长，避免大规模公债风险的爆发。③对于私人财富质量，应当控制继承财富比重的攀升，通过遗产税等手段限制继承性—创造性财富比的过度增长，弱化继承财富比重过高带来的三大负效应，促进创新活动、财富流动和优化资源配置，为经济增长提供动力。

第二章　新时代财富与创新发展

1978年以来，改革开放已实施了40多年，中国经济实现了飞速发展，截至目前，中国已经成为世界第二大经济体，国民生产总值仅次于美国。中国已经转向高质量发展的新时代，对经济发展的质量提出了新的要求。高质量的发展要求以提高全要素生产率为目标，通过创新提高市场效率，打造中国经济发展的升级版。创新发展是高质量发展的第一驱动力，是中国经济发展的核心。不容忽视的是，在发展过程中，经济逐渐暴露出一些不足之处。中国的房地产行业具备高回报的特性，为获得高额利润，实体经济会将有限的资金投入房地产行业，自身创新能力的发展因此受限。经济“脱实向虚”、资源配置不均的问题十分严峻。在中国特色分权的背景下，经济发展存在重数量、轻质量的问题，地方政绩考核以GDP为核心，各地政府官员在个人晋升制度的刺激下，往往通过经济的即期增长来达到地方经济增长的目标，忽视了能够增强经济长期竞争力的创新活动，经济能否实现可持续增长值得关注。

在全球化的背景下，仅靠要素驱动已经不足以满足我国追赶超越的目标，早在党的十八大召开时，就提出了以创新驱动经济发展的战略，强调自主创新的重要性，党的十九大报告再一次强调，创新是引领发展的第一动力。资源禀赋不应成为经济发展的约束条件，如何利用创新实现资源财富配置最优化，使有限的资源禀赋发挥其最大效用，实现经济的长足发展，是我们需要深刻思考的问题。

第一节　理论基础

一、创新能力的内涵

“创新”一词，是由著名的经济学家熊彼特首次提出的，在《经济发展理论》一书中，他指出“创新”是在生产过程中内生的，通过把一种从未有过的生产要素和生产条件的“新组合”引入生产体系中，从而创造出新价值。中国经济发展从高速发展逐步迈入高质量发展的新阶段，对经济效率也提出了新要求。党的十八大报告中曾明确指出科技创新的核心位置，党的十九大再一次强调了走创新驱动发展战略的重要性和必要性。创新，作为引领发展的第一动力，也是经济发展高效率至关重要的因素。习近平总书记多次强调，抓创新就是抓发展，谋创新就是谋未来，如果依然保留原来的老思想、旧模式，缺乏创新，不仅难有突破，还有可能错失发展的良机。创新能力的重要性可见一斑。

创新与科技活动是息息相关、不可分割的，而科技的发展在某种程度上可以看作知识的生产过程，所谓创新，即“成功使用新知识”，以知识创造为起点、以知识利用为终点，从而创造出价值的过程（汤鹏主，2015）。一个地区的经济发展水平同其自然资源的贫富并没有显著的相关性，“富饶的贫困”和“贫乏的富裕”都是真实存在的，创新能力的差异是造成财富差异的主要原因（裴小革，2016）。知识增长带来了科技的进步，进而打破了经济的平稳增长态势，通过创造性毁灭，为后发国家提供了追赶超越的可能性（柳卸林，2017）。

早前的研究多集中于国家层面的创新能力差异，然而对于当前正处于转轨阶段的中国来说，国家内部各区域之间同样存在着不小的差距，需要我们将关注点放在区域创新能力上。

在新熊彼特经济增长理论的基础上，诸多学者对区域创新能力进行了研究与定义。Tura（2005）认为，所谓区域创新能力，就是一个创新主体在生产活动中所表现出的应对环境变动的能力和充分发挥运用现有资源的能力。柳卸林（2002）、陈劲（2007）和蒋振威等（2016）认为区域创新能力是一个区域发挥创新资源优势将知识转变成新的工艺、服务与产品的能力。毛伟（2016）指出，区域创新能力是一个地区潜在的和现实的技术创新能力，它既包含知识创新的能力，又包含将新知识转变成新的工艺、服务与产品的能力。张予萍等（2010）认为区域技术创新能力是指在一定区域范围内，为了增强区域经济增长的原动力，充分利用区域创新资源，最大限度地激发区域的创新创造积极性，将创新构想转变成新的工艺、服务与产品的综合能力。朱海就（2004）着重强调了区域网络创新能力，即在一个创新区域中，系统中的各种要素在生产、扩散、配置新知识、使知识商业化的过程中会互相影响，这种创新主体之间的彼此影响作用决定了区域创新能力的大小。

任胜钢和彭建华（2007）认为，所谓区域创新能力，是该地区在其特有的环境基础上，创新主体的投入与产出的水平。李庭辉（2009）、杜娟和霍佳震（2014）更为具体地指出区域创新能力表现为投入人力、财力、物力等资源，并产生了经济增长、知识创造或者高素质人才产出等结果。洪银兴（2010）同样指出，创新能力大小是企业、政府、学术界等不同参与者在科学技术方面交流合作、相互作用的结果，不仅要关注其内部创新能力的积累，更要关注其如何借助外力提升自身创新能力（王永贵，2015）。

二、财富数量变动与政府行为

在经济发展过程中，中国社会已经积累起庞大的财富，但传统增长模式过度关注财富数量增长的弊端导致财富结构问题突出，财富配置的不协调难以支撑经济的持续性发展。中国特色下，房产是私人财富，也是继承性财富的重要组成部分，无论是从宏观角度还是从微观角度来看，房产都是财富中不可忽视的组成部分。在上一章中，已经指出当代财富继承对个体行为选择和经济发展运行的重大影响，且随着中国房地产行业不断繁荣昌盛，房产在财富中的占比节节攀升，而房地产的价值大小取决于房价的高低。鉴于此，本章用房产来表征财富，以房价为核心指标，通过分析房价与创新的关系来看其对中国经济增长的影响。

本节对2008—2017年近十年来中国房价的变动情况进行了简单的描述分析。如图2-1所示，总的来看，近十年来房价始终保持着较为平稳的上涨速度。同时，东部地区的商品房平均销售价格始终高于全国平均水平，甚至近两年呈现出逐渐扩大的趋势，中西部的商品房平均销售价格具有基本相同的发展趋势，且均低于全国平均水平。

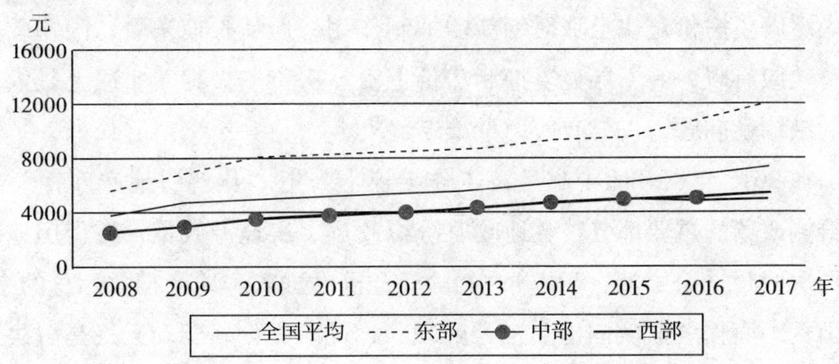

图2-1　全国平均水平及东、中、西部商品房平均销售价格变动情况

究其根本，房地产市场内部的供求关系变动引起了房价的波动。居民收入快速上涨，出于投机性、改善性或刚性需求，都会增加对住房的需求。与此同时，住房供给受制于土地供给，而土地供给取决于政府的土地制度和土地财政。

如图2-2所示，受2008年美国次贷危机的冲击，中国2009年的GDP增长率猛跌，而房价增长率骤然上升，政府通过下调贷款基准利率、加大对基础设施建设投资、鼓励购房等一系列措施刺激房地产行业的发展。在宽松的货币环境下，资金逐渐流入房地产业。出于对未来房价上涨的预期，大批投机者涌入房地产行业，成为鼓动房价增长的重要动力，不少实体企业选择跨行业套利，进入高利润的房地产行业，这一选择使其逐渐偏离主营业务，造成产业空心化从而抑制了企业的创新（王红健，2016）。

2010年起，我国政府几乎每年都会出台信贷政策、土地政策、财政政策等多种调控政策，抑制房价的飞速上涨，从图2-2中可以发现，2011

年的房价增长率较2010年有了明显的下滑。限购、限贷政策的实施直接抑制了房地产市场中投机性的不合理需求，部分投机性资金撤离房地产行业，转而投资实体产业，信贷资金的错配在一定程度上得到了缓解，房价上涨速度逐步放缓。但也有学者指出，行政干预使房地产市场难以回归常态，还可能引发扭曲行为，造成更大程度的损失（李永友，2014）。王敏（2013）和余永泽（2017）在研究中都发现限购限贷政策的实施虽然在短期内缓解了房价过快上涨对创新的抑制作用，但从长期来看，限购政策的缓解效应有限，并不能显著抑制房价上涨。房价的失控，实质上是供需失衡的结构性问题，仅靠政府力量难以解决。

在2015年召开的中央经济工作会议上，把“化解房地产库存”列入供给侧改革的重要部分，各地政府纷纷放宽了房地产政策，使得房地产行业再次回暖（余永泽，2017），大量资金再次进入房地产行业。总的来说，中国资本面临“脱实向虚”的严峻现状，此时，创新驱动无疑是解决这一问题的明智之举。

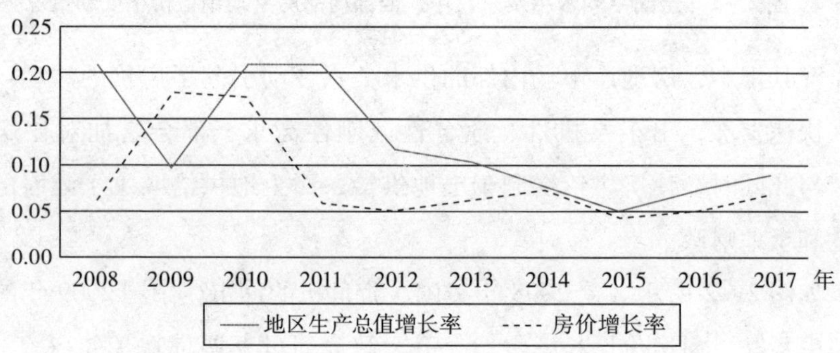

图2-2　全国地区生产总值增长率和房价增长率的变动趋势

三、财富与创新的关系

房地产行业的过热对创新发展具有正反双向影响关系。接下来本章将分别从促进和阻碍两个方面分析房价对创新的影响机理。

（一）房价对创新的促进作用

第一，房价的上涨对企业具有信用缓解效用，即企业所持有的厂房、建筑等房产的价值会随房价的上涨而攀升，而这种财富可以通过不动产抵押等方式帮助企业缓解研发时所面临的融资约束问题，房价的上涨，反映到企业层面，则为其拥有的财富增加，企业获得融资的可能性越大，就有越多的资金可以投入研发之中，从而实现地区创新能力的提升（王文春，2014）。

第二，房价增长具有优胜劣汰的功能。从地区的产业结构角度出发，当房价高于某一临界值时，会对低创新能力的企业产生驱逐效应。以劳动密集型的企业为例，其低技术含量的特性决定了其会对租金的变动十分敏感，一旦难以承担高额房租，他们就会选择迁出，从而本地留下的都是能够获得高额利润的高创新能力的企业（邵传林，2018），地区的产业结构在一定程度上得到了改善。同样地，从个人角度出发，由于房价增长会降低个人可支配收入、增加生存成本，在高房价的城市里留下来的一定是创新能力较强、收入较高的创新型人才，而创新能力较差的人则会放弃中心城市，选择二、三线城市寻求生存。

第三，房地产市场的繁荣发展可以缓解政府所面临的预算约束。地方政府通过调控住房供给保障了其土地财政收入，从而可以将更多的资金用于投资地区科研院所和企业的研发活动。同时，辖区内的房价增长，可以提供价值储存标的，进而减少资金的流出，增加本地投资，从而实现地区的经济发展（徐升艳，2018）。

（二）房价对创新的阻碍作用

从反面来看，房地产行业的过热会对企业的创新资金产生挤占效应。房地产行业投资规模通常较大、需要较长的投资周期，这意味着房地产行业的进入门槛很高，而企业凭借日常经营活动与银行和政府都保持着紧密的联系，且有较多的资产可用于抵押贷款，即企业进入房地产有着得天独厚的优势（王文春，2014）。在当前中国房地产行业高利润的吸引下，企业家纷纷选择投资房产，早在 2007 年就有逾 60% 的上市工业企业涉足房地产行业。但是，经济个体的理性行为并不意味着社会的资源配置实现帕累托最优。当企业选择涉足房地产行业时，有限的创新资金必然会受到挤占，企业的自主创新能力因此而受到抑制，不利于经济长久发展。

从银行等金融机构的立场来看，作为理性放贷人，一边是低风险、高收益的房地产行业，另一边是高风险、不确定性大的创新企业，显然金融机构会更倾向于把有限的信贷资金投入房地产行业，于是企业的创新受到抑制（余泳泽，2017；张杰，2016），而大量财富进入房地产行业，作为成熟产业，其低创新的特点使得整个社会的创新能力也会受到抑制，信贷资源的错配对经济增长带来了负面影响。

房价的过快增长同样会对创新人才的行为选择造成负面影响。一方面，会带来“房奴效应”（陈斌开，2014），扭曲居民的消费需求。住房对于普通家庭来说，既是必需品也是消费品，年轻人为了筹集首付或者偿还房贷，会减少对高科技产品的需求（张杰，2016）。在中国式背景下，老人也不会通过卖房的方式改善自身消费，甚至还可能因为帮助子女购房而降低消费。社会的需求结构产生扭曲，由此造成了产业结构的歪曲。另一方面，年轻人的经济承受能力较差，城市过高的房价势必会减少城市的年轻人口，同时，出于稳定性考虑，人才可能会选择稳定的职业，而不是高风险的创业活动。

总而言之，房价对创新能力的效应可能为正，可能为负，究竟哪种效应占主导地位，还需要通过实证检验来证明。基于此，本章在后文采用2008—2017年除西藏和港澳台地区以外30个省份的面板数据展开实证检验。

第二节　财富与创新发展

一、创新能力评价指标体系的构建

通过查阅以往学者所构建的创新能力评价指标体系，我们发现尚未形成一个统一的标准，除学者对创新能力的内涵理解存在差异之外，分类标准的不同也是造成评价指标体系不同的原因。

为了能客观地反映地区的创新能力，同时考虑到数据的可获取性，本章遵从评价指标体系的构建原则：系统性、可比性、可观测性，在前人研究的基础上，以创新的运作机制为主线，将区域创新视为“投入—产出”过程的系统，综合考虑创新环境，即构建创新投入、创新产出和创新环境3个一级指标，以这3个一级指标分别展开，共设立21个具体指标进行测度，具体的区域创新能力评价指标体系如表2－1所示。

表2－1　区域创新能力评价指标体系

一级	二级	三级
创新投入	创新要素	科教投入占GDP比重（%）
		地方财政科技支出占地方财政支出比例（%）
		每十万人口高等学校平均在校生数/人
		规模以上工业企业R&D人员全时当量/人年
	创新主体	高技术企业数/家
		研发机构/家
		普通高等学校数/所
创新环境	制度环境	公共制度环境（%）
		知识产权保护（%）
	基础设施建设	互联网上网人数/万人
		铁路和公路里程/万千米
		邮电业务总量/亿元
		人均拥有公共图书馆藏量（册/人）
	开放程度	外商投资企业投资总额/百万元
		经营单位所在地出口总额占GDP比重（%）
创新产出	知识产权	国外主要检索工具收录我国论文数/篇
		专利授权量/件
		发明专利拥有量/件
	成果转化	技术市场交易金额/亿元
		新产品销售收入/万元
		规模以上工业企业新产品项目数/项

由于评价指标体系中的指标过多，如果直接对21个指标做处理，不便于解释各主成分的含义，因此，本章采用主成分分析法，分别提取创新投

入、创新产出和创新环境的主成分，各级特征值的累计方差贡献率最低也能达到 73.236%，可以较好地解释本组数据的特征，在求得各一级指标的得分值后，将三个指标的得分值加总即为各省的创新能力综合得分。

二、数据来源与处理

本章所采用的数据均来自 2009—2018 年的《中国高技术产业统计年鉴》《中国统计年鉴》和《中国科技统计年鉴》。需要说明的是，西藏的数据缺失较多，因此，本章仅汇总了除西藏和港澳台地区以外 30 个省份的数据。在数据收集过程中，存在数据缺失的情况下我们的处理方法如下：2017 年，存在某些数据网上还未能检索到，采用 OLS 对前面年份进行拟合，补全缺失年份的数据；对于中间年份的数据缺失，采用前后年份数值取平均来补全。

三、实证检验

（一）模型的设定

为了检验房价对创新能力的影响水平，本章构造的计量回归方程如下：

$$innovation_{it} = \alpha_0 + \alpha_1 hp_{it} + \lambda_j \sum_{j=1}^{n} Z_{jit} + \varepsilon_{it} \qquad (2-1)$$

式（2-1）中，$innovation_{it}$ 代表 i 省份在 t 年的创新能力水平，本章用前面所测算的地区创新能力综合得分来衡量；hp_{it} 为本章的核心解释变量，表示 i 省份在 t 年的商品房平均销售价格。此外，为控制其他因素对创新能力的影响，引用了人均 GDP，第二、第三产业占 GDP 比重等控制变量，用于控制地区经济发展水平、产业结构、人口规模等因素对地区创新能力的影响。具体的模型变量定义及说明如表 2-2 所示。

表 2-2　模型变量的定义与说明

变量	变量符号	变量名称	变量说明
被解释变量	*innovation*	创新能力	通过表 2-1 创新能力评价指标体系计算出各省份各年的创新能力水平
解释变量	*hp*	房价	商品房销售额/销售面积
控制变量	*pergdp*	经济发展水平	地区人均 GDP
	ln*fdi*	开放程度	外商投资企业投资总额取对数
	industy_ two	二产比重	第二产业增加值占 GDP 的比重
	industy_ three	三产比重	第三产业增加值占 GDP 的比重
	finance	金融环境	城乡居民人民币储蓄存款年底余额占 GDP 比重
	human	人口规模	地区年末常住人口数

（二）回归结果分析

首先只用房价对创新能力进行回归，结果如表 2-3 列（1）所示，房价系数为负，但并不显著，说明房价上涨对创新能力具有不明显的阻碍作用，这可能是因为区域创新能力还受到其他诸多因素的影响。因此，回归（2）在回归（1）的基础上加入了控制地区经济发展水平的变量，此时，房价的系数为负，且在 1% 的水平上显著，即房价上涨对区域创新能力产生了显著的负效应；人均 GDP 的系数在 1% 的水平上显著为正，这说明一个区域的经济发展情况越好，该地区的创新活动就越有可能获得充裕的资金支持，进而推动本地区的创新能力提升。回归（3）在回归（2）的基础上控制了地区对外开放程度，此时房价对区域创新能力的影响依然显著为负，系数的绝对值变化不大；衡量开放程度指标的系数为正，且在 1% 的水平上显著，由此说明，区域对外开放水平的提高，可以引进外来投资和先进技术，从而加快本地区技术创新进步的步伐。

回归（4）、回归（5）、回归（6）在前面回归的基础上逐步引入地区产业结构、金融环境和人口规模。房价对区域创新能力始终表现出显著的负效应，说明房价的上涨会抑制区域的创新能力水平。至于控制变量，第二、三产业占 GDP 比重的系数均显著为正，说明工业化、城镇化的深化均有利于区域创新能力的提升；金融环境采用城乡居民年底储蓄存款占 GDP

比重来衡量（王文春，2014），该指标代表了地区可贷资金的充裕程度，结果显示，居民储蓄存款占 GDP 的比重越高，区域的创新能力水平越高。这说明宽松的金融环境，为地区的创新活动提供了更优越的发展条件。地区的人口规模并没有对区域创新能力带来显著的影响，这可能是因为地区内的人口教育水平参差不齐，最终导致对区域创新能力的作用不明显。

总的来说，中国房地产行业的过热会阻碍区域的创新能力水平提升，大量的资金进入房地产行业，使得房价一高再高，从表面上看财富是增加了，然而，房地产泡沫一旦被戳破，将造成不堪设想的后果，中国要想获得长足发展还是应该调整财富资源配置结构，增强自身的创新能力。

表 2－3　房价上涨对区域创新能力影响的研究结果

被解释变量 *innovation*	(1)	(2)	(3)	(4)	(5)	(6)
hp	-0.161 (0.217)	-0.730 *** (0.246)	-0.739 *** (0.241)	-0.594 ** (0.237)	-0.497 ** (0.235)	-0.498 ** (0.236)
pergdp		0.205 *** (0.047)	0.192 *** (0.046)	0.177 *** (0.046)	0.150 *** (0.046)	0.156 *** (0.047)
ln*fdi*			0.326 *** (0.092)	0.323 *** (0.096)	0.350 *** (0.095)	0.350 *** (0.095)
industy_ two				6.890 *** (1.892)	7.277 *** (1.864)	7.263 *** (1.867)
industy_ three				5.804 ** (2.303)	6.285 ** (2.269)	6.315 *** (2.273)
finance					0.006 ** (0.002)	0.006 *** (0.002)
human						-1.152 (2.334)
Constant	0.060 (0.102)	-0.270 ** (0.124)	-4.245 *** (1.126)	-9.855 *** (2.371)	-10.534 *** (2.341)	-10.052 *** (2.539)
R-squared	0.002	0.071	0.114	0.170	0.201	0.202

续表

被解释变量 *innovation*	(1)	(2)	(3)	(4)	(5)	(6)
时间固定效应	控制	控制	控制	控制	控制	控制
地区固定效应	控制	控制	控制	控制	控制	控制

注：*、**和***分别表示在10%、5%和1%的水平上显著，括号内为标准误。

第三节　现实问题

通过分析实证检验结果，结合当前的中国背景，我们发现中国经济的发展具有以下问题。

一、财富配置不合理

中国房地产行业的过热与实体经济的低迷，二者对比鲜明。从企业的角度来看，各企业在高利润的吸引下纷纷涌入房地产行业，挤占了企业的创新资金，抑制了企业自身的研发活动；从个体的角度来看，出于避险需求，遗产型个体倾向于将大部分资产投资在风险较低而收益率高的虚拟经济领域（如房地产行业），这无疑挤占了对风险性高但创新性强的实体产业的投资，创新型人才同样可能会因为难以承受创新创业的高风险而选择稳定的职业。

相较于外国人，中国崇尚节约和未雨绸缪的文化习俗使得中国人更倾向于较为安全的投资。研究显示，中国居民的投资除银行储蓄外，房地产投资占家庭总资产的比重已逾60%，近九成的中国居民持有住房（美国住房持有率约为66.7%）。中国房价的持续攀升，使得房产同时兼具两种属性，作为消费品可以持久使用，作为投资品又比其他金融资产风险小且投资收益高。房市迎来大批投机者，房价被进一步哄抬。

大量资金长期滞留在房市，一方面，容易形成社会阶级固化，小部分群体因为早期持有的财产数量较多而占据优势，仅凭房产就可以获利，财富的流动性减弱，而大部分群体原有的财产禀赋不多，获取财富的渠道又少，社会贫富差距将进一步拉大；另一方面，房价的增长减小了个体创新的可能性，减少了企业的研发投入，社会的创新能力受到抑制。中国经济财富配置不合理，经济逐渐“脱实向虚”，房地产泡沫虽能产生金融回报，但是却不会带来实际产出的增加（荣昭，2014），长此以往，极易引起经济危机，不利于中国经济的健康发展。

二、中央与地方存在利益冲突

1978 年以来，中国逐渐形成了中央集中领导与地方分权治理相结合的形式。1994 年分税制改革的实行，在扩大地方财政自主权的同时，也加重了地方财政收入的负担，地方政府税收分成大幅减少，土地财政变成了地方政府收入来源的重要组成部分。如图 2－3 所示，近年来各省份地区财政收入总和平稳上涨，地方土地出让金收入持续增加，在 2013 年达到峰值后略有下降，地方土地出让金收入占地方财政收入的比重从 2008 年的 35.81% 快速上涨至 2010 年的 67.62%，之后占比虽有下降，但也始终高于 2008 年的最初水平，2008—2016 年土地出让占地方财政收入的平均比重为 51.94%，可见地方土地出让金收入是地方财政收入的重要组成部分。

多位学者在实证研究中发现，地方政府过度依赖土地财政的行为会推动房价上涨，阻碍区域的技术创新水平（鲁元平，2018；赵凯，2018）。同时，以 GDP 增长率为核心的地方政绩考核与官员晋升制度使得地方政府急于获得经济的即期增长，基础设施建设等对经济增长具有立竿见影效果的项目成为地方政府投资的首选，而创新活动的风险大、周期长的特点，掩盖了其能够提升经济长期竞争力的优点，政府明显的“轻创新，重基建”的投资偏好，在一定程度上会资本化到房价上，在导致房价虚高的同时也阻碍了地区的创新发展。

虽然中央政府认识到了调控房价的重要性和必要性，在积极推进房价调控相关政策，倡导以创新带动经济发展，但是对于地方政府来说，限购政策的实行会损害地方财政的相关利益，为确保自身财政收入，地方政府在政策实施过程中可能会打折扣或者在初见成效之后就放松限购力度（宋春合，2017），这样反而会打乱房地产市场原有的供需平衡，居民始终持有房价上涨的预期，将家庭中的多半资金用于购置房产，相应地，整个社会的财富资源配置同样不合理，缺乏充足的资金支撑创新活动发展。

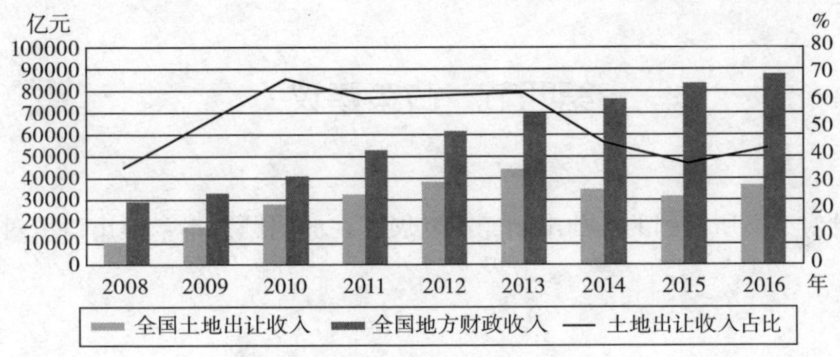

图 2－3　全国土地出让收入及其占全国地方财政收入比重变动情况

三、政府与市场职能不协调

经济的可持续发展离不开政府和市场的有效合作，不尊重市场秩序的政府必然会导致失败的经济。究其根本，房价的变动是由房地产市场内部的供求关系决定的。从需求角度来看，中国城镇化的推进、居民收入快速上涨，无论是出于投机性需求，还是改善性或刚性需求，都会增加居民对住房的需求；从供给角度来看，住房供给受制于土地的供给，而土地供给则是由政府所制定的相关制度决定的。

政府过度使用调控政策会打乱房地产市场原有的均衡。政府调控目标在促进增长与控制房价之间频频变更，会使群众产生“房价必将上涨”的预期，限购政策的实行反而有可能造成饥饿性购买而形成房价反扑。此外，政府出台的政策多是针对需求侧的调整，并不能从根源上解决房市的供需矛盾。当然，如果任由房地产市场自由发展，缺少政府的宏观调控，房价的发展同样会失控。

当前中国已经发展成为创新大国，但距创新强国还有不小的差距。创新发展离不开资金的长期支持，而政府与市场之间的不协调造成房价虚高，挤占了创新资金，形成了资源的浪费。在中国特色社会主义市场经济的背景下，应当发挥市场主导作用与政府的引导作用，做到市场有效、政府有为，严格调控房价，打造创新驱动的发展模式。

第四节　政策建议

针对上文所提到的当前中国经济发展存在的问题，本章提出以下对策建议。

一、深化金融体制改革，推动实体产业发展

（一）健全金融市场，引导投资多元化

中国当前存在过度倚重房地产、实体经济低迷的不合理现象，究其根本，还是金融市场不健全，居民投资渠道过于狭窄，必须对金融发展领域进行创新。

第一，应当创新金融产品，打造适合各类居民的特色金融理财产品和服务。应提供简洁明了的宣传手册以便居民充分了解金融产品的风险和收益，引导居民选择适合自身风险承受能力和需求的金融产品，实现财富配置多元化、合理化。第二，按期披露金融产品的信息动态，确保购买者及时、准确地了解金融产品的具体情况。第三，金融安全同样是国家安全中重要的一部分，应加强国家相关机构对金融市场的监督管理，规范金融市场的交易方式，防范风险，保障投资者的合法权益。

（二）振兴实体经济，打造特色产业

我国进入中等收入阶段后，经济发展中的不平衡问题更加突出，需要

转向协调发展，以增强新时代发展的整体性，使新时代的产业结构、供求结构、区域空间结构以及相应的发展战略趋向均衡。虚拟经济的发展是以实体经济的发展为条件的，实体经济是经济健康发展的重要动力和坚固基础。为防止虚拟经济膨胀所带来的危害，有必要扩展实体经济的规模，优化实体经济的结构，实现经济协调发展。

充分发挥科研院校人才、平台等要素的资源优势和创新引擎作用，推动高校与企业之间展开产学研合作，创新合作方式，例如，采用校内校外“双导师制”培育方式，塑造符合市场需求的新型创新人才，增加创新驱动的源头供给，不仅能减少企业研发费用，还能提高研发效率、实现创新成果的快速转化。推进军民之间进行融合，实现创新发展，鼓励军工单位与创新平台、企业组成研发团队，共同建造军民融合的科技创新示范基地，研发军民两用科技产品，推动军民科技资源的双向流动与共享。

重视特色产业，把握科技前沿。建设现代科技示范基地、科技成果转化示范区。紧盯科技前沿，判断未来科技发展方向，重点关注大数据、“互联网+”、云计算等战略新型产业技术，掌握核心技术，利用新的技术和产品的研发来创造新需求、发展新产业，加快形成新的经济增长点。

（三）增强创新意识，完善创新制度

中国激励创新的政策体制还没有建成，专利保护机制还不健全，侵犯知识产权的成本极低，创新潜能未能被充分激发出来，还需要进一步采取措施构建有利于创新的社会环境。

第一，创新意识是创新的根本，中国要想走在创新大国的前列，就必须转变模仿、借鉴的观念。大力宣传“大众创新、万众创新”的双创理念，有效挖掘利用高教资源优势，加强科学技术的普及，打造有助于创新创业的良好社会文化环境。第二，建立健全专利保护制度。创新的成本极高，维护成本更是不菲，中国应当明确科技成果、知识产权的归属，完善利益分享机制，严厉打击侵权行为，为知识产权提供充分的保护。努力塑造全民尊重知识、重视创新的社会氛围。鼓励全民展开创新活动，激发各

创新主体的创新活动。第三，政府应深化落实中共中央关于深化科技体制改革的决策部署，克服体制机制束缚，让体制机制创新成为科技创新的新动力，全力支持创新主体的创新活动，最大可能地释放创新能力的巨大潜力，实现科技创新和体制机制创新双轮良性转动，以创新强国，以科技带动中国经济向前发展。

二、调整中央和地方关系，发挥创新驱动作用

地方政府利益与中央政府目的存在冲突是房价居高不下、调控效果不佳的重要原因。经济的协调发展，需要中央和地方政府之间的良好配合。

从中央政府的角度出发，应当创建房地产市场的长期调控机制，实行稳定长期的房地产政策，减少相机决策，稳定房地产市场与地方政府对未来房价的预期。同时应当制定更加科学标准、透明规范的地方政绩考核制度，适度调整地方政府的财税收入分配，减轻地方政府对土地财政的依赖程度，适度调整当前的地方财税体制。大力弘扬“双创”理念，打造鼓励创新创业的良好社会文化环境，最大可能地发挥创新的巨大潜力，以创新强国，带动中国经济向前发展。

从地方政府的角度出发，地方政府应当意识到过度依赖土地财政是极其短视的缓急之策，仅靠房市的发展难以支撑地方经济的长远发展，房地产泡沫的存在还会给经济发展带来极大的安全隐患。地方政府应当制定合理的政策引导房市健康发展。与此同时，地方政府有必要大力支持地方科技研究，精准支持，把握科技前沿，攻克核心技术。推进地区间科研院所、高校间的交流合作，大力招商引资，打破资源要素流动壁垒，推动区域间资源高效配置，优化产业结构，实现产业升级，推动共享发展，形成地区间的良性竞争，发挥科技创新对经济发展的长效推动作用。

三、实现有效市场、有为政府

社会主义市场经济中的核心问题就是处理好市场和政府的关系。自觉

的十四大提出我国经济体制改革的目标是建立社会主义市场经济体制以来，党对市场和政府的关系认识经历了20多年的实践，从最初的“使市场在国家宏观调控下对资源配置起基础性作用”，到现在的“使市场在资源配置中起决定性作用，更好发挥政府作用”，党的认识实现了质的飞跃。

进入新时代以后，国家富裕的任务已经基本完成。新时代中国特色社会主义发展的政治经济学的任务应当是实现经济又好又快发展，要速度，更要质量。政府应当完善市场机制，创建公平公正、公开透明的市场规则，加大对房地产市场交易的监管力度，营造良好的房市交易氛围，发挥市场在财富资源配置中的重要作用。与此同时，应当深化金融体制改革，鼓励实体产业创新，引导资金流入实体经济领域。简政放权，深化“放管服”，加大企业和企业家在政府创新决策中的话语权，进一步落实税收优惠、创新激励政策，激发实体企业的创新动力和创新活力，推动企业创新经营组织的模式，鼓励商品创新、商业模式创新，将科技创新转变为实实在在的产业优势。

第三章　新时代创新与中国绿色发展

第一节　绿色发展的理论与现实意义

“十三五”规划建议中首次提出具有战略指导意义的五大发展理念，其中突出强调了“坚持绿色发展，着力改善生态环境”的理念。不同于以往传统的发展方式，绿色发展作为五大发展理念的内涵要求，其本质是实现人、社会与自然和谐统一、经济发展与生态保护并重、资源与环境协调的可持续发展。绿色发展是集资源节约型和环境友好型于一体的发展模式，能够最大限度地提升资源利用效率、降低能源消耗，达到保护生态环境的最终目的。

人类社会步入后工业文明时代，资源与环境约束的双重压力从根本上制约了经济和社会发展。与此同时，传统西方工业文明的发展道路揭示了一种以高能耗、高污染为代价的增长方式。在对发展瓶颈与增长方式的反思上，绿色发展理念开拓了新时代经济发展财富理论的新境界。传统发展经济学的财富仅仅包含了物质财富，绿色发展理念依据人—自然—社会复合生态系统的整体性观点形成了新的财富论，进一步强调了自然资源的重要性。关于自然财富观的论述，马克思和恩格斯早在《哥达纲领批判》中就对其加以阐述，“劳动不是一切财富的源泉。自然界同劳动一样也是使用价值的源泉”[①]。“绿水青山就是金山银山”，自然财富不仅是实现城市化、工业化和社会发展的重要基础，也是“最公平的公共产品和最普惠的民生福祉”，成为构成绿色财富观的核心组成部分。马克思主义理论认为经济发展的终极目标是实现人的全面发展，进而推动社会的全面进步。经济发展的根本动力在于生产力的发展，生态财富积累作为人民对日益增长优美生态环境的内在需求，是提高和发展生产力的良好保障，保护生态环境就是保护生产力，改善生态环境就是改善生产力，坚持绿色发展就是保护和发展生产力。

绿色发展的提出具有重大的现实意义：第一，中国特色社会主义进入新时代，社会主要矛盾发生了变化，为了满足人民对享有更多更优质环境生态品的需求，绿色发展已经成为社会发展的内在要求。第二，作为后起工业化国家，我国步入了生态文明的新发展阶段，面临着更为严峻复杂的人口、资源和环境问题，绿色发展能够让我们避免掉入西方国家工业化进程中“先污染后治理”的发展陷阱。第三，新时代中国经济增速的下降伴随着人口红利衰减和资源环境约束收紧，实行绿色发展通过倒逼经济发展方式的转变，兼顾经济发展与生态发展相协调，将从根本上扭转我国经济发展的粗放式、外延式模式，支撑经济长期可持续发展。第四，生态文明以尊重自然、保护资源和生态环境为宗旨，是经济发展的源头活水，发展绿色经济有利于实现经济持续健康发展。

改革开放以来，中国经济持续了40多年的高速增长，但传统增长方式的背后却是资源的过度消耗和环境质量的不断下降。随着工业化与城市化进程的不断加快，我国当前的环境日益恶化，环境污染以多种形式频繁涌现，尤其是近年来雾霾污染事件有愈演愈烈之势。2013年开始，“雾霾”成为年度关键词，京津冀、长三角、珠三角地区雾霾天数占全年的1/3以上，中国最大的500个城市中，只有不到1%的城市达到世界卫生组织推

① 中共中央马克思恩格斯列宁斯大林著作编译局，编译．马克思恩格斯选集：第2卷[M]．北京：人民出版社，2012.

荐的空气质量标准，世界上污染最严重的10个城市有7个在中国（张庆峰、克鲁克斯，2012）。到2016年全年共出现8次大范围、持续性、中到重度霾天气过程，该年秋冬季出现的大范围重度雾霾天气覆盖面积曾高达143万平方千米。面对日益严重的空气污染问题，党和政府对环境和生态文明建设的重视程度不断加深。早在党的十八大上就提出了“美丽中国”的发展目标，为治理环境污染、推进生态文明建设指明了方向；继2013年9月出台《大气污染防治行动计划》之后；党的十九大报告中再次强调“着力解决突出环境问题，实现绿色发展”，其中要求“坚持全民共治、源头防治，持续实施大气污染防治行动，打赢蓝天保卫战”。

第二节　新时代绿色发展的理论基础

新时代下的绿色发展理念必须建立在可持续发展理论和创新驱动发展理论的基础上。当前，我国经济已由高速增长阶段转向高质量发展阶段，以往的粗放型经济发展模式难以为继，转变发展方式、优化经济结构、转换经济增长动力成为新时代的核心任务，建设美丽中国离不开创新驱动发展战略和绿色技术创新体系的构建。近年来，我国不断加强雾霾治理的政策力度，这必然促使企业在寻租、跨地转移以及就地创新三者之中作出抉择。显然，无论是以污染治理技术创新为代表的末端治理，还是以企业生产技术创新为核心的前端预防，都能实现创新对生态保护和经济发展的双赢。因此，促进企业自发选择技术创新，并将技术创新与污染治理有效结合，是推动我国经济与生态环境和谐发展的重要手段和长效机制。

现有大多数文献多从经济、社会诸多视角揭示了雾霾的形成原因，有学者发现经济发展、产业转移、能源结构、外商投资、交通运输强度、人口集聚和城市蔓延均是导致雾霾污染的重要因素（Grossman & Krueger, 1995；马丽梅、张晓，2014；严雅雪、齐绍洲，2017；邵帅等，2016；秦蒙等，2016）。从环境治理视角则多考虑到环境规制、环境分权对雾霾治理的影响（王书斌、徐盈之，2015；白俊红、聂亮，2017）。

“波特假说”提出，政府实行适当的环境规制会诱发企业进行创新和技术进步，通过抵消部分环境规制成本，实现提升环境质量和促进经济发展的双赢（porter，1991）。在理论研究中，创新行为作为环境规制的中间结果，进而影响到最终目标环境治理。然而在我国特殊的财政分权制度下，地方政府具有实现辖区内经济增长目标的压力，地区间环境规制互动博弈容易产生以邻为壑的环境治理模式（金刚和、坤荣，2018）。当环境规制成本过高时，企业可能会选择跨地迁移到环境规制程度更低的地区，于是环境治理成本成为影响企业区位决策的重要因素，环境规制结果具有不确定性。相较于环境规制，创新和技术进步在推动产业结构优化升级和治理雾霾方面具有直接动力和长效机制。毫无疑问，创新和技术进步是治理雾霾的核心驱动力。

创新对降低雾霾污染存在直接技术效应。Grossman 和 Krueger（1991）将环境污染的影响因素分解为规模效应、结构效应和技术效应，强调技术效应在改善环境质量中的重要作用，越先进的技术往往越“绿色”。发明专利代表的技术水平最高，因此具有更强的绿色属性，可以在一定程度上表示企业从事环境方面的技术创新，有助于降低地区环境污染水平。同时，考虑到工业排放作为雾霾污染的主要来源之一，地区创新水平越强，彰显其产业结构更加优化，从粗放式增长转型为集约式增长模式，能够有效提升资源利用效率，实现对控制污染的前端预防。

除发明专利对污染的影响外，实用新型专利和外观设计专利的数量意味着企业从事研发活动对从事高污染、高耗能生产活动的挤出。在中国特殊的专利制度（毛昊等，2018）和研发补贴政策的影响下，过度膨胀的实用新型与外观设计专利已经造就了我国创新活动的低水平路径依赖。企业为获取研发补贴这一“政策租”，往往采取寻租或策略性创新行为，于是低质量的专利则更多体现为挤出效应。

新经济地理学的相关研究（Krugman，1991；Fujita et al.，1999）认为追求技术外溢是经济活动集聚的主要驱动力，为了获取知识和技术的正外部性，各类经济主体倾向于集中在创新能力强的地区，从而促进知识溢出和技术创新，形成规模经济的外部性，引发更多的研发投入和更快的经济增长。经济集聚在发挥创新降低雾霾污染的过程中具有扩散效应，具体表现为：第一，创新具有产业内溢出效应，不同企业间的技术进步有利于人员互相学习、降低创新成本和风险，从而激励企业科技创新，加大研发投入，淘汰旧有生产模式，实现技术转型；第二，创新具有产业间溢出效应，非环境企业的技术升级可以外溢至环境企业，促使环境企业技术水平的提升，提供数量更多、质量更优的环保设施，发挥治理雾霾的直接作用；第三，集聚区内形成了竞争与合作并存的局面，高污染、高排放的企业如果无法有效改善现有技术条件，则必然在竞争中被淘汰出局。

因此，本章认为创新主要通过技术效应、挤出效应和扩散效应三种作用机制实现减霾的最终目标。

第三节　创新与绿色发展的政治经济学分析

在我国逐步实现现代化发展的进程中，创新发展促进绿色发展也适用于中国独特的发展道路。众多学者将中国改革开放 40 余年“增长的奇迹”归结于形成了一个“中国式的财政联邦主义”“特殊的财政分权体制”或“官员引领发展”的增长模式。但是，新时代下我国的发展环境正在发生根本性改变，面对经济增长减缓、环境污染居高不下、部分行业产能过剩、跨越“中等收入陷阱”等诸多挑战，如何转型实现经济持续增长与社会融合和谐，则是新时代赋予的新命题。

改革开放作为一次伟大的制度创新，其核心是市场化改革，改革开放解放了生产力，激发了中国经济增长的潜力，助力中国成为世界第二大经济体。但无法忽视的是，在我国经济快速发展的背后，市场化程度由于地缘、制度环境等因素依然存在巨大的差异性，也造成了地区之间发展的不协调、不平衡。与内陆文化不同，海洋文化拥有更强的创新倾向，源自其开放性和包容性的特点；同时，海洋社会有着更强的冒险精神，海洋文化是具有不确定风险创新活动的基础，海洋文化更有利于信息、技术的扩散传播。在海洋文化与改革开放政策倾斜化的双重影响下，沿海城市的创新能力和经济发展方式均大大优于内陆城市，进一步造成了我国东、中、西部地区创新资源分布和产业结构不协调、经济发展差距过大等诸多问题。同时，在中国特殊的分权体制和晋升锦标赛下，地方官员具有“晋升激励”和“保增长的激励”，为了实现辖区内增长目标，地方政府倾向于保护地方企业和市场，广泛存在的市场分割进一步抑制了市场化程度，造成了资源配置方式的低效率。此外，我国幅员辽阔、地域差异显著，地区之间不同的自然资源分布也造就了地区的差异性经济发展方式。自然资源更丰裕的城市，容易形成“自然资源”路径依赖，不利于其实现从“黑色经济”到“绿色经济”的转型。

创新发展对绿色发展的驱动，体现在创新技术对节能减排的抑制作用上，以市场为导向的绿色技术创新体系加速推动了产业结构的调整、优化和绿色转型，促进了清洁能源、环保产业的发展，实现了增长方式和路径的转变。同时，创新更有利于打破市场分割，实现市场整合，提升资源配置效率和能源效率，通过淘汰落后产能和过剩产能，实现低能耗、低污染的绿色低碳循环发展方式。此外，面临新时代发展方式转型的要求，创新体系的构建同样体现在制度创新上。构建市场机制的环境规制治理体系有利于促进产业绿色转型，提升经济增长质量和长期可持续发展。而政府积极营造公共创新环境、增强知识产权保护力度和大力培育人力资本，则有助于提升企业创新偏好和创新效率，实现“大众创业、万众创新”的局面，助力绿色发展。

第四节　创新与绿色发展的经验分析

一、计量模型设定

本章使用2003—2016年283个地级市数据以甄别地区创新能力对雾霾污染的影响。基准回归模型如下：

$$PM2.5_{i,t} = \beta_0 + \beta_1 \ln total_{i,t} + \beta_2 X_{i,t} + \lambda_{i,t} + \mu_{i,t} + \varepsilon_{i,t}$$

其中，$PM2.5_{i,t}$ 表示 i 城市第 t 年的PM2.5平均浓度，$\ln total_{i,t}$ 为专利总数的对数，即本章关注的核心解释变量，$X_{i,t}$ 为影响雾霾的一系列控制变量，包括了夜间灯光亮度（*light*）、财政支出占比（*fina*）、外商直接投资占比（*fdi*）、产业结构（*indu*）、固定资产投资占比（*invest*）、空气流动系数（ln*VC*）、人口密度（*pop*）、道路长度（ln*road*）、绿化面积（ln*green*），$\lambda_{i,t}$ 表示城市固定效应，$\mu_{i,t}$ 表示时间固定效应。考虑到冬季取暖燃煤因素对南北方城市雾霾造成的差异性影响，并且2013年9月国家发布《大气污染防治行动计划》以来，有数据显示我国各地雾霾污染已下降超过30%，治污减排出现初步成效，使用双向固定效应不仅可以规避掉上述两种影响，还能在一定程度上缓解内生性问题，准确识别出创新对雾霾污染的抑制效应。

二、变量选取与数据描述

（一）被解释变量

本章采用的PM2.5浓度数据源自哥伦比亚大学社会经济数据和应用中心公布的卫星监测栅格数据。PM2.5的分布即使在同一个地区也会存在差异性，地面监测数据具有点源性特征，因此只能粗略反映该地区的雾霾浓度。卫星数据虽然在一定程度上会受到气象因素的影响，但不可否认的是，其对一个地区整体雾霾水平的度量更为准确（邵帅，2016）。本章利用ArcGIS软件将其解析为2003—2016年中国283个地级市的年均PM2.5

浓度数值，可从全貌上反映我国各地区雾霾污染的程度及变化趋势。

（二）核心解释变量

创新是涵盖了投入、产出、制度和环境的一体化系统，专利作为创新活动的产出居于整个体系的核心，因此，使用城市专利申请量存量的对数表征创新能力。Romer（1990）认为知识的两个最重要特征是非竞争性和累积性，知识积累形成知识存量推动技术创新。因而创新成果具有循序渐进式的特点（Aghion et al.，2001；Acemoglu and Akcigit，2012），即存量性质。现有研究发现，专利权的授予需要审查并交纳相关费用，审查结果易受官僚因素的影响，具有不确定性和不稳定性。且专利授予需要一定的时长，企业专利一经发明，在未得到授权时往往已将其应用于生产活动中，因此，专利申请量较授权量更能客观反映创新水平（周煊等，2012；黎文靖、郑曼妮，2016）。

专利数据利用 Python 从 CNKI 专利数据库和 SooPAT 搜索引擎上爬取了 1985 年以来 283 个地级市三种专利的数量，并基于 Pessoa（2005）和严成樑等（2010）的做法，利用永续盘存法计算专利存量：

$$专利存量_{i,t} = (1-\delta)\ 专利存量_{i,t-1} + 专利增量_{i,t-1}$$

其中，i 城市第 t 年的专利增量表示专利流量；δ 为专利折旧率。鉴于发明专利技术水平最高，实用新型和外观设计专利次之，本章沿用 Pessoa（2005）的做法，将三种专利折旧率依次设定为 5%、10% 和 15%。期初，专利存量 i，$0 = P_i$，$0/\ (g_i + \delta)$，其中 g_i 表示第 i 个城市 1985—2016 年专利增量的年平均对数增长率。最终将计算所得的专利申请量存量加一取自然对数作为技术创新的代理变量。

（三）控制变量

1. 夜间灯光亮度（*light*）

经济发展与经济集聚下的拥挤效应均是造成雾霾污染的重要原因之一。由于 GDP 数据存在统计偏误的可能，美国国家海洋大气管理局（NOAA）的气象卫星所公布的全球夜间灯光数据可作为经济发展水平的良好代理变量（徐康宁等，2015；范子英等，2016；邵帅等，2016）。同时，夜间灯光亮度也反映了一个地区经济的活跃程度，Henderson 等（2012）认为夜间灯光亮度包含了人口密度与人均收入两个维度的信息，是对密度的良好度量。Bleakley 和 Lin（2012）指出夜间灯光数据可以准确识别出地理空间意义上的经济集聚点。因此，使用夜间灯光亮度可以表征地区经济发展水平与经济集聚程度的双重含义。NOAA 提供了 1992 年及之后的卫星灯光数据，其中 1992—2013 年为 DMSP/OLS 遥感数据，2012 年及之后为 NPP - VIIRS 遥感数据。两套数据的亮度采集标准不同，因此差异性较大，需要进行归一处理。同时，由于卫星数据在采集过程中存在一系列技术缺陷，借鉴范子英等（2016）和王贤斌与黄亮雄（2018）的方法对夜间灯光亮度进行校准，根据 2013 年的灯光数据对 2014—2016 年的 NPP - VIIRS 数据进行归一化处理，具体为使用 2013 年两套不同数据间的比值乘以后三年的灯光亮度。将计算得到的 2003—2016 年的夜间灯光亮度与消除通胀后的实际 GDP 对数进行相关性分析，相关系数为 0.6105，并在 1% 的水平下显著，说明本章计算的灯光亮度具有一定的准确性。

2. **财政支出占比（*fina*）**

为避免与创新变量产生多重共线性，我们使用剔除科教支出外的政府财政支出占 GDP 的比重度量政府的干预程度。

3. **外商直接投资占比（*fdi*）**

采用各地级市每年外商直接投资额占 GDP 的比重度量对外开放程度对雾霾污染的影响情况。

4. **产业结构（*indu*）**

具体为第二产业增加值占 GDP 的比重。

5. **固定资产投资占比（*invest*）**

使用汇率折算后的固定资产投资除以当年 GDP 度量。

6. **空气流动系数（ln*VC*）**

我国多地区大面积持续性雾霾污染从生成到扩散转移会受到风速、风向、空气湿度、逆温层等气象因素的影响。流动性好的气象条件有利于雾霾的扩散和稀释，使用空气流动系数可以在一定程度上合理地控制雾霾的空间溢出效应（陈诗一、陈登科，2018），减少因遗漏变量造成的估计误差，进而准确识别出本地创新水平对雾霾污染的减低效果。

空气流动系数等于风速乘以边界层高度（Jacobsen，2002）。

$$\ln VC_{i,t} = ws_{i,t} \times blh_{i,t}$$

欧洲中期天气预报中心（ECMWF）的 ERA – INTERIM 数据库提供了多种网格多时间段的近地面 10 米风速（$ws_{i,t}$）与边界层高度（$blh_{i,t}$）数据。本章使用 ArcGIS 软件对 75°×75°网格的月平均栅格数据进行解析，求出年平均值，计算各网格所对应年份的空气流通系数，再根据经纬度匹配最终得到 283 个地级市的空气流通系数（沈坤荣等，2017）。

7. 人口密度（*pop*）

考虑到人口活动是产生雾霾的重要因素之一，使用人口密度（市辖区单位面积人口总数）度量人口集聚对雾霾的影响。

8. 道路长度（ln*road*）

汽车尾气排放对雾霾贡献的比例不可忽视，因此采用反映交通运输强度的市辖区道路长度来考察交通因素对雾霾污染的影响。

9. 绿化面积（ln*green*）

使用市辖区绿化覆盖面积对数值表示。

本章的数据样本由 2003—2016 年 283 个地级城市的面板数据组成。除夜间灯光数据外，上述数据源自历年《中国城市统计年鉴》、知网、*SooPAT* 和 *ECMWF* 的 *ERA – INTERIM* 数据库。模型中主要变量的统计描述详见表 3 – 1。

表 3 – 1　主要变量描述性统计

变量	说明	观测值	均值	标准差	最小值	最大值
PM2.5	PM2.5	3962	36.675	16.395	4.513	92.542
ln*total*	专利总数	3962	7.494	1.949	0	13.267
ln*inve*	发明专利	3962	6.193	2.014	0	12.860
ln*util*	实用新型专利	3962	6.755	1.887	0	12.071

续表

变量	说明	观测值	均值	标准差	最小值	最大值
ln*desi*	外观设计专利	3962	5.717	2.088	0	11.708
light	夜间灯光亮度	3962	6.752	8.126	0.130	56.996
fina	财政支出占比	3962	0.121	0.086	0.013	2.663
fdi	外商直接投资占比	3962	0.026	0.031	0	0.376
indu	产业结构	3962	0.503	0.123	0.081	0.910
invest	固定资产投资占比	3962	0.659	0.315	0.024	6.225
lnVC	空气流动系数	3962	7.369	0.304	6.493	8.290
ln*pop*	人口密度	3962	6.486	0.956	2.565	9.551
ln*road*	道路长度	3962	9.007	0.768	5.513	11.870
lngreen	绿化覆盖面积	3962	7.835	1.017	2.485	11.379

三、实证结果

（一）基准回归分析

表3-2　基准回归结果

	PM2.5					
	全样本			东部	中部	西部
	2003—2016	2003—2011	2012—2016			
	(1)	(2)	(3)	(4)	(5)	(6)
ln*total*	-1.008*** (0.267)	-0.745** (0.362)	-6.350*** (0.884)	-0.838** (0.395)	-0.739* (0.407)	-0.594 (0.422)
light	0.387*** (0.097)	0.577*** (0.128)	-0.273 (0.171)	0.098 (0.142)	0.461*** (0.175)	-0.124 (0.262)
fina	3.125*** (1.701)	0.285 (1.731)	-0.520 (1.057)	-12.643** (2.662)	4.961** (1.991)	-0.484 (1.554)
fdi	6.811** (3.424)	0.873 (4.524)	6.133 (12.04)	7.073 (5.988)	8.645 (5.309)	-9.433 (11.001)
indu	-1.847 (1.651)	4.594*** (1.611)	-4.857 (4.057)	-4.902 (2.978)	0.775 (2.786)	-0.314 (1.999)

续表

	PM2.5					
	全样本			东部	中部	西部
	2003—2016	2003—2011	2012—2016			
	(1)	(2)	(3)	(4)	(5)	(6)
invest	-1.022***	1.081*	-1.408**	0.557	-2.024***	-0.707*
	(0.350)	(0.550)	(0.615)	(0.436)	(0.622)	(0.400)
lnVC	-3.240***	-1.928*	-15.43***	2.706	-9.724***	-0.400
	(1.126)	(1.059)	(2.633)	(1.888)	(2.264)	(1.366)
ln*pop*	-0.693*	-0.322	-0.095	0.781	-0.855*	-0.366
	(0.390)	(0.627)	(0.623)	(0.655)	(0.440)	(0.872)
ln*road*	0.759	1.064*	3.762*	3.902***	1.001	-1.947***
	(0.594)	(0.541)	(1.940)	(0.916)	(1.033)	(0.629)
ln*green*	-0.604***	-0.332	-0.257	-1.206*	-1.169**	0.0623
	(0.225)	(0.247)	(0.310)	(0.724)	(0.529)	(0.199)
constant	是	是	是	是	是	是
city	是	是	是	是	是	是
year	是	是	是	是	是	是
观测值	3962	2547	1415	1232	1582	1148
组内 R^2	0.316	0.382	0.321	0.405	0.414	0.349

*** p<0.01，** p<0.05，* p<0.1，聚类稳健的标准误

表3-2第（1）列中，ln*total* 的系数估计值为-1.008，而且通过了1%的显著性水平，表明专利总量存量显著地降低了地区的雾霾污染。控制变量中，夜间灯光越亮的地区雾霾污染越严重，说明经济发展对雾霾的贡献显著为正。财政支出占比显著地增加了雾霾污染，在晋升锦标赛（周黎安，2004）的驱动下，地方政府会舍弃掉长远的环境保护和产业升级转型目标，转而追求短期经济效益，从而降低了创新的治污减霾作用。FDI占比验证了我国地级市存在“污染避难所假说”。产业结构和道路长度对雾霾污染的影响不显著；固定资产投资占比、空气流动系数、人口密度、绿化面积则显著降低了雾霾污染。

2012年党的十八大报告中明确提出坚持走中国特色自主创新道路、实

施创新驱动发展战略。为了探讨实施创新驱动发展战略前后创新对雾霾污染的影响是否发生了变化，我们从时间异质性的角度分析两者之间的关系，将样本划分为两个时间段。回归结果显示，2003—2011 年专利总量系数为 -0.745，显著性水平为 5%；而 2012—2016 年系数变为 -6.350，增加了 8.52 倍，且显著性水平提高到了 1%。随着我国进一步加快建设创新型国家的步伐，创新能力得到逐步释放，创新对降低雾霾存在累积效应。

其中，夜间灯光亮度系数由正的显著变为负的不显著，为进一步验证 EKC（环境库兹涅茨）假说，在全部时间样本下加入灯光二次项，从图3-1中可以看出，不同于省级数据下的“U”形回归结果（马丽梅、张晓，2014；邵帅等，2016），我国地级城市夜间灯光亮度与 PM2.5 之间存在“倒 U”形关系。随着经济发展水平的提升，一些城市已经越过 EKC 曲线拐点。

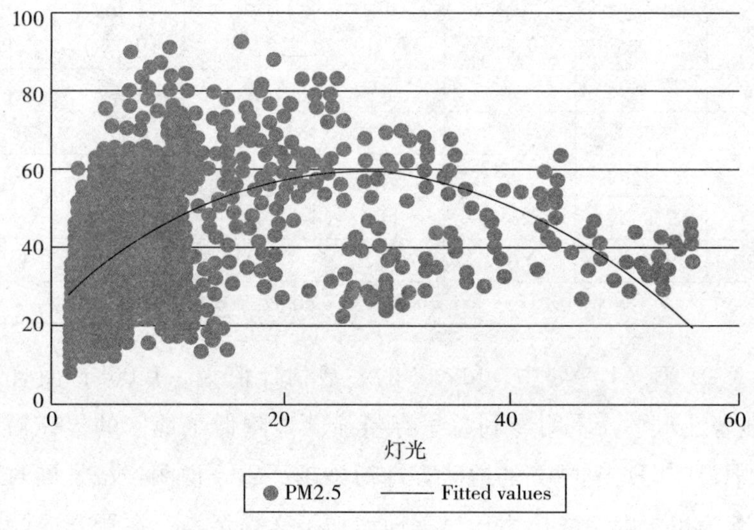

图 3-1 灯光与 PM2.5 的散点图

同时考虑到我国地区发展不平衡的现实异质性，表 3-2 中（4）—（6）列报告了东、中、西部分地区的回归结果，可以发现，专利存量对三个地区的雾霾均存在抑制作用，但该作用仅在东、中部地区显著，且东部显著性最高，系数负向最大。可能是因为相对于中西部而言，东部地区市场化程度较高、营商环境较好，更有利于民营科技企业发展，发挥创新治污减霾的技术效应；而西部地区则集聚了较多高校、科研院所，其创新活动未能与企业产生良好互动，较少应用到生产活动中，难以发挥创新对雾霾的抑制作用。

（二）异质性分析

表 3-3　异质性分组回归结果

	PM2.5					
	人力资本高组	人力资本低组	市场化程度高组	市场化程度低组	资源丰裕程度高组	资源丰裕程度低组
	(7)	(8)	(9)	(10)	(11)	(12)
ln*total*	-1.117 *** (0.410)	-0.912 *** (0.333)	-1.558 *** (0.347)	-0.507 (0.313)	-1.486 *** (0.348)	-0.553 * (0.327)
light	0.316 *** (0.109)	0.811 *** (0.249)	0.533 *** (0.189)	0.250 ** (0.119)	1.148 *** (0.238)	0.114 (0.105)
fina	3.511 *** (1.240)	2.912 (2.189)	3.395 *** (1.296)	3.650 ** (1.814)	4.297 ** (2.070)	4.120 *** (1.453)
fdi	6.087 (5.218)	6.604 (5.055)	5.936 (5.439)	8.138 * (4.314)	-1.491 (6.436)	9.325 ** (4.482)
indu	-0.616 (2.584)	-3.062 (2.243)	-0.193 (2.624)	-4.686 ** (1.934)	-3.745 * (1.998)	-0.611 (2.563)
invest	-1.151 ** (0.573)	-0.955 ** (0.454)	-0.333 (0.371)	-1.809 *** (0.475)	-1.881 *** (0.463)	-0.230 (0.357)
lnVC	-3.558 ** (1.714)	-2.462 (1.547)	-0.876 ** (0.432)	-0.570 (0.614)	-3.255 ** (1.466)	-4.377 ** (1.844)
ln*pop*	-0.900 * (0.501)	-0.298 (0.632)	-3.441 ** (1.575)	-2.862 * (1.615)	-0.856 (0.676)	-0.678 (0.464)
ln*road*	-1.031 * (0.565)	-0.502 ** (0.235)	-0.559 (0.443)	-0.576 *** (0.220)	0.220 (0.833)	1.187 * (0.645)
ln*green*	0.746 (1.025)	0.773 (0.593)	1.552 ** (0.753)	-0.005 (0.750)	-0.487 * (0.252)	-0.721 * (0.404)
constant	是	是	是	是	是	是
city	是	是	是	是	是	是

续表

	PM2.5					
	人力资本高组	人力资本低组	市场化程度高组	市场化程度低组	资源丰裕程度高组	资源丰裕程度低组
	(7)	(8)	(9)	(10)	(11)	(12)
year	是	是	是	是	是	是
观测值	1988	1974	1988	1974	1988	1974
组内 R^2	0.329	0.316	0.324	0.324	0.349	0.327
*** p<0.01，** p<0.05，* p<0.1，聚类稳健的标准误						

进一步地，考虑到不同地级市特征的现实差异性可能会影响到创新对雾霾的影响，我们按照人力资本、市场化程度和资源丰裕程度进行分组展开异质性分析。具体采用样本期间内城市每万人在校大学生数衡量人力资本水平；使用考察期内社会消费品零售总额占 GDP 总额的比重表示市场化程度；使用城市每万人采掘业就业人数表征资源丰裕程度。分别求得地级市在样本期内三种指标年均值，并按照中位数将其分为高、低两组。

表 3-3 中的估计结果表明，人力资本及市场化程度更高的地区，创新对雾霾污染的抑制作用更为明显。而资源丰裕的地区，创新的治污减排效果超过了资源匮乏地区。人力资本作为一种从事创新活动的主体创新要素，城市所拥有的人力资本越丰富，教育水平越高，越会降低专利的研发成本，更好地释放创新效应，提升对雾霾的抑制作用。市场发育程度较低的地区多是西部经济欠发达城市，其创新活动较少应用到企业生产经营中，多以科研专利的形式存在，并且市场发育程度较低的地区，创新活动会受到限制，难以发挥出规模效应。

我国资源型城市可能面临更为严重的环境问题。相对于资源较贫乏的城市，资源丰裕城市的能源强度和污染排放强度下降的速度较为缓慢（李江龙、徐斌，2018）。资源型城市较少受到资源方面的制约，提高资源使用效率的激励不足；资源部门的生产活动会对企业创新行为产生挤出效应。并且，资源型城市在以资源为依托发展重工业时具有比较优势，从而更多发展资源密集型产业，并形成对资源的路径依赖。回归结果发现，创新在推动地区经济产业优化转型治污减排的过程中也会遵循边际效应递减规律，非资源型城市产业结构相对更优化，创新对抑制雾霾的边际效应已趋于弱化。在资源型城市，创新发挥治污减霾的空间更大，需要进一步推动产业优化升级，释放创新动力，实现由“黑色经济”向“绿色经济”的发展转型。

（三）机制分析

表3-4　分三种专利回归结果

	PM2.5					
	(13)	(14)	(15)	(16)	(17)	(18)
ln*inve*	-0.840*** (0.222)			-0.784*** (0.227)		
ln*util*		-1.103*** (0.261)			-1.038*** (0.261)	
ln*desi*			-0.656*** (0.162)			-0.577*** (0.167)
light	0.394*** (0.097)	0.386*** (0.096)	0.336*** (0.094)	0.518*** (0.108)	0.583*** (0.123)	0.573*** (0.139)
ln*inve* × *light*				-0.010* (0.005)		
ln*util* × *light*					-0.016** (0.007)	
ln*desi* × *light*						-0.020** (0.009)
fina	2.782*** (1.025)	3.250*** (1.050)	3.234*** (1.102)	2.735*** (1.009)	3.162*** (1.032)	3.143*** (1.083)
fdi	5.671* (3.375)	6.424* (3.402)	7.619** (3.479)	5.007 (3.449)	5.636 (3.487)	6.579* (3.579)
indu	-2.001 (1.661)	-1.839 (1.637)	-2.256 (1.665)	-2.399 (1.708)	-2.338 (1.682)	-2.803 (1.709)
invest	-0.997*** (0.344)	-1.075*** (0.348)	-1.012*** (0.360)	-1.044*** (0.347)	-1.134*** (0.352)	-1.066*** (0.362)

续表

	PM2.5					
	(13)	(14)	(15)	(16)	(17)	(18)
lnVC	-3.236*** (1.134)	-3.181*** (1.129)	-3.346*** (1.122)	-3.229*** (1.131)	-3.155*** (1.126)	-3.239*** (1.120)
ln*pop*	-0.682* (0.399)	-0.707* (0.385)	-0.736* (0.396)	-0.673* (0.401)	-0.695* (0.387)	-0.750* (0.401)
ln*road*	-0.658*** (0.225)	-0.560** (0.224)	-0.724*** (0.226)	-0.665*** (0.228)	-0.573** (0.226)	-0.732*** (0.229)
ln*green*	0.737 (0.590)	0.706 (0.591)	0.879 (0.615)	0.675 (0.588)	0.631 (0.588)	0.783 (0.609)
constant	是	是	是	是	是	是
city	是	是	是	是	是	是
year	是	是	是	是	是	是
观测值	3962	3962	3962	3962	3962	3962
组内 R^2	0.315	0.317	0.314	0.315	0.318	0.315
*** p<0.01，** p<0.05，* p<0.1，聚类稳健的标准误						

发明专利、实用新型和外观设计三种专利之间存在多重共线性，因此分别用其存量对PM2.5进行回归。三种专利具有不同属性，发明专利技术水平含量最高，发明专利代表企业在从事生产活动和治理排污方式时具有较强的技术创新水平，可以通过研发清洁能源替代污染性能源，提高能源利用率，改变能源使用结构，从而降低能源消耗和污染排放。同时，发明专利对推动产业结构的升级、转变增长方式、从粗放式增长转型为集约式增长的影响更为明显。而实用新型专利和具有市场属性的外观设计专利虽然无法对治污减排起到直接作用，但其创新活动可以通过挤出高污染、高耗能生产活动的方式降低雾霾污染。

表3-4中(13)—(15)列显示，与专利总量回归结果相同，三种专利对降低雾霾均表现出显著为负的影响，说明创新对降低雾霾污染具有技术效应和挤出效应。实用新型系数负向最大，意味着我国目前以“过度膨胀”的实用专利为主体的专利结构（毛昊等，2018）对雾霾的抑制更多体

现为挤出效应，技术效应的发挥有待进一步提升。

(16)—(18) 列的回归结果显示，夜间灯光亮度作为经济集聚的代理变量与三种专利的交互项系数对雾霾均显示出负的影响，说明经济集聚下创新的治污减霾存在扩散效应。经济集聚有利于知识溢出，企业间共享知识技术增加了创新对雾霾的抑制作用。

(四) 稳健性检验

表 3-5　稳健性估计

	PM2.5			PM2.5 地级市驻地		
	(19)	(20)	(21)	(22)	(23)	(24)
ln*invef*	-0.503*** (0.138)					
ln*utilf*		-0.886*** (0.177)				
ln*desif*			-0.439*** (0.108)			
inve				-1.027*** (0.282)		
util					-1.150*** (0.301)	
desi						-0.670*** (0.214)
light	0.497*** (0.105)	0.550*** (0.122)	0.550*** (0.127)	0.625*** (0.153)	0.692*** (0.161)	0.665*** (0.204)
ln*invef* × *light*	-0.011** (0.005)					
ln*utilf* × *light*		-0.015** (0.007)				
ln*desif* × *light*			-0.021** (0.008)			
ln*inve* × *light*				-0.008 (0.006)		

续表

	PM2.5			PM2.5 地级市驻地		
	(19)	(20)	(21)	(22)	(23)	(24)
ln*util* × *light*					−0.016* (0.008)	
ln*desi* × *light*						−0.018* (0.011)
control	是	是	是	是	是	是
constant	是	是	是	是	是	是
city	是	是	是	是	是	是
year	是	是	是	是	是	是
观测值	3962	3962	3962	3962	3962	3962
组内 R^2	0.313	0.318	0.316	0.272	0.272	0.269

*** $p<0.01$，** $p<0.05$，* $p<0.1$，聚类稳健的标准误

出于稳健性的考虑，本章对 PM2.5 和专利数据样本进行替换。一方面，将专利申请存量更换为当年专利授权流量；另一方面，使用 ArcGIS 按照地级市驻地提取得到 PM2.5 的点源性数据。可以看到，在两种稳健性回归结果下，创新对雾霾的抑制作用均存在技术效应、挤出效应和扩散效应，说明本章的实证结果是稳健的（见表 3-5）。

（五）内生性分析

利用宏观经济社会指标进行面板数据分析，不可避免地会面临内生性问题。首先，创新与雾霾污染存在互为因果的关系。Shuai Chen 等，(2017) 发现空气污染会降低人口的迁入迁出率，并且对受到良好教育的劳动力迁移意愿影响最大。人力资本具有较强选择迁移的能力，从事创新活动时会倾向于选择环境质量好的地区，降低了雾霾污染严重地区的创新能力。其次，形成雾霾的因素众多，若误差项中影响雾霾污染的因素不能被完全控制，创新的估计系数仍将有偏。对此，本章使用 SGMM 模型和工具变量方法解决内生性问题。

考虑到工具变量必须满足外生性和相关性条件，本章选择如下两个工

具变量：

1. 知识产权保护

知识产权保护尤其是专利保护是激发创新活力的重要手段之一（龙小宁等，2018）。研发具有失败的风险，创新活动具有高度不确定性，知识产权保护可以通过保障创新回报、化解不确定性，提高专利价值，增进创新投入（Gallini and Scotchmer，2002；Lanjouw and Lemer，1998）。并且知识产权保护还可以通过累积创新效应，提供公开专利信息促进技术传播，降低知识获取成本和激发后续创新（Cassiman and Valentini，2016；Kang and Kang，2014）。国内研究也表明，对知识产权的保护有利于专利数量的增长和创新产出的持续增加（尹志锋等，2013；吴超鹏、唐菂，2016；龙小宁、林菡馨，2018）。自2008年我国颁布《国家知识产权战略纲要的通知》之后，又陆续出台了《商标法》《专利法》《技术合同法》《著作权法》和《反不正当竞争法》等法律法规文件。不断完善的知识产权保护制度将有力地增加专利数量，不断提高创新能力。本章尝试使用这一指标作为专利存量的工具变量，研究创新对雾霾的影响作用。

目前我国知识产权保护制度为行政保护与司法保护并行的“双轨制”。司法保护作为权利人通常向司法机关寻求法律救济而启动的保护，遵循“不告不理”的原则；行政保护则更多是基于行政职权的主动出击，效率更高，具有便捷性、取证手段多样性以及维权成本经济性等优势。此外，在后续救济机会方面，行政保护和司法保护也存在一些差别，倘使权利人对行政救济的结果不满意，可再次寻求司法保护；如果权利人先寻求司法保护，则无法在司法保护不满意的情况下诉求行政保护。有数据显示，我国发明专利在司法诉讼案件中的数量较少，同时国家知识产权侵权损害赔偿体系运转效率相对较低，表明目前司法保护的影响还很有限。因此，本章尝试使用知识产权制度的行政保护作为工具变量，研究创新对雾霾的影响。

我们从国家知识产权局手工搜集了历年各省专利侵权纠纷及其他纠纷立案数，考虑到创新活动与经济发展的高度相关性，利用各省下属地级市实际 GDP 占比乘以各省立案数得到地级市层面数据，同时为剔除经济规模的影响，以“立案数 + 1”与地区就业人口的比值表征知识产权制度的“行政保护”。

2. **公共创新环境**

政府不仅可以通过完善知识产权保护制度，而且可以营造良好的公共创新环境引导企业创新行为。陈诗一和陈登科（2018）认为政府工作报告是依法行政和执行权力机关决定、决议的纲要，是指导政府工作的纲领性文件。公共创新环境涵盖了更为丰富的内容，用研发补贴或税收优惠某一单一指标往往难以全面刻画创新环境。政府工作报告中与创新有关的词汇出现的频次可以显示出政府对创新的重视程度。我们使用这一指标作为专利存量的工具变量。

本章政府公共创新环境指标的具体构建步骤如下：首先，手工收集整理 30 个省份 2003—2016 年的 420 份政府工作报告；其次，利用 Python Jieba工具对政府工作报告文本进行分词处理；最后，统计创新相关词汇出现的频次。与创新相关的词汇具体包括创新、技术、科技、科研、人才、技改、产学研、科教、专利以及研发等。

需要特别说明的是，选取省级变量来度量地级市政府公共创新环境在缓解了内生性的同时也降低了地级市层面的变异性。针对此问题，本章借鉴 Bartik（1991）以及陈诗一和陈登科（2018）的方法进行处理。根据复旦大学的《中国城市和产业创新力报告 2017》，2000—2017 年我国行业创新指数排名前 50% 的产业大类为制造业和信息传输、软件和信息技术服务业，由于地级城市制造业和信息传输产业产值占 GDP 比重数据缺失，同时考虑到创新主要存在于二、三产业，我们使用地级城市二、三产占比之和与创新词频交乘，最终得到地级市政府公共创新环境指标。省级层面政府治理对其内部地级市的影响因各市二、三产业占比不同而存在差异，二、三产业占比越高的城市，政府营造公共创新环境的力度越明显。

表 3-6　动态空间面板估计结果

	PM2.5								
	POLS	SGMM	FE	POLS	SGMM	FE	POLS	SGMM	FE
	(13)	(14)	(15)	(16)	(17)	(18)	(19)	(20)	(21)
PM2.5 t-1	0.934 *** (0.006)	0.768 *** (0.166)	0.118 *** (0.019)	0.934 *** (0.006)	0.594 *** (0.200)	0.114 *** (0.019)	0.932 *** (0.006)	0.678 *** (0.097)	0.118 *** (0.020)
inve	-0.149 (0.096)	-9.451 *** (2.643)	-0.940 *** (0.229)						
util				0.005 (0.101)	-8.312 *** (2.695)	-1.077 *** (0.265)			
desi							-0.203 *** (0.078)	-4.655 *** (1.452)	-0.665 *** (0.157)
light	0.042 *** (0.014)	1.449 *** (0.291)	0.402 *** (0.100)	0.035 ** (0.015)	1.434 *** (0.288)	0.384 *** (0.099)	0.055 *** (0.016)	1.695 *** (0.520)	0.330 *** (0.098)
fian	0.393 (1.049)	38.28 (39.46)	2.723 *** (1.031)	0.532 (1.046)	92.25 ** (36.03)	3.178 *** (1.083)	0.407 (1.045)	114.9 *** (32.58)	3.123 *** (1.104)
fdi	4.515 (3.023)	-188.8 (155.8)	11.18 *** (3.660)	4.121 (3.018)	-203.1 (166.2)	12.05 *** (3.642)	5.338 * (3.046)	-109.9 *** (33.72)	13.600 *** (3.702)
ind	0.975 (0.706)	15.423 *** (3.826)	-3.636 ** (1.640)	1.001 (0.712)	26.618 *** (5.183)	-3.515 ** (1.625)	0.928 (0.706)	19.203 ** (4.006)	-3.949 ** (1.642)
invest	0.507 * (0.304)	30.629 *** (6.020)	-1.132 *** (0.336)	0.505 * (0.304)	14.943 ** (5.929)	-1.216 *** (0.344)	0.502 * (0.304)	29.427 ** (11.691)	-1.156 *** (0.352)
ln*airf*	-0.197 (0.284)	-3.902 ** (1.885)	-2.937 ** (1.170)	-0.157 (0.283)	-2.877 (1.808)	-2.919 ** (1.167)	-0.317 (0.289)	-4.670 *** (1.020)	-3.026 ** (1.174)
pop	0.402 *** (0.109)	-6.313 (4.149)	-0.696 * (0.414)	0.379 *** (0.110)	0.433 (3.710)	-0.740 * (0.404)	0.434 *** (0.110)	2.125 *** (0.738)	-0.756 * (0.414)
roadlong	0.309 ** (0.135)	5.479 *** (1.294)	1.502 ** (0.727)	0.281 ** (0.136)	6.312 *** (1.627)	1.459 ** (0.730)	0.372 *** (0.138)	6.026 *** (1.631)	1.625 ** (0.767)
*green*1	0.257 (0.158)	14.161 *** (3.165)	-0.474 ** (0.219)	0.0805 (0.154)	10.026 *** (2.142)	-0.424 * (0.220)	0.258 ** (0.130)	3.889 *** (0.917)	-0.553 ** (0.220)
year	yes	yes	yes	yes	yes	yes	yes	yes	yes
AR(1) P		0			0			0	
AR(2) P		0.849			0.539			0.759	
Sargan P		0.296			0.167			0.109	

＊＊＊ $p<0.01$，＊＊ $p<0.05$，＊ $p<0.1$，聚类稳健的标准误

本章使用的样本为 2003—2016 年 283 个城市数据，能够很好地满足 SGMM“大 N 小 T”的模型要求（blundell and Bond，1998）。回归结果表示，Sargan 检验和 AR（2）检验均已通过，符合 SGMM 的要求，表明本章使用的工具变量是合理的。三种专利回归结果均显示 SGMM 模型中被解释变量滞后项的估计系数介于 POLS 和 FE 所对应的估计系数之间，说明工具变量的估计结果具有可信性（见表 3 - 6）。

上一期 PM2. 5 对本期 PM2. 5 的影响显著为正，表明雾霾污染变化具有明显的路径依赖特征。回归结果显示，三类专利存量均显著降低了雾霾污染。并且科技含量最高的发明专利系数负向最大，对降低能源消耗和污染排放的影响最明显，技术效应超过了挤出效应。纳入知识产权制度和公共创新环境工具变量的 SGMM 估计中，发明专利存量、实用新型专利存量和外观设计专利存量对雾霾的系数，分别是表 3 - 4 中回归结果的 11. 25 倍、7. 54 倍和 7. 09 倍。忽略内生性，会显著低估三类专利存量对雾霾污染的抑制作用。

第五节　政策建议

中国发展已进入新时代，绿色技术创新对于我国经济发展方式的顺利转型和“美丽中国”目标的实现至关重要。面对中国目前发展不平衡、不充分的特点，如何有效建立雾霾防范的长效机制，已经成为经济社会发展走向更高阶段的必然要求之一。本章使用 2003—2016 年长达 14 年跨度的 283 个地级城市层面的 PM2. 5 数据，并通过 Python 爬取专利授权数量表征创新水平，系统地考察了技术进步对雾霾污染的影响及作用机制。本章得到的主要结论是：①创新对雾霾污染具有显著的抑制作用，但该抑制作用只在东、中部较为明显，说明东、中部地区的专利结构更偏向市场性，易于转化为现实产品，应用到生产活动中；②相较 2011 年之前，2012 年之后创新对 PM2. 5 的回归系数扩大了 8. 53 倍，随着时间的推移，创新的治污减排的累积效应逐步得到释放；③人力资本水平和市场化程度对创新的治污减霾起到提升作用，而资源型城市在提升创新水平治理雾霾方面具有更大的上升空间；④三种专利均对 PM2.5 具有抑制作用，其中，发明专利的抑制作用最强，具有较强的“绿色”属性，实用新型与外观设计专利则对 PM2.5 存在较弱的挤出效应；⑤经济集聚对于发挥创新的治污减的扩散效应起到了良好的助力作用。

上述研究结论具有重要的政策含义。第一，建立环境补偿机制，逐步推动环境污染治理成本的市场化，并让其进入企业的日常经营决策，倒逼企业完善自身节能减排的组织管理、绩效考核体系，淘汰高耗能设备，通过技术研发或技术引进实施绿色转型。第二，不同区域应因地制宜地制定适当的创新激励政策，尤其是资源型城市，需要增加企业使用节能减排设备的税收优惠力度，激发企业在核心能源技术与减排技术领域的创新，积极推广绿色节能技术，加快推动产业结构与能源结构优化调整和转型升级。第三，强化知识产权保护制度，增强企业的创新积极性，在支持政策上应适当向质量更高的发明专利倾斜，鼓励生态层面的高质量创新产出。第四，积极推动城市之间创新的合作与交流，对于充分发挥区域间创新的协同效应和溢出效应、助推治污减霾具有重要作用。

第二篇

中国宏观经济发展的政治经济学短期分析

第四章　中国消费升级的政治经济学分析

中国经济实现高质量发展的动力支撑需以消费升级的增长为关键。本章从政府行为视角出发，首先，分析新中国成立以来我国居民在总体、城乡以及各收入阶层的消费结构演变特征，发现居民整体以及城乡之间恩格尔系数不断下降，且发展、享受型消费占比不断提高，但其增速有放缓趋势。此外，高等收入群体发展、享受型消费占比波动上升，但中低收入群体的发展、享受型消费占比呈先上升后下降的态势。其次，本章对影响消费结构升级的外部和内部因素进行了分析，总结了我国目前消费结构升级存在的问题。最后，本章从增加服务型公共产品供给、营造优质的消费市场监管环境、提高产品质量以及深化收入分配改革四个方面提出了相应对策。2017 年 10 月，习近平总书记在党的十九大报告中强调，中国特色社会主义已经进入新时代，我国社会的主要矛盾已经转化为人民日益增长的美好生活需要和不平衡不充分的发展之间的矛盾，而消费的升级正是这种人民追求美好生活的表现，因此，研究消费升级的驱动力以及当今消费升级存在的问题并有针对性地提出政策建议就很有必要。

第一节　新中国 70 年消费结构的演变历程及其阶段性特征

自 1949 年新中国成立以来，中国的消费结构正经历剧烈的转型升级。大量研究表明，消费升级主要是指消费品质量的提高和消费结构的升级，消费结构升级包含各类消费支出占总消费支出的结构升级，即从较高的生存性消费比重向较高的发展、享受型消费比重转型（杨天宇、陈明玉，2018；汪伟，2016）。针对中国消费结构格局的演变，本章从三个方面加以考察：一是总体层面。由于恩格尔系数主要反映居民在食品上的消费比例，不能反映出非食品消费品的支出占比变化，对消费结构的刻画并不细致。因此，本章还是以食品用途划分的消费品支出比例来衡量消费结构升级，故将各类消费支出占比结合恩格尔系数对总体消费结构进行综合考虑。二是城乡层面。中国特殊的城乡二元结构对居民消费行为的影响具有差异，因此，本章从城镇和农村两个角度对消费结构进行分析。三是收入层面。人均收入水平的提高是消费升级的动力，故本章对收入进行分组，分别考察了各个收入阶层消费结构的变化。而政府在消费结构的转型升级中扮演着重要角色，政府在制定一定的制度框架和激励结构中，会影响居民主体为实现自身利益诉求的最大化进行消费行为的选择，因此，本章借鉴洪银兴（2018）对政府与市场关系的划分，从 1949—1978 年、1978—1992 年、1993—2012 年、2013—2016 年以及 2017 年至今五个时期观察我国居民在总体、城乡以及各收入阶层的消费结构变化。

一、总体视角下我国消费结构的演变历程及其阶段性特征

1949 年以来，我国消费结构在不同时期表现出不同的特征（见图 4－1、图 4－2、图 4－3、表 4－1）。具体来看，首先，1949—1977 年，即计划经济时期。我国经济主要以国家资本主义经济为主，居民消费水平处于低层次阶段，消费结构比较畸形，到农村合作化和城市社会主义改造基本结束后，消费水平、消费结构才在原有的低水平上有了首次提高，消费增速指数型上升。其次，1978—1992 年，即计划与市场关系的探索时期。这一时期我国私人财富和市场职能开始扩张，人均收入逐渐增长，但增长幅度并不大。而我国消费结构的特征表现为：第一，

综合恩格尔系数[①]波动下降。综合恩格尔系数从 1978 年的 65.87% 下降到 1992 年的 56.34%，降幅约 9.53 个百分点。第二，我国居民仍以生存型消费为主导，发展、享受型消费占比小[②]。在这一时期，居民在食品烟酒上的支出占总消费支出的 55.86%，对消费结构的贡献程度最高，而在交通通信、医疗保健上的消费支出较少，其贡献程度均不到 2%。再次，1993—2012 年，即政府宏观调控而市场对资源配置起基础性作用的时期。这一时期居民人均收入继续增长，特别是 2001 年之后人均收入开始大幅攀升，我国消费结构的特征表现为：第一，综合恩格尔系数趋势性下降。在这一时期，我国综合恩格尔系数以年均 2.06% 的速度从 1993 年的 55.92% 下降到 2012 年的 37.67%，下降趋势明显。第二，我国发展、享受型消费支出占比逐渐上升，消费结构升级明显。从表 4 – 1 和图 4 – 2 中可以看出，发展、享受型支出占比从 1993 年的 14.03% 逐步上升到 2012 年的 30.45%，而食品烟酒类支出与衣着类支出占比相比上一时期有所下降。又次，2013—2016 年，即政府职能发挥与市场对资源配置起决定性作用的时期。这一时期居民人均收入增速在 2016 年略有下降，相比 2015 年下降了 0.5%，而居民杠杆率增速不断上升，我国消费结构的特征表现为：第一，综合恩格尔系数阶段性下降，下降幅度减缓。2013—2016 年，我国综合恩格尔系数在 30% ~ 31%，年均下降速度变为 1.51%，比上一时期下降 0.55 个百分点。第二，我国消费结构升级，发展、享受型消费进一步增长，但增长速度有趋缓态势。在这一时期，我国居民在医疗保健、交通通信、教育文化上的发展、享受型消费支出超过食品烟酒的消费支出。最后，2017 年至今，即加快社会主义市场经济体制建设的时期。人均收入进一步增长，居民杠杆率增速上升到 13.2%，我国消费结构的特征表现为：第一，综合恩格尔系数不断下降。这一时期综合恩格尔系数呈下降趋势，

---

① 综合恩格尔系数用城镇人口权重乘以城镇恩格尔系数与农村人口权重乘以农村恩格尔系数相加得到。

② 按照汪伟(2016)的界定，发展、享受型消费占比是指医疗保健、交通和通信、教育文化的支出之和占总消费支出的比重。

且据国家统计局统计，2018 年前三季度，全国居民综合恩格尔系数为 28.5%，相比上年同期下降 0.7%，这与我们的估计结果相一致。第二，消费结构进一步升级，但发展和享受型消费支出占比增速降缓。在该时期居民用于发展和享受型消费支出增速明显快于基本生活消费支出，发展和享受型消费支出占比的年平均增速为 0.83%，相比第三时期下降 1.05 个百分点。居民财富与消费的不同步主要是因为近年来居民财富增长主要来源于住房资产增值，而大多数人主要是自住，将住房变现获取增值收益的可能性较低，因此，房价增长并未直接兑现成财富效应，因此，刺激消费的能力有限。

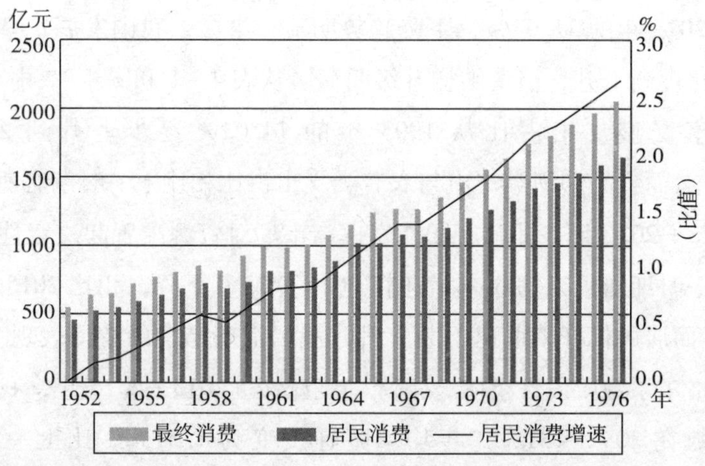

图 4－1　1949—1977 年我国消费变化趋势

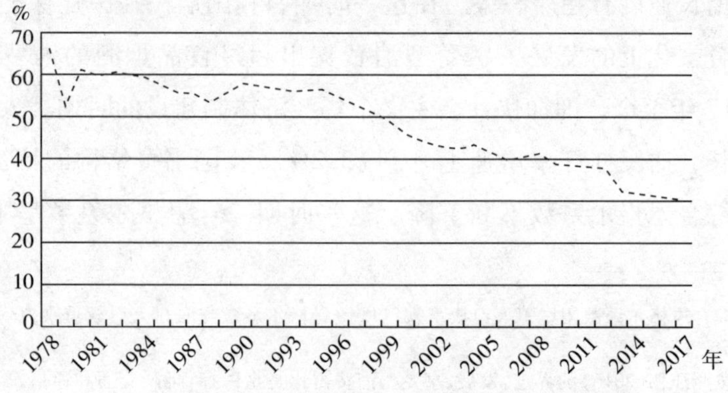

图 4－2　1978—2017 年我国综合恩格尔系数演变历程

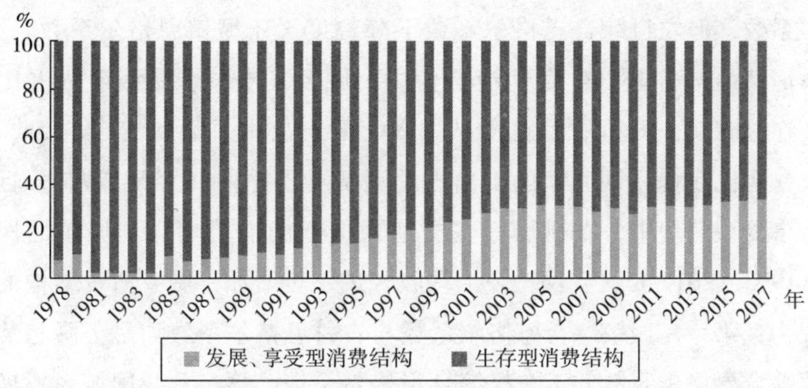

图 4-3　我国 1978—2017 年消费升级情况

表 4-1　我国居民各项支出对消费结构变动的贡献程度　（%）

时期	食品烟酒	衣着	居住	生活用品及服务	交通通信	教育文化娱乐	医疗保健	其他用品及服务
1978—1992	55.86	10.57	13.01	8.50	1.67	4.58	1.55	1.24
1993—2012	45.36	8.10	13.33	5.79	7.94	10.69	5.68	2.96
2013—2016	31.34	7.09	21.85	6.07	12.90	10.72	7.71	2.32
2017 年至今	29.69	6.52	22.23	6.05	13.67	11.25	8.26	2.32

注：表格内的数值为各时期的均值。

资料来源：历年《中国统计年鉴》与《新中国 60 年统计资料汇编》。

二、城乡视角下我国消费结构的演变历程及其阶段性特征

农村人口作为中国最大的消费群体，其消费水平不可忽视。本章以城镇和农村为样本，分别探究我国消费结构在不同时期的表现特征（见图 4-4、图 4-5，表 4-2、表 4-3）。具体来看，首先，1949—1977 年，城乡居民消费水平长期低迷且停滞不前，大多数居民消费水平处在基本温饱状态。如农村居民恩格尔系数 1957 年为 65.7，而到 1964 年增长到 67.1，1965 年更是上升到 68.5，恩格尔系数不断攀升，相当一部分农村居民仍然处于贫困之中，消费结构亟待调整。其次，1978—1992 年，我国城乡居民人均收入开始增长，城镇居民人均可支配收入高于农村居民，我国城乡消费结构的特征表现为：第一，城镇综合恩格尔系数低于农村综合恩

格尔系数，但农村综合恩格尔系数下降幅度大于城镇恩格尔系数。第二，城乡消费结构普遍以生存性消费为主，城乡发展、享受型消费占比均较低。在该时期，城镇居民在食品烟酒上的支出占总消费支出的 54.78%，而农村居民在食品烟酒上的支出占总消费支出比重仅为 58.79%，且在发展、享受型消费中，农村居民在交通通信上的消费略高于城镇居民。再次，1993—2012 年，我国城乡人均收入进一步增加，城乡消费结构的特征表现为：第一，城镇综合恩格尔系数与农村恩格尔系数均呈下降趋势，且城镇综合恩格尔系数低于农村综合恩格尔系数。第二，我国城乡发展、享受型消费支出占比均逐步上升，城乡消费结构升级开始显现。城镇发展、享受型消费支出占比在该时期的上升幅度为 17.59%，而农村发展、享受型消费支出占比也呈上升态势，但上升幅度低于城镇，仅为 13.91%。又次，2013—2016 年，城镇居民人均可支配收入相比上一年涨幅低于农村居民，我国城乡消费结构的特征表现为：第一，城乡综合恩格尔系数波动下降，下降幅度减缓。城镇综合恩格尔系数从 2013 年的 30.13% 下降到 2016 年的 29.30%，而农村综合恩格尔系数从 2013 年到 2016 年，下降为 32.24%，且城镇综合恩格尔系数与农村综合恩格尔系数年均下降幅度分别为 1.88%、0.93%。第二，我国城乡发展、享受型消费逐渐增长，但上涨幅度较小。在该时期，我国城镇居民在医疗保健、交通通信、教育文化上的发展、享受型消费支出超过农村居民。最后，2017 年至今，农村人均收入涨动幅度仍高于城镇居民。我国城乡消费结构的特征表现为：第一，城乡综合恩格尔系数均不断下降。城镇综合恩格尔系数进一步下降到 28.64%，而农村综合恩格尔系数下降到 31.18%，比城镇综合恩格尔系数高出 2.54 个百分点。第二，城乡发展和享受型消费支出占比进一步上涨且上涨幅度降缓，但农村发展和享受型消费支出占比高于城镇居民。

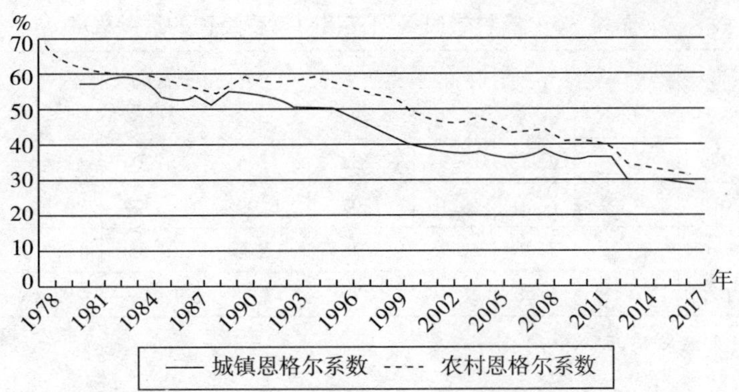

图 4－4　1978—2017 年城乡恩格尔系数演变历程

资料来源：历年《中国统计年鉴》。

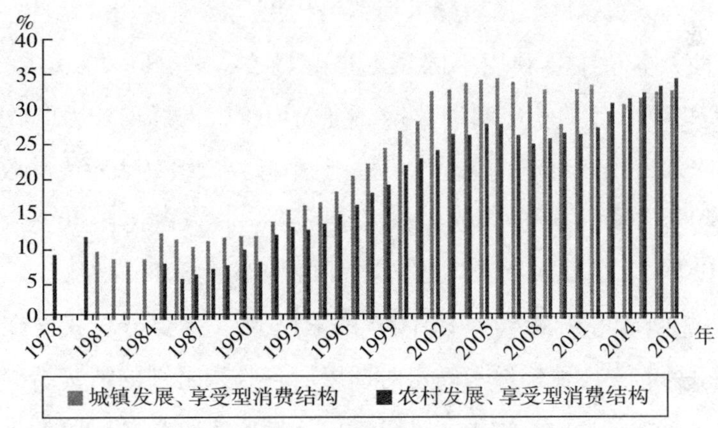

图 4－5　我国 1978—2017 年城乡消费升级情况

资料来源：历年《中国统计年鉴》。

表 4－2　城镇居民各项支出对消费结构的贡献程度　（%）

时期	食品烟酒	衣着	居住	生活用品及服务	交通通信	教育文化娱乐	医疗保健	其他用品及服务
1978—1992	54.78	14.08	4.15	12.83	1.36	8.19	1.34	2.87
1993—2012	40.62	11.13	9.32	7.18	9.37	12.22	5.81	4.08
2013—2016	29.80	8.01	22.50	6.14	13.26	11.01	6.62	2.65
2017 年至今	28.64	7.19	22.76	6.24	13.59	11.64	7.27	2.67

资料来源：历年《中国统计年鉴》。

表4－3 农村居民各项支出对消费结构的贡献程度 (%)

时期	食品烟酒	衣着	居住	生活用品及服务	交通通信	教育文化娱乐	医疗保健	其他用品及服务
1978—1992	58.79	10.13	15.97	7.82	1.76	5.20	2.44	0.67
1993—2012	48.29	6.20	16.10	4.97	6.99	9.53	5.64	2.28
2013—2016	33.25	5.95	21.05	5.98	12.45	10.35	9.07	1.90
2017年至今	31.18	5.58	21.48	5.79	13.78	10.69	9.66	1.83

资料来源：历年《中国统计年鉴》。

三、收入视角下我国消费结构的演变历程及其阶段性特征

考虑到微观家庭数据对衡量消费结构更具准确性和可靠性，以及数据的可得性，本章主要利用中国家庭追踪调查（CFPS）2010年、2012年、2014年和2016年的入户调查数据，将人均收入人群划分为低收入组（表示人均收入占比在0%～20%的家庭）、中低收入组（表示人均收入占比在20%～40%的家庭）、中等收入组（表示人均收入占比在40%～60%的家庭）、中高收入组（表示人均收入占比在60%～80%的家庭）、高收入组（表示人均收入占比在80%～100%的家庭）①，主要分析我国在政府宏观调控、市场的主体地位逐步确定时期以后各收入组别的消费结构特征（见图4－6～图4－9）。具体来看，第一，不同收入人群随时间的推移总体上发展、享受型消费占比呈上升态势。2010年各收入组发展、享受型消费占比的均值为25.61%，而2016年各收入组发展、享受型消费占比的均值为30.41%，上升4.8个百分点。第二，随着时间的推移，低收入人群发展、享受型消费占比经历了先上升后下降的过程，中等收入人群教育文化娱乐和医疗卫生的消费占比随时间推移有下降趋势，而高收入人群发展、享受型消费占比呈波动上升趋势，但增速尤其是教育文化的增长速度有放缓态

① 按照家庭人均收入总体排序，去掉收入为0的样本，在现有排序基础上按照家庭数量五等分，在各自分组水平里计算出各项指标的总和，再除以这个分组里的人口总数，计算出组内人均水平。

势。其中，低收入人群教育文化娱乐的支出近些年变化不大，主要在7%上下波动。中等收入人群在教育文化娱乐以及医疗卫生上的支出分别从2010年的9.23%、10.01%下降到2016年的8.5%、9.89%，这主要是因为近年来一二线房价、房租上涨以及医疗价格上涨，居住消费占比挤占其他家庭消费，降低总需求所致。因此，中等收入人群消费升级仍有很大的成长空间。

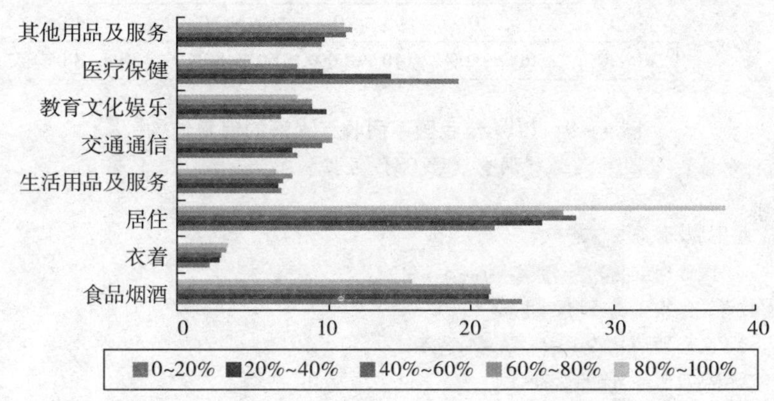

图4-6　2010年我国不同收入人群的消费结构

数据来源：中国家庭追踪调查（CFPS）数据。

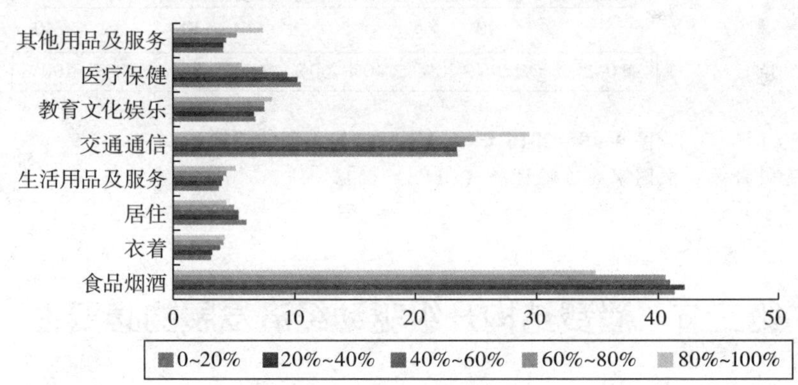

图4-7　2012年我国不同收入人群的消费结构

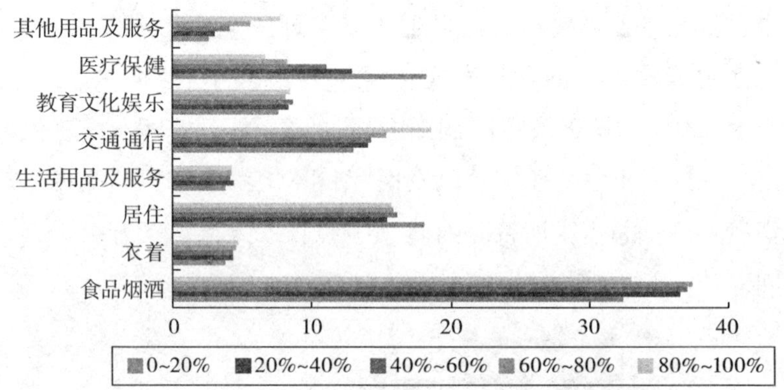

图 4-8　2014 年我国不同收入人群的消费结构

资料来源：中国家庭追踪调查（CFPS）数据。

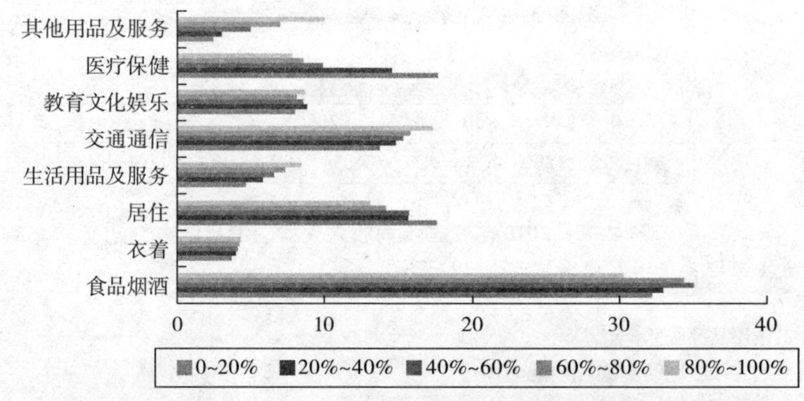

图 4-9　2016 年我国不同收入人群的消费结构

资料来源：中国家庭追踪调查（CFPS）数据。

第二节　消费结构升级驱动经济发展的必要性

消费作为最终需求，既是生产的最终目的和动力，又是人民对美好生活需要的直接体现。国际经验表明，当一个国家收入进入中高等阶段后，居民消费率会逐渐上升并收敛至一个较高的水平，居民消费成为拉动经济增长的核心动力（汪伟，2017）。我国最终消费支出占 GDP 比重近年来逐渐升高，居民消费的重要性日益凸显。但最终消费支出增速从 2010 年的 17.38% 下降到 2017 年的 8.8%，消费增速有趋缓的态势，并且据国家统计局公布的数据，2018 年 11 月社会消费品总额同比增长 8.1%，与上年同期相比下降了 2.1 个百分点，也从侧面印证了消费增速放缓。国家发展改革委 2018 年就扩大消费有关工作情况举行的新闻发布会上，明确指出促进消费要围绕消费升级方向。因此，在消费增速趋势性下降的情形下，我国居民的消费也从数量的提高转向质量的提升，消费亟待提质扩容，更应关注长期消费结构的转型升级。

1949 年以来，我国消费需求正步入快速发展的“新车道”，居民在消费形态、消费方式和消费行为等方面均呈现出明显的趋势性变化，消费升级步伐加快。消费结构升级会促使企业不断突破生产前沿，实现技术创新，推动经济高质量发展（谢小平，2018）。因此，回顾消费结构发展的历程，分析居民消费结构变动特点，对反思消费理论、市场转型等社会理论具有重大的学术价值，对贯彻党的十九大报告中指出的“要完善促进消费的体制机制，增强消费对经济发展的基础性作用”有重要指导意义，对扎实解决发展不平衡不充分的问题有重要启示。而现今，在当期消费增速趋势下降的情形下，如何有效推动居民消费结构升级、满足城乡居民日益增长的消费需求，是我们当前和今后一个时期面临的主要任务。此外，由于政府制定一定制度框架和激励结构会影响居民主体消费行为的选择，本章将政府行为考虑在内，结合历年的《中国统计年鉴》和中国家庭追踪调查（CFPS）数据（包括 2010 年、2012 年和 2014 年、2016 年的全国数据），总结全国过去 40 年的消费结构特征以及消费结构的影响因素，管中窥豹，从而加深对中国消费结构的认识。

第三节　中国消费升级影响因素的政治经济学分析

根据上文分析可知，新中国成立初期，居民收入不高，物资也匮乏，大部分资金都用于生存性消费，恩格尔系数也一直在高位徘徊。直到 1978

年，我国居民恩格尔系数才开始不断显著下降，开始从基本的吃穿消费逐渐向发展、享受型消费倾斜，但发展和享受型消费支出占比增速减缓，消费分级现象明显。为进一步激发居民的消费潜力，缓解消费增速下降趋势，我们从外部和内部因素出发，研究我国居民消费结构的影响因素。

一、外部因素

消费金融是为了促进消费者消费的金融产品和服务，具有面向消费者的针对性，可以带来消费量的提升和结构的升级（田长海、刘锐，2013），人均消费信贷规模1999—2011年增长了60多倍，目前消费金融产品已经涉及居民生活的方方面面，是促进我国消费升级的一个重要因素。而技术进步与创新也是消费者自身所不能左右的升级诱因，技术进步与生产相结合可以生产出满足消费者需要的高质产品，从而带来消费升级，而流通环节效率与服务的改进则可以降低交易成本，促进消费服务的改进（杜丹清，2017），这都对消费结构的升级起到了推动作用。

（一）消费金融的发展

1. 支付工具的创新促使消费便利化

1949年以来，相对于人们的需求而言，生产能力还比较落后，甚至到改革开放之初，物质生产能力还不能满足人们的日常需求，许多生活用品还是凭票供应，工业产品则大多属于计划内物资，想消费不仅要有钱还要有票。社会主义市场经济的发展激发了市场活力，催生了一批集体经济与个体商户，这批改革的先行者吃苦耐劳，在自身致富的同时极大地促进了社会生产力的发展，物质丰富以后，商品不再凭票供应，只要有钱就可以买到所需要的商品。后来银行第一次提供了无纸化消费的途径，只要使用带有银联标志的银行卡刷POS机即可完成消费，这意味着在消费大额商品时人们不用携带大量现金，更节省了去银行取钱的时间成本。但是这种消费方式需要用户输入密码并签字确认，影响了支付效率，并且不适用于商品单价小的商铺。再后来电子商务进一步发展，网购开始成为一种潮流，从此支付方式开始快速转变，由最初的网银支付（需输入银行卡号+支付密码+动态口令）变为支付宝、微信钱包、京东钱包、华为钱包、云闪付等各类支付工具百花齐放，操作也更为便捷，指纹支付、扫码支付、小额免密支付等方式层出不穷，几秒之间即可完成操作。并且实体店商家也不用再购买POS机这类工具，一张二维码或一支扫描枪即可满足所有需求，这样在小额商铺与便利店也可普及。支付工具的创新不仅极大地降低了交易成本，并且方式的多样性便利了消费，“一机在手，天下我有”。而且平台通过消费者的支付记录，可以获取大量实时数据来分析消费者的偏好和消费习惯，进而更有针对性地提供商品和服务，从而起到诱导消费的作用。

2. 风险管理工具的发展降低了不确定性

风险管理工具主要是指财产保险和人身保险，这种工具在世纪之交普及，由政府和企业协调推动。除政府提供的养老保险和医疗保险以外，随着保险的准入门槛降低，各类商业保险也逐渐进入寻常百姓家。这类保险工具的出现意味着财富的稳定性增加，因为疾病、意外灾害或事故而导致财富值大幅度缩水的可能性减小。在社会保障制度还不健全的时候，人们需要有预防性储蓄来应对未来的不确定性，而预防性储蓄不可避免地会挤占即期消费的支出，从而影响消费升级。风险管理工具的发展则降低了人们对未来的担忧，增加即期消费信心，进而保障居民增加消费数量和种类，促进消费升级。

3. 消费信贷增加了即期消费能力

消费信贷可以增加中等收入以下人群的消费能力，缓解这类人群的流动性约束。诸如房、车类的大额商品对于这类人群而言，不能够完全负担，但又是完全需要，利用房贷、车贷等信贷工具，消费者就可在当期消费这些产品。对于一部分固定工资收入者，或想节省当前现金流、实现期限错配的人而言，信用卡、蚂蚁花呗、分期付款与京东白条等信贷工具可以满足他们的当前小额商品需求，从而增加这类人的当前支出。并且，当前激烈的市场竞争使得这些平台为了抢占市场份额不断推出优惠活动，从而在居民的心理账户里形成了有利预期，为了得到这些优惠，他们会不断使用这类信贷工具进行消费。消费分为两种：自发性消费与引致性消费。消费信贷不仅增加了居民的即期消费能力，而且引致居民形成新的消费需求，从而不断促进消费升级。

4. 金融资产收益增加了居民收入

金融市场目前可以说是全民参与，股票、债券、期货与各类理财产品丰富了人们的投资渠道。众所周知，货币政策受国家大政方针的影响，近年来存款利率并不足以支撑居民的收入跑赢通货膨胀率，这导致资金开始从银行存款中抽离，流入其他投资理财产品中。对于洞悉金融市场的人，金融工具的丰富性与收益性可以促使居民收入保值增值；而对金融市场不了解的人，通过简单的资产组合与一些银行和保险公司设计好的理财产品，在短期内也能获得高于固定存款利率的收益。这些新的理财方式正在更新人民的资产处理方式，而这些金融资产带来的财富效应，可以提高居民的购买力，增加消费者的购买欲望，进而带动消费升级。

（二）创新与技术进步

1. 消费对象自身属性的提升与改善

社会生产力的发展带来了物质资料的丰富，而创新和技术进步则提升了社会供给的质量并培养出了新的消费热点。随着收入水平的提高，人们的消费需求质量也有了更高的要求，由技术进步带来的消费品质量提升满足了人们的这一需求，从而带动了消费升级。以通信为例，最原始的1G网络只能传输语音数据，短短几十年我们已经普及了4G网络，可以快速传输数据、音频、视频和图像等，传输速度更快，功能更强，并且5G网络也已经成型，相信很快就可以推广。与通信相对应的通信工具也由最原始的“大哥大”发展成现在集通话、摄影、文件处理等多功能于一体的智能手机。若干年前，只有富裕的居民才用得起手机，而今几乎人手一部。消费对象的自身属性提升在满足消费者的高品质要求的同时，还促使生产成本降低，使消费福利惠及更多人群。而且技术进步还在不断地满足消费者所需要的超值服务。私人定制和网络媒介的发展，满足了人们的个性化及获取信息的及时化需求、“互联网 +” 专车更方便舒适地满足了人们的出行需求；不只是专车，“互联网 +” 还催生了一系列产业，更好地满足了人们的消费需求，带给消费者更低廉优质的服务，不断地拓展消费的延伸范围，这些都极大地推动了消费升级。

2. 中间流通环节效率与服务的改进

技术进步渗透进流通环节，能改善流通供应渠道，降低交易成本，提高流通效率，克服消费品在产销时间与空间上的障碍，从而为消费者提供最大的保障。近年来，互联网技术在生产和流通上的广泛运用，已经为消费升级提供了广阔的空间。目前我国已经形成了陆空一体化的物流运输网络。首先，运输速度更加快捷，以郑州、武汉、西安等大城市为中心，建立了物流集散地，加之交通工具提速扩容，使得消费者所购物品可以快速送达。其次，规模化的运输网络与平台的建立，大大降低了物流成本。最后，物流网点已经覆盖到大部分村镇，可以满足任何一个地方的消费需求。除此之外，城市内的外卖服务也延伸了消费者的消费渠道，达到了引致消费的目的。

二、内部因素

（一）收入水平的提高

新中国成立之初，居民人均可支配收入还不到百元，之后的 20 多年都只有小幅上涨，个别年份还有所下降，但是 1978 年以后这种情况得以改变。据国家统计局发文：改革开放以来，随着经济快速增长，居民收入连续实现跨越式增长。1978 年，全国居民人均可支配收入仅 171 元，2009 年突破万元大关，达到 10977 元，2014 年突破 2 万元大关，达到 20167 元，目前正在向 3 万元迈进。2017 年，人均可支配收入为 25974 元，扣除价格因素，比 1978 年增长了 22. 8 倍，年均增长 8. 5%。与此相对应，2017 年，全国居民人均消费支出 18322 元，扣除价格因素，比 1978 年实际增长

18.0 倍，年均增长 7.8%。收入水平的提高必然会带来消费支出的增加，从绝对数上看，近几年来全国人均年消费支出的增速维持在 9% 以上，城镇居民人均年消费支出保持在 7% 以上水平，而农村居民人均消费支出增速则维持在 11% 以上水平。生存性消费需要早已满足，目前收入增长所带来的消费支出增长必然会带来消费升级（见图 4－10）。

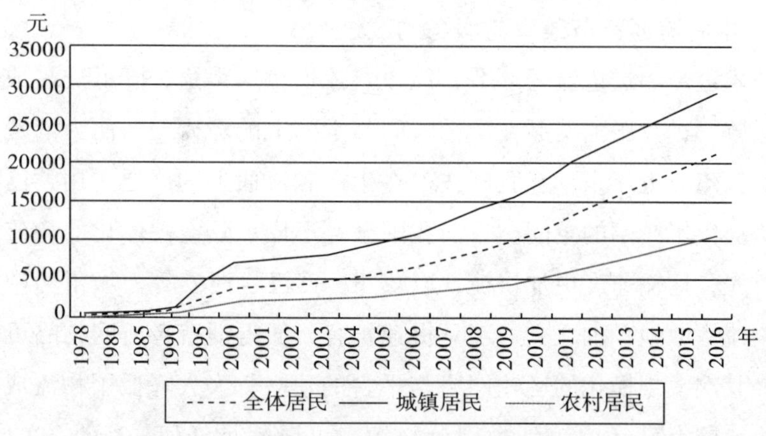

图 4－10　1978—2016 年城乡年人均消费额演变历程

资料来源：历年《中国统计年鉴》。

（二）人口老龄化

截至 2016 年年底，中国 60 岁及以上人口占总人口比重达到 16.7%，65 岁以上人口占比达到 10.85%，与进入老龄化社会以来的 2001 年的 7.03% 相比上升了 3.82 个百分点，人口老龄化速度非常明显①。根据联合国预测，到 21 世纪 50 年代末，中国 60 岁及以上人口比重会上升到 33.9%，几乎占总人口的 1/3。中国近些年来的老龄化趋势也推动了消费升级，这与老年人的消费特征密切相关，老年人的衣食住行消费支出相对较小，医疗保障消费与支出相对较高，汪伟和刘玉飞（2017）运用 CFPS 2012 年的数据证明，人口老龄化通过提高家庭医疗保健支出确实会起到促进消费升级的作用。并且随着收入水平的提高，老年人的闲暇时间

① 资料来源：国家统计局。

增多，在经济实力的支持下也会增加对文教娱乐的支出，随着未来老龄化趋势的加深，老年人的消费势必会带来整体消费结构的升级。

（三）消费观念的更新变化

我们经历了三个消费时代，从理性消费时代到感觉消费时代再到现在的感性消费时代。在理性消费时代里，物美价廉、经久耐用是消费者选择是否购买某件商品的标准。在感觉消费时代里，喜不喜欢是消费者选择是否购买某件商品的标准。在感性消费时代里，商品能否给消费者带来内心的满足则是消费者消费决策的主要衡量标准。消费观念的演变与社会生产力的发展、教育水平、经济发展水平和文化环境密不可分。我国经济经历了一个高速发展的过程，教育普及程度也越来越高，随着消费环境的变化，人们逐渐淡化了以实用主义为主的消费观念，取而代之的是更加注重消费的效益、时间的节约以及消费能够带来的精神满足。这使得消费者愿意去购买价高质优的产品，并且增加了教育娱乐等发展享受性支出，年轻一代在消费方面更为超前，存款的观念逐渐被淡化，消费观念的转变必然会带来消费结构的升级。

第四节　中国消费升级的制约因素

我国消费升级的成长空间其实仍然是很大的，但是过去的需求侧管理忽略了消费成长的供给侧约束（沈坤荣、刘东皇，2016），而目前供给侧主要存在的问题就是不能满足消费者需求，存在供给不足的现象；消费环境也影响了我国的消费升级，目前我国的消费法制建设还不健全，也缺乏完善的市场监管与消费者权益保护机制；并且收入分层和人口的金字塔结构使得财富主要集中在高收入人群中，而数量较大的中低收入人群消费主要还是以生存性消费为主（张翼，2016），从而影响了我国整体的消费结构升级。

一、产品供给不足，对需求侧响应不够

（一）公共产品供给不足

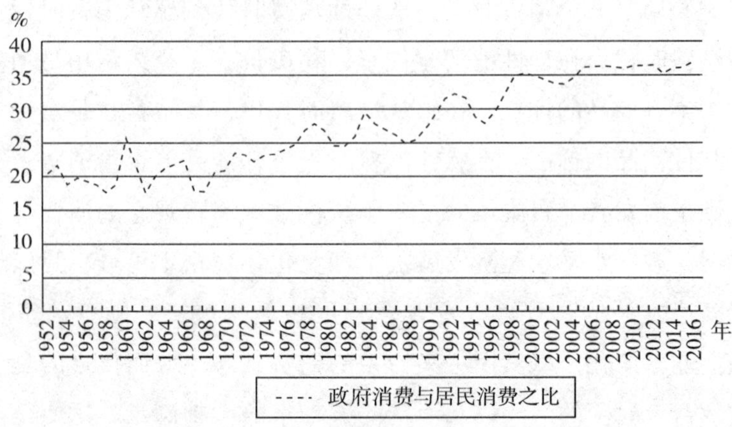

图 4－11　1952—2017 年中国政府消费与居民消费之比

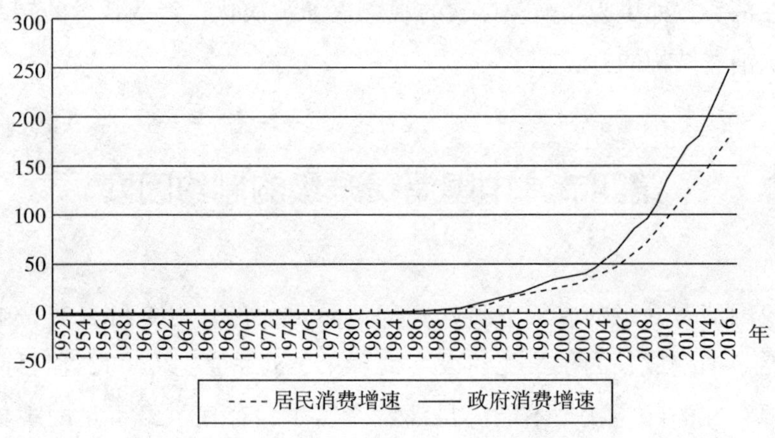

图 4－12　1952—2017 年政府消费与居民消费增速

注：图中增速计算以 1978 年为基期。

政府消费与居民消费共同构成了我国的社会消费，新中国成立 70 年以来，政府消费与居民消费都处于不断增长的状态，不仅如此，从图 4－11 来看，政府消费与居民消费之比还在持续上升，而图 4－12 则显示出政府

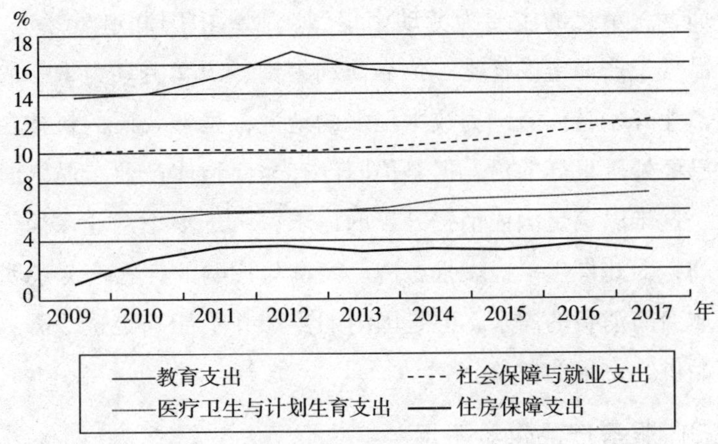

图 4－13 2009—2017 年中国各主要公共产品支出占财政支出之比

资料来源：历年《中国统计年鉴》与《新中国 60 年统计资料汇编》。

消费的增速一直高于居民消费，社会财富额是有限的，长期的高政府消费会在一定程度上挤压居民消费支出。但是对于政府消费用于公共产品来讲，则可以提高居民的消费支出。从消费理论上讲，居民会出于预防性动机而进行储蓄，预防性是出于对未来的不确定性，而政府则是社会保障品的提供者，政府公共产品提供得越多，这种不确定性就会越弱，政府对于公共品的提供还会影响居民对未来的预期，从我国现有情况来看，对于教育、医疗、养老以及住房方面的供给不足难以解决居民的后顾之忧，发达国家的社会保障支出占财政支出比重一般在 30% ~50%，而图 4－13 显示出我国的社会保障与就业支出近十年来一直处于 9% ~13%，虽然总体处于上升态势，但是与发达国家相比仍然有较大差距，其他几种主要公共物品如教育、医疗等占财政支出的比重也不高，存在公共产品供给不足的现象。并且我国社会保障制度还不够健全，地区之间差异较大，贫富差距也仍然在警戒线以上，从而导致居民的预防性动机较强，不敢把当前的大部分收入用于消费。

（二）中高端产品供给不足

从全球来看，工业的发展存在着转移，在对外开放初期，就我国的比较优势而言，承接的主要为劳动密集型产业，中国制造虽然走向了世界，但是产品处于产业链的低端，依靠薄利多销、出卖劳动力来获取财富。目前这些产业开始转向劳动力成本更低的地区，虽然我国的科技在进步，某些技术已经处于世界前沿，但是仍旧没有改变整体产业布局依旧较为低端的现状，这难以满足国内消费升级的需求，由于本土产业保护等原因，关税也较高，因此催生了一大批海淘。海淘与代购的存在充分说明了国内有对高品质商品消费的需求，但是国内的生产并不能满足这一需求，存在中高端产品供给不足的现象。

（三）服务产品供给不足

我国的产业结构一直以来都存在不合理的现象，改革开放以来，第二产业快速发展，工业和进出口成为国民经济的主要推动力。但是服务业的发展一直较为滞后，服务业增加值占 GDP 的比重在 50% 左右，而发达国家的比例高达 70%，服务经济发展的滞后导致服务产品供给不足，因此经常会出现假期出游“排队两小时、游玩五分钟”的情况。居民收入及消费观念的转变增加了居民对诸如教育、医疗、养老、旅游及文化等服务产品的需求，虽然国家提出要大力发展服务业，但是就目前的情况而言，服务产品仍旧处于一种供给不足的状态。

二、消费环境不良

（一）供给市场秩序混乱

良好的市场秩序有利于培养消费的成长，但是我国当前的诚信机制尚不完善，法制机制监管也有疏漏，从而导致假冒伪劣产品层出不穷，山寨品充斥市场，更恶劣的是近些年来诸如食品、药品疫苗等事件的发生，严重打击了消费者对国内市场的信心。不仅如此，虚假广告大量存在，价格欺诈时有发生，格式化的条款也使得消费者处于弱势地位，并且消费者缺乏有效的投诉维权机制，常常面临举证难、鉴定难和解决难的问题。不良的消费环境抑制了国内的消费需求，并且使民间形成了一种“进口品质量奇佳”的错觉，这些都影响了我国居民的消费升级。

（二）缺乏完善的消费者权益保护机制与市场监管机制

政府的职能之一是维护社会秩序，市场秩序也包含在内，建立一个讲诚信、值得信赖的市场机制是政府应尽的义务，然而从目前来看，我国还是缺乏完善的消费者权益保护机制与市场监管机制。市场监管机制是提供良好消费环境的前端保障，市场监管缺位会导致假冒伪劣品进入市场，在危害消费者权益的同时有可能还会造成“劣币驱逐良币”的现象。而消费者权益保护机制则是一个重要的事后维权手段，不能很好地维护消费者权益就是对不法商家的纵容。这两者的缺位都会削弱消费者的消费信心，从而影响消费升级。

三、收入差距与人口结构的影响

（一）收入分配的金字塔结构

图 4－14 由 CFPS 数据整理计算得出，发展、享受性支出包括居民生活用品及服务支出、交通通信支出、教育文化娱乐支出、医疗保健支出，以及其他服务支出，2012 年的统计指标有所不同，所以和其他两年相比不

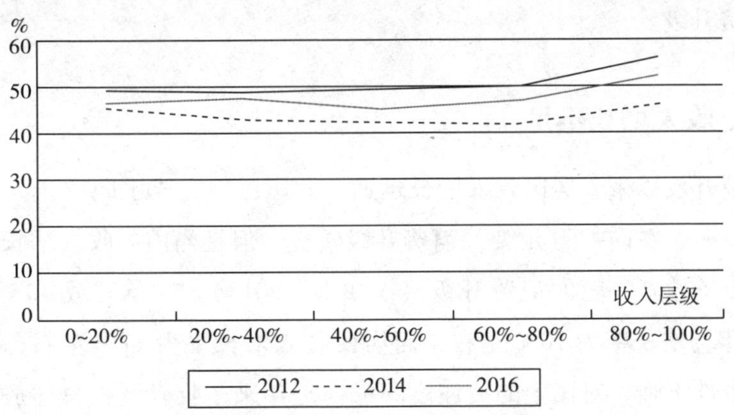

图 4－14　2012—2016 年各收入层级发展享受性支出占比

资料来源：中国家庭追踪调查（CFPS）数据。

具有可比性，2014 年与 2016 年的统计指标是一致的，2016 年各个收入阶层的发展、享受型支出占比均高于 2016 年。但从每一年份内部横向对比来看，发展、享受性支出占消费支出的比重与收入成正相关。如果收入分配为倒三角形或者橄榄形，那么居民整体的发展、享受性支出占比就会更大，这也意味着消费升级更充分，但我国目前的收入分配格局为正三角形，低收入群体过多，中等收入群体不足，因此，收入分配的金字塔结构阻碍了消费升级的进一步发展。

（二）高收入差距的影响

根据凯恩斯的消费理论，居民的边际消费倾向随着收入的增加会呈现出递减趋势，这意味着高收入者的边际消费倾向低，而低收入者的边际消费倾向高，如果能够缩小贫富差距，用财政配套措施均贫富就可以增加低收入者的收入，从而带来消费量的增加，促进消费升级。中国的贫富差距自改革开放以来逐步拉大，2008 年以后开始出现小幅度下降，不过基尼系数仍然在 0.45 以上，超过了合理限度。2015 年国家卫生计生委公布的《中国家庭发展报告》中显示，收入最高的 20% 家庭的收入是收入最低的 20% 家庭的 19 倍，并且存在地区差距、行业差距、城乡内部收入差距扩大的趋势。财富集中在少数人手中，阻碍了低收入群体消费潜力的释放，影响了消费升级。

四、收入增长不足

改革开放以来，居民收入增长迅速，我国已经完成了向“千元级”消费的转变，正在向“万元级”消费升级转变。但是当前的收入增长状况已经不足以支撑新一轮的消费升级（黄卫挺，2013）。改革开放 40 多年来，GDP 的年均增长率为 10% 左右，而居民收入增长率为 11% 左右，经济增长的包容性不强，对民生的关注度不够。近年来，收入增长总体放缓，城镇居民的收入增长速度落后于 GDP 增速，而农村居民的经济增长速度则高于 GDP 增速。城镇居民是消费向万元级消费转变的主要生力军，但是目前的收入增加却难以支撑这种转变；农村居民收入虽然快速增长，但是农村消费占居民消费总量的比例并不高，因此，靠农村居民的消费升级难以改变目前消费升级速度减缓的趋势。

第五节　中国消费升级的路径选择

中国已从“需求决定型”转变为“供给决定型”经济，优化消费结构能对经济发展起到重要的基础性作用，这不仅有利于生产和消费等国民经济重大比例关系的优化，更能带动经济转型升级，促进经济平稳、健康发展。因此，我们从外部驱动和内部驱动两个角度综合考虑，提出以下 5 个促进消费升级的建议，以实现消费结构的不断优化、消费市场的稳步升温，从而促进当今社会主要矛盾的解决，实现更加平衡和充分的发展，从而更好地满足人民对美好生活的需要。

一、增加服务型公共产品供给，缓解供需失衡

服务型公共产品供给的提高，是满足居民日益增长的消费需求，适应和引领居民消费升级的着力点。加快消除服务领域体制机制障碍，是激发社会资本和企业增加产品与服务供给积极性、主动性的有效措施。一方面，要完善财政转移支付制度，积极改善民生。健全、有效的实施机制是避免有法不依与行政权力错位的重要保障，确保均衡性转移支付资金重点用于调整工资、保障基本公共服务等支出需求，推进无形公共产品的高质量供给，对涉及基本公共服务、更应注重分配环节的“普惠性”及区域“均衡性”，提高资金使用绩效，逐步实现基本公共服务均等化。另一方面，深化文娱机制改革。随着文娱传播渠道向移动互联网的转移，文娱内容形式也在发生变化。应加快发展数字出版等新兴数字内容产业，不断丰富多元化 IP 内容供应端。在强调内容平台自制能力的基础上，打造平台差异化内容，支持邮轮、游艇、自驾车、旅居车、通用航空等消费大众化发

展，加强相关公共配套基础设施建设。健全文化、互联网等领域分类开放制度体系。开展全域旅游示范区创建工作。推动主题公园规范发展。健全文物合法流通交易体制机制。

二、营造优质的消费市场监管环境，保障消费者权益

消费环境建设具有系统性、综合性和长期性的特征，建立健全信用体系和消费者权益保护机制、优化消费环境，能有效防范市场风险，优化商品供给的边际效用，促进居民消费健康发展。一方面，加强跨区域跨行业信用信息共享机制建设。我国应依托云计算，打破“数据孤岛”，搭建信用信息互通的大数据系统。主要在于开展消费投诉信息公示，以及公共信用信息“一站式”查询服务和消费预警提示等工作，并提供公共信用信息查询和报告下载等服务，企业信用信息向各地区各行业公开，督促经营者诚信经营，保障民众的合法权益。另一方面，完善电子商务网上平台消费评价体系。消费维权工作，是服务消费者、促进经济发展、维护社会稳定的重要体现。电子商务平台应根植消费者，服务消费者，电子商务平台应加强风险预警和快速反应监管体系建设，完善消费者评价体系建设。同时，构建责任追究和“打假”的反向惩戒机制，提高惩处力度，若存在“炒信”行为，应根据情节严重程度，从准入限制和法律责任上让失信者承担责任，保障消费者权益。

三、深化供给侧结构性改革，满足消费者的多样化需求

供给侧结构性改革的出发点是提高供给质量，扩大有效供给，更好地满足广大人民群众的需要，从而促进经济社会持续、健康发展。产品质量是专业化生产的关键特征和特性，提高产品质量是满足人们对高质量产品日益增长需要的重要举措。一方面，要建立政府与市场协同配套的质量管理标准体系。在政府主导标准与企业自主制定标准之间应协调发展，鼓励各行业结合行业特点，推动质量管理通用要求与行业特殊要求相结合，积

极开发应用新型质量管理工具，并以示范企业建设为载体，充分发挥其示范引领作用，推广质量管理先进行业及企业的成功经验，对企业实施正向激励。此外，全面实施企业产品、服务的功能指标和产品的性能指标公开与监督，落实企业标准化主体责任，提升企业高质量竞争力。另一方面，推动中西部地区的企业创新发展。中西部企业创新和东部沿海地区差距较大，因此，中西部地区应以中心城市为载体，充分应用大数据、“互联网+”的创新工具，面向电子信息、装备制造、新型材料、食品制造、康复设备等领域的转型升级和创新发展需求，通过聚集分散资源，开展关键共性技术开发，推动开放共享，促进技术成果转化，实现供需精准匹配。

四、深化收入分配改革，推动居民收入持续增长

收入作为消费的前提，改善收入分配是消费结构升级的真正着力点。根据本章所得的结论，要优化消费结构升级应重点改善中低收入人群收入分配结构。一方面，对于中等收入群体，应主要通过推进结构性减税增加其可支配收入，现已推行的个人所得税改革就是结构性减税的体现。为保证改革的平稳推进，相关政府应做好个税改革的相关配套工作，如个税改革与年终奖的衔接问题，社会保险费和非税收入职责划转，政策辅导、软件操作、安全监测和隐私保护等工作，降低消费成本，减轻居民消费压力，增加购买力。另一方面，对于低收入群体，应主要通过转移支付增加其可支配收入。具体主要是推行并落实专向转移支付，尤其是在教育和就业方面的转移支付。政府应将就业状况或教育状况与均衡性转移支付相挂钩，将就业或教育保障支出纳入均衡性转移支付标准支出测算范围，对于就业或教育状况良好的地区，增加其均衡性转移支付规模；对于就业或教育状况完成不好的地区，减少其均衡性转移支付规模。通过上述措施加快低收入人群收入的增长。

第五章　中国基础设施投资的政治经济学分析

第一节　新中国70年投资发展的演变历程及其阶段性特征

投资作为宏观经济运行中的一种流量，可以作为总需求的一部分直接进入国民收入的核算当中。政府主导下的大规模投资通常用于改变有效需求不足的困境，刺激经济增长，达到扭转经济危机的目的。而在中国宏观发展的政治经济学框架中，政府驱动的基础设施投资除了被用作拉动经济增长的强大引擎，还成为政府干预经济的重要途径。政府可以通过行业或地区指向的基础设施投资，来推进产业结构的升级或是实现生产力空间布局的改变。

新中国成立之初，为了快速实现由农业国向工业国的转变以及突破资本主义国家的封锁，新生的中国政府集中了大量的财力、物力和人力，在工业、国防和交通运输领域进行了大量投资，奠定了中国工业化和现代化的坚实基础。而在改革开放之后，由政府主导的大规模基础设施投资逐渐成为中国应对经济危机、刺激经济增长和促进区域协调发展的重要手段，也是中国经济发展过程中的一大特色。2017年我国全社会固定资产投资额达到了641238亿元，占GDP的比重从2000年的32.8%上升到了77.5%，数额巨大的投资已经成为中国经济长期稳定增长的动力源泉和应对经济危机的重要举措，中国的经济格局也因此发生了深刻的变化。在当前经济发展方式变革的大背景下，对新中国成立70年来的投资发展演变历程进行把握，有助于政府继续制定合理的投资政策，实现经济发展的创新、协调、绿色、开放、共享。

一、改革开放前中国经济发展中的投资

（一）“一五”计划：以工业化为导向的大规模建设

1955年7月，全国人大一届二次会议审议通过了由党中央直接领导，周恩来、陈云同志主持制定的“一五”计划（1953—1957年）。“一五”计划期间，国家对经济和文教部门的基本建设投资计划额为427.4亿元，其中工业部门的基本建设投资额达到248.5亿元，占计划投资总额的58.2%。而在工业部门的基本建设资金中，投向轻工业部门的资金仅仅占到2.6%，大部分资金被用于重工业、机械工业和燃料工业部门的建设当中，交通运输和邮电部门的基本建设投资额达82.1亿元，占计划投资总额的19.2%（见图5-1）。

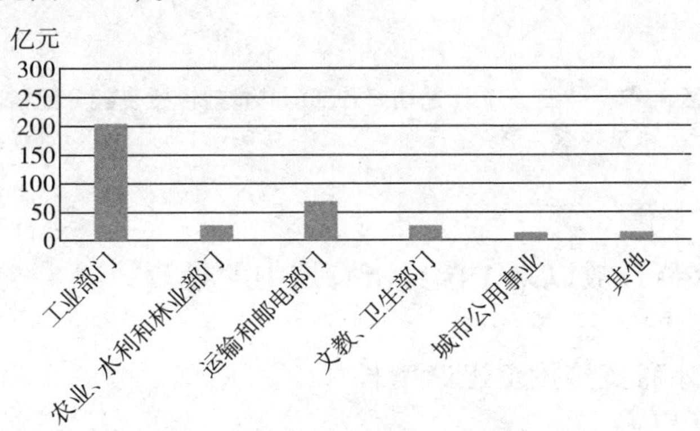

图5-1　“一五”计划期间各部门基本建设投资额分配情况

资料来源：根据《中华人民共和国发展国民经济的第一个五年计划》整理。

“一五”计划的顺利完成，使中国建立起了包括飞机、汽车、发电设备、重型机器、新式机床等在内的一系列基础性工业部门。到1957年年底，全国铁路通车里程达到29862千米，比1952年增加22%。5年内，新建铁路33条，恢复铁路3条，新建、修复铁路干线、复线、支线共约1万千米。到

1957 年年底，全国公路通车里程达到 25 万千米，比 1952 年增加了 1 倍。

（二）“三线建设”：投资布局的西进

1964—1980 年，中国政府在中西部地区的 13 个省、自治区进行了一场以战备为指导思想的大规模国防、科技、工业和交通基本设施建设（见图 5-1）。在贯穿了三个五年计划的 16 年中，国家在三线地区投入了占同期全国基本建设总投资 40%多的 2052.68 亿元巨资，集中了近 400 万人力，建起了 1100 多个大中型工矿企业、科研单位和大专院校，修筑了连接西南的川黔、成昆、贵昆、襄渝、湘黔等重要干线，建设了攀枝花、酒泉、武汉、包头、太原五大钢铁基地，为中国中西部地区工业化做出了极大的贡献。

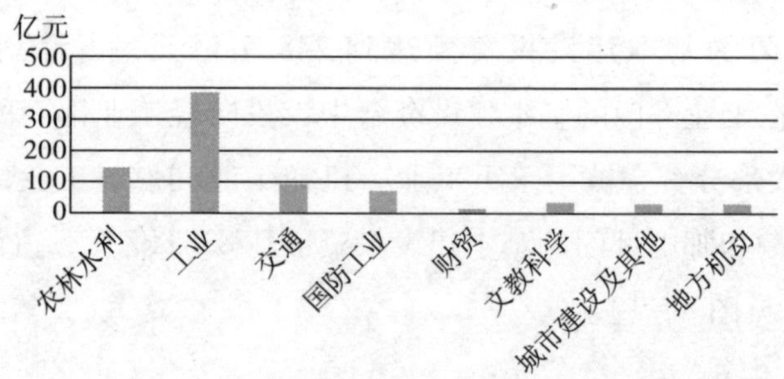

图 5-2 “三五”计划期间各部门基本建设投资额分配情况

资料来源：根据《中共中央关于印发第三个五年计划的三个文件的通知》整理。

二、改革开放以来中国经济发展中的投资

（一）外商直接投资迅速增长

1979 年 7 月 1 日，第五届全国人民代表大会第二次会议通过了《中华人民共和国中外合资经营企业法》，使外商直接投资开始在中国拥有合法地位。1979 年，党中央、国务院在深圳、珠海、厦门、汕头试办经济特区，赋予其在对外经济活动方面的特殊权利，由此，经济特区成为中国引进外资、吸收国外先进技术的“试验田”。1984 年，中国又进一步开放了 14 个沿海开放城市，并于 1986 年出台了《国务院关于鼓励外商投资的规

定》，给予外资企业多方面的优惠。随着中国改革开放进程的深入，外商在中国的投资也进入了第一次增长的高峰。

外商直接投资在中国的第二次增长高峰出现在中国加入 WTO 之后。在这一阶段，利用外资政策法规实现了由“优惠政策”到“国民待遇”的根本性转变。中国在 2001 年之后逐步取消并修正了一些不符合 WTO 规则的法规政策，并且扩大了外资企业的准入领域，外商独资经营超过了合资经营，成为外商在华直接投资的主要形式（赵家章，2011）。

截至 2016 年，外商在华直接投资的数量已经达到了 1260.01 亿美元。外资的引入有效地缓解了中国在改革开放初期所面临的资本不足的局面，同时推动了从计划经济向社会主义市场经济转轨的进程，对于市场机制的引入、竞争意识的形成以及劳动力素质的提高起到了积极作用。

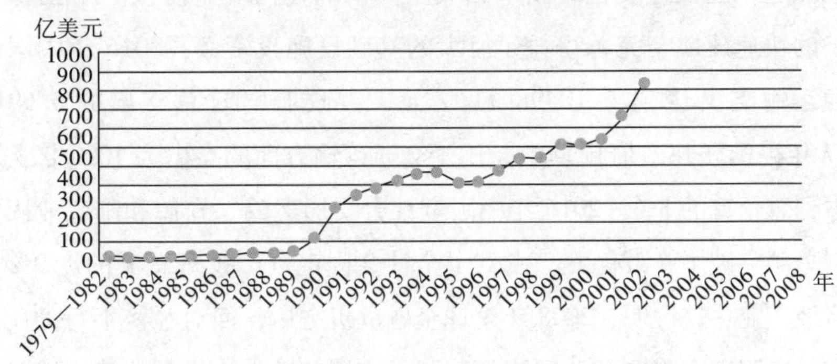

图 5－3　1979—2008 年外商直接投资总额变化情况

资料来源：《新中国 60 年统计资料汇编》。

（二）政府主导的基础设施投资发挥了重要作用

进入 21 世纪以来，尤其是 2008 年世界金融危机之后，中国政府十分重视基础设施方面的投资。以公路、铁路、机场、天然气管道、电网、通信等基础设施建设为重点的“西部大开发”战略帮助中国度过了 1998 年亚洲金融危机，保持了经济的高速增长，同时也加快了西部地区发展的步伐。而在 2008 年全球金融危机之后，中国政府出台了“四万亿计划”，以期通过基础设施、民生工程、生态环境建设和灾后重建来扩大内需，维持经济平稳较快增长，其中，投向重大基础设施建设和农村基础设施建设的资金接近2万亿元。

2013年9月和10月，习近平主席提出建设“新丝绸之路经济带”和“21世纪海上丝绸之路”的合作倡议，希望借此继续推进基础设施建设，加强与周边国家的产能合作与发展战略对接，让中国制造的基础设施走向世界。2016年7月，国家发展改革委、交通运输部、中国铁路总公司联合发布了《中长期铁路网规划》，提出了建设“八纵八横”高速铁路网的蓝图，高铁作为基础设施的代表，将继续为中国经济协调、快速发展做出贡献。

图5-4和图5-5给出了1949年新中国成立以来，中国主要交通基础设施存量的变动情况。不难发现，21世纪之后，中国的各项基础设施建设突飞猛进，建设速度超过新中国成立以来的任何一个阶段。中国基础设施网络的快速建成与完善得益于巨大的基础设施投资额：2016年中国政府的交通运输支出达到了10498.71亿元，占政府财政总支出的5.59%，而2017年美国联邦政府预算中，用于交通运输方面的支出为1090亿美元，仅仅占到总预算的3%。2016年中国全社会交通运输、仓储和邮政业固定资产投资总额突破了5万亿元，占到了全社会固定资产投资总额的近9%，仅次于房地产业。这说明，2008年全球金融危机之后，面对经济下行的压力，中国在一定程度上采取了“适当超前”的交通基础设施投资战略，以稳定经济的运行，交通运输支出占总财政支出的比重快速攀升（李茜，2005）。

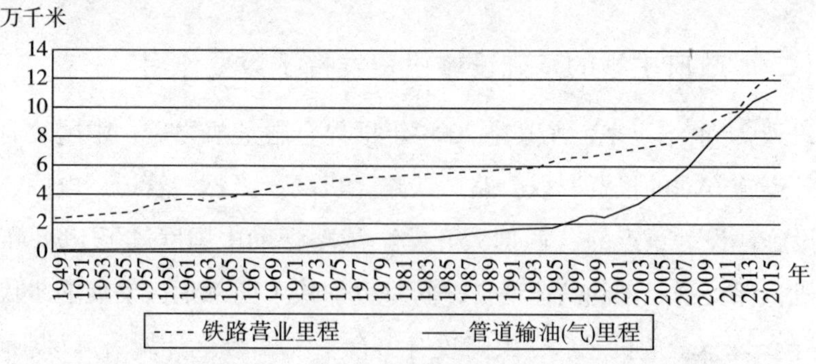

图5-4　1949—2015年中国铁路营业里程和运输管道里程变化

资料来源：国家统计局统计年鉴（2008—2017）及《新中国60年统计资料汇编》。

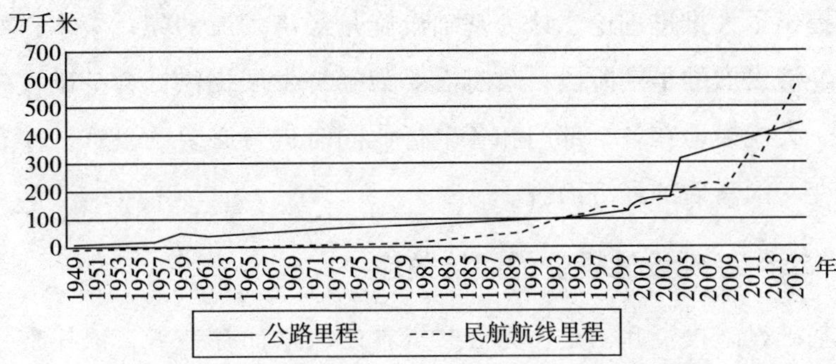

图 5－5　1949—2015 年全国公路和民航航线里程的变化

资料来源：国家统计局统计年鉴（2008—2017）及《新中国 60 年统计资料汇编》。

第二节　基础设施投资影响经济发展的政治经济学分析

一、基础设施投资的增长效应

（一）直接拉动和前提条件

基础设施是用于保证国家或地区社会经济活动正常进行的公共服务系统，交通基础设施是其中的重要组成部分。凯恩斯在其 1936 年出版的《就业、利息与货币通论》一书中，以有效需求不足为依据，呼吁政府干预经济，扭转经济危机，基础设施投资作为政府支出的重要组成部分开始进入理论研究的视野。凯恩斯的思想经过后世经济学家的发展，实现了"政策化"：在经济疲软时期增加财政支出，甚至不惜扩大财政赤字，以此来弥补有效需求的不足，实现充分就业，最终消除经济危机。基础设施投资作为国民经济核算中的一种流量，可以依托乘数效应成倍地带动社会总需求进而提高国民收入，刺激经济增长，这一特性使得基础设施投资成为直接拉动国民经济增长的重要手段。

此外，一部分早期发展经济学家从存量的角度出发，将基础设施视作公共财富的组成部分以及经济发展的前提条件：Rosenstein Rodan（1943）

最早提出了大推进理论，认为基础设施是经济发展的先行资本；罗斯托认为在经济发展的早期阶段，政府需要为经济发展提供社会基础设施，只有广泛、大规模地在各个部门和各个行业同时进行必要的投资，才有可能迅速改变一国落后的经济面貌。

（二）基础设施投资的间接效应

基础设施投资起初是作为公共资本的流量而存在着，依托乘数效应刺激国民经济的增长。基础设施投资在完成之后，其性质从流量转变为公共资本的存量，最终成为经济活动中一种特殊的投入要素。基础设施作为生产要素，有着改善区域可达性、提高其他要素流通速度以及优化资源配置的作用，这些外部性使得基础设施可以通过多种间接路径来促进经济发展。

首先，基础设施投资对于全要素生产率（TFP）的提高有促进作用。交通基础设施可以起到“润滑剂”的作用，减少要素在流通过程中的阻力，促进技术的传播，最终提高经济体的生产效率。刘生龙和胡鞍钢（2010）证明，交通基础设施和信息基础设施对中国的经济增长有显著的正外部性，具体表现为两者对中国的TFP有着显著的正向促进作用；刘秉镰（2010）经测算得到，2001—2007年，铁路和公路基础设施存量的增加共带动中国的全要素生产率增长了11.075%，占TFP整体增幅的59.100%，对经济增长的贡献份额达20.200%。

其次，基础设施投资可以降低企业在各方面的成本。张光南等（2010）基于27个制造业行业的企业数据，发现基础设施投资能显著降低11个制造业行业企业的平均生产成本；Nadiri和Mamuneas（1994）基于美国制造业行业的数据，证明基础设施改善能显著降低大部分行业的平均生产成本。张光南和宋冉（2013）进一步发现，交通基础设施投资通过降低劳动力流动成本，使厂商通过劳动密集生产技术逐步减少中间品投入和替代资本密集技术，降低了生产成本。除此之外，交通基础设施投资缩短了货物的运输时间，使得企业可以缩短采购库存的提前期，降低企业的平均库存水平（李涵、唐丽森，2015）。李涵和黎志刚（2009）发现，在给定其他因素不变的情况下，高速公路存量每增加 1% 将可以使企业降低约 0.07% 的库存占用资金；刘秉镰和刘玉海（2011）测算得到，公路路网密度和铁路路网密度每提高 1.00%，则制造业企业原材料库存成本将分别下降约 0.13% 和 0.04%。

再次，基础设施建设有利于加速资源的跨区域流动，加快不同区域间的市场整合。在中国，基础设施建设有利于实现本地交通的便利性、通信网络的便捷性，降低运输成本，这将有利于地方政府有动力降低本地市场准入门槛，进而推动市场一体化进程（范欣等，2017）。张天华等（2018）发现，高速公路建设总体上提高了制造业企业的全要素生产率和新企业进入市场的概率，但同时减少了在位企业退出市场的概率；刘生龙和胡鞍钢（2011）证明，交通基础设施投资有助于降低贸易的边界效应，促进了省际的贸易往来，对促进区域经济一体化产生了积极影响。

最后，基础设施的完善会带来人力资本与优质产业的不断聚集，而产业集聚有利于技术创新和要素的优化配置，促进产业转型升级。产业的发展又会带来地方财富增加，为政府建设良好的基础设施奠定了基础，这一过程循环累积，使得产业结构持续演进升级（吴福象、沈浩平，2013）。董艳梅和朱英明（2016）的研究结果证实，高铁建设显著降低了高铁城市的第一产业就业水平，提升了第二产业和第三产业的就业水平，特别是其中的消费性行业和高附加值行业；李勇刚和王猛（2015）发现，在中国西部地区，交通基础设施状况对产业结构服务化有着显著的支撑和促进作用。

（三）空间溢出效应

2008 年以后，以 Krugman 为代表的一批经济学家将空间维度引入经济学，基础设施的空间溢出效应开始被重视。交通基础设施具有很强的跨区域网络性，一个地区的交通设施不仅会作用于本地的经济活动，也会通过交通网络对周边地区的经济活动产生跨地区影响，即产生空间溢出效应（李涵、唐丽森，2015）。如果不考虑空间溢出效应，则可能会高估交通基础设施对本地区经济增长的推动作用（张学良，2012）。刘勇（2010）的研究发现，公路水运交通具有明显的正向空间溢出效应，外地公路水运固定资本存量对 GDP 的弹性为 0.084，说明外地交通基础设施的增加有助于本区域的经济增长。胡鞍钢和刘生龙（2009）的测算证明，1985—2006 年中国交通运输投资所带来的 GDP 增加平均每年为 248 亿元，其中的 196 亿元来自交通运输投资的直接贡献，另外 52 亿元则来自交通运输的溢出效应。刘生龙和郑世林（2013）则指出，相邻省份的交通基础设施改善对本地的经济增长也产生了显著的正向影响，但交通基础设施的本地效应远远超过跨区域的溢出效应。

Aschauer（1989）和其他一些学者曾测算过基础设施的产出弹性，但是过高的测算结果在学术界引起了广泛的争议，未考虑基础设施的空间溢出效应可能是导致早期研究测得的产出弹性偏高的一个原因。

二、基础设施投资的协调效应

20 世纪 70 年代以后，越来越多的经济学家不再将经济增长等同于经济发展，公平作为一个非常重要的指标被纳入经济发展水平的考核体系中。因此，基础设施投资对于经济发展的协调性和公平性的深刻影响也不容忽视。

（一）对区域发展差距的影响

由于基础设施在经济增长中发挥的重要作用，地区间倾斜性的基础设施建设既成为区域发展不平衡的一个根源，也可以是缩小区域间发展不平衡的重要政策性工具（李平等，2011）。中国基础设施水平和经济增长水平都存在着较大的区域差异，且这两种差异在很大程度上是吻合的（李泊溪、刘德顺，1995）。刘生龙等（2009）证实，“西部大开发”使得西部地区的经济增长速度相比于中东部地区的经济增长速度提高了约 1.5 个百分点，而这主要是通过西部地区的交通基础设施投资和资本存量的改善实现的。从增长分解的结果来看，以基础设施投入为主体的“西部大开发”

战略使 2004 年之后中国的区域经济表现出较强的收敛特征（刘生龙、胡鞍钢，2010）。

基础设施还会促进经济活动的聚集，产生区域发展的极化效应，从而扩大区域发展差距。Boarnet（1998）认为本地基础设施建设有可能会吸引其他地区的产业，因此，基础设施建设会带来负溢出效应，扩大区域发展差距。Roger Vickerman（1997）发现欧洲高铁建设使得经济活动逐渐聚集到大城市中，并且中心城市更有效率的企业会利用基础设施去扩大自己的市场，以边缘地区较落后企业为代价实现自身的发展。王雨飞、倪鹏飞（2016）也指出，如果非中心城市拥有一定规模的资本存量，运输成本的下降并不会加速中心城市对其要素的集聚和剥夺；反之，在资本存量基础薄弱的情况下，城市会面临被中心城市掠夺资源的危险。交通基础设施与收入差距带来的合力，使得劳动力流动不但是乡—城流动、农—工流动，而且是人口从落后贫穷地区流向发达富裕省份（马伟等，2012）。张学良（2012）的研究证实，区域间交通基础设施的发展降低了劳动力流动的运输成本，致使落后地区包括劳动力与人力资本在内的各种生产要素更快地流向外地发达地区。

也有学者指出，交通基础设施的出现将有助于加速经济活动从发达地区扩散到落后地区，缩小区域发展差距。李红昌等指出（2017），由于中心城市对周边城市经济的影响是由高梯度地区逐级向低梯度地区转移的，高速铁路开通使得地区之间的交流更加便利，有助于实现经济集聚梯度效应，突出城市的产业优势，实现城市分工的专业化，从而推进区域经济协调发展。宋文杰等（2015）发现高速铁路建设有利于打破区域内部的行政壁垒，起到缓和区域竞争与促进区域合作的双重作用，使得内陆中小城市与大城市在产业转移中表现出分工合作、均衡发展的趋势。王春杨等（2018）指出，对于一体化程度较低的城市群，高铁的建设带来的集聚效应会大于扩散效应；对于一体化程度较高的城市群，高铁建设带来的扩散效应可能会大于集聚效应。高铁建设在长三角和珠三角地区促进了人口与经济扩散，在长江中游城市群和成渝城市群则促进了人口和经济集聚。

（二）对城乡发展差距的影响

首先，交通基础设施的完善使城乡之间的劳动力流动更加容易。根据Lewis的二元经济模型，现代部门的工资水平要明显高于以农业为代表的传统部门，因此会吸引农村劳动力的不断转移，但是传统的二元经济结构模型没有充分考虑到基础设施的作用。刘晓光等（2015）指出，基础设施水平提高能够有效促进农业劳动力向非农部门转移，从而提高农业部门的边际劳动生产率和农村居民收入，进而缩小城乡收入差距。骆永明（2010）的测算发现，城乡外部基础设施差距越小，农民获取工资性收入的机会越大，即农村道路、通信和环保基础设施的发展为农民获取工资性收入提供了良好的条件。

其次，交通基础设施的完善推动了农村地区与城市地区的市场一体化。农村交通基础设施的发展使农副产品更为方便快捷地运出，农副产品的潜在市场得以扩大，降低了交易成本和不确定性，有助于提高农村居民的收入水平（罗能生、彭郁，2016）。交通基础设施投资带来的城乡市场融合还可以促进农村地区的分工和专业化生产，使得城市制造业聚集效应带来的收益能被农村地区分享，最终使城乡收入差距减小（刘冲等，2017）。

最后，交通基础设施逐步完善后，城市资本和技术人员可以更为方便地进出农村，对农村生产提供技术指导，这有助于农业部门提高劳动生产率，农村居民的收入也会随之提高，最终使得城乡收入差距减小（罗能生、彭郁，2016）。

第三节　中国经济发展中基础设施投资的现状分析

一、基础设施供给仍不平衡、不充分

党的十九大报告中指出，随着中国特色社会主义进入新时代，社会主要矛盾已经转变为人民日益增长的美好生活需要和不平衡不充分的发展之

间的矛盾。在基础设施投资领域，类似的矛盾同样存在。基础设施投资作为经济活动中的一种流量，需要一定的时间来形成存量的积累。虽然近年来中国政府大幅加快了基础设施投资的力度，但中国的基础设施存量水平与发达国家还存在着明显差距：2015 年中国按面积计算的铁路网密度约为 126.0 千米/万平方千米，低于美国的 248.2 千米/万平方千米、日本的 530.5 千米/万平方千米、德国的 948.2 千米/万平方千米、法国的 544.5 千米/万平方千米以及英国的 674.6 千米/万平方千米；而按人均计算的铁路网密度中国约为 0.8 千米/万人，低于美国的 7.4 千米/万人、日本的 1.6 千米/万人、德国的 4.1 千米/万人、法国的 4.6 千米/万人以及英国的 2.6 千米/万人。节假日频繁出现的运力紧张和道路拥挤等现象说明，我国在基础设施投资方面仍然有较大的发展空间和发展需求。

除基础设施供给不充分的问题外，中国当下的基础设施存量体现出东部地区显著高于西部地区、城市显著高于农村的不平衡分布态势。图 5－6 和图 5－7 展现了十年间东部、中部、西部和东北四大地理区域交通基础设施密度的变化情况。尽管四大区域的基础设施存量都有显著的增长，但是东部地区的公路铁路密度仍保持领先，中部地区紧随其后，东北地区次之，而西部地区的公路铁路密度最低，与其他地区差距明显。这种不平衡的基础设施布局不仅仅源于西部地区较为落后的经济发展水平，也和西部地区复杂的地理条件有关，复杂的地理环境使得基础设施建设难以开展。

图 5－8 则展现了我国的固定资产投资在城乡之间的分配情况。2010 年，我国全社会固定资产投资总额达到了 278121 亿元，其中城市固定资产投资额为 241430 亿元，接近农村固定资产投资额的 7 倍。1978 年改革开放以来，中国的固定资产投资规模迅速扩大，但是绝大多数的投资都集中于城市，农村地区固定资产投资额增长缓慢。这造成了中国广大的农村地区基础设施不完备，教育、医疗和交通条件明显落后于城市，不利于城乡发展差距的缩小，践行创新、协调、绿色、开放、共享的新发展理念任重而道远。

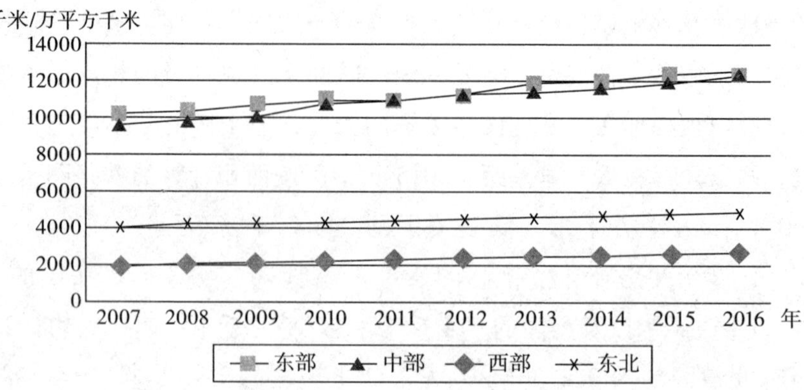

图 5-6　2007—2016 年中国四大区域公路密度变化

资料来源：根据国家统计局统计年鉴（2008—2017）数据整理。

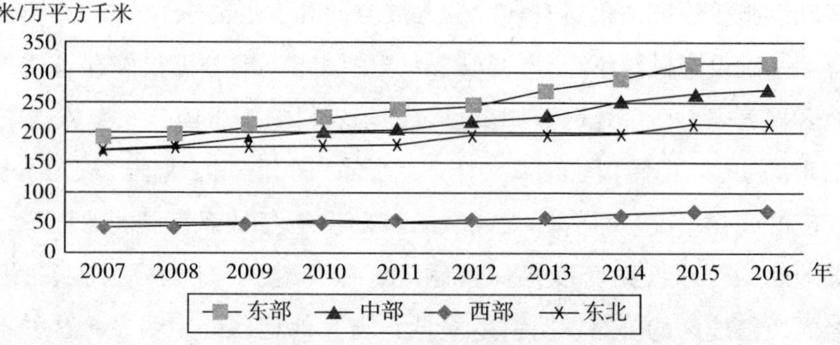

图 5-7　2007—2016 年中国四大区域铁路密度变化

资料来源：根据国家统计局统计年鉴（2008—2017）数据整理。

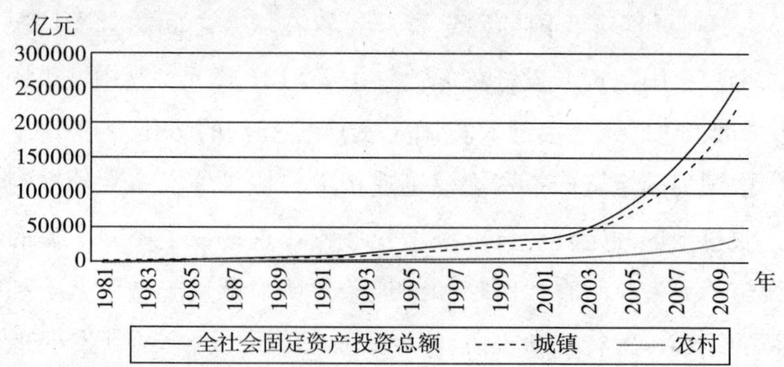

图 5-8　城乡固定资产投资总额变动情况

资料来源：根据《新中国 60 年统计资料汇编》整理。

二、交通基础设施投资来源呈多样性

表5－1展示了2016年按控股情况划分的交通运输业固定资产投资来源，显然各种不同类型的交通基础设施的投资来源呈现出多元化，并且私人资本参与的水平有显著差异。总体上看，尽管道路、水运、民航及管道运输的投资主体多元化程度要明显高于铁路运输业，但当前中国的交通基础设施投资仍显示出很强的国有资本主导特征，私人资本参与水平较低。这恰恰体现了社会主义市场经济的一个重要特点：在关系到国计民生的重要行业，国有资本要发挥主导作用。

表5－1　2016年按控股情况划分的全社会交通运输、仓储和邮政业固定资产投资

(%)

行业	国有控股	集体控股	私人控股
铁路运输业	97.48	0.27	1.77
道路运输业	86.85	1.82	8.30
水上运输业	65.04	3.67	23.64
航空运输业	77.91	0.91	9.97
管道运输业	71.72	3.31	18.65

资料来源：根据国家统计局统计年鉴（2017）数据整理。

公私合作模式（PPP）是指将社会资本引入公共基础设施建设或公共服务提供领域的重要模式，既可以解决公共服务的供给问题，也可以减轻政府部门的财政压力。近年来，中国的PPP模式取得了很大的进展，截至2018年11月30日，中国PPP入库项目已达8557个，总金额达128367.75亿元。其中，交通运输PPP项目有1230个，合计金额34893亿元，占总金额的28.4%。在所有的交通运输PPP项目中，公路项目合计580个，铁路项目仅为33个，这个结果进一步说明了铁路运输业投资中，社会资本的参与程度有待提高。表5－2展示了四大区域各自的PPP项目情况，可以发现西部地区的交通运输PPP项目数位列第一，符合西部地区发展“交通先行”的态势，有助于西部地区加快推进交通基础设施投资进程，同时更好地借助社会资本来弥补地方政府财力的不足。东北地区的PPP项目开展情况相对落后，可能是由于东北地区作为老工业基地，市场活力不足、市场机制不完善，导致社会资本参与度不高。未来利用 PPP 项目来完善东北地区的交通基础设施，将会有助于东北老工业基地的振兴。

表 5 -2　四大区域交通运输 PPP 项目情况

地区	PPP 项目总数	交通运输项目个数
全国	8557	1230
东部	2778	346
中部	2533	350
西部	2713	453
东北	362	55

资料来源：财政部全国 PPP 综合信息平台项目管理库［EB/OL］. http：//www. cpppc. org：8086/pppcentral/map/toPPPMap. do.

表 5 -3 展示了 2007—2016 年，按隶属关系来划分的交通运输、仓储和邮政业固定资产投资的资金来源。总体上看，来自中央的资金比较少，并且呈现出逐年下降的趋势，地方政府在交通基础设施投资上可能扮演着越来越重要的角色。

表 5 -3　按隶属关系划分的交通运输、仓储和邮政业固定资产投资变化情况

年份	总额/亿元	中央（%）	地方（%）
2007	12997. 1	23. 81	76. 19
2008	15700. 5	28. 94	71. 06
2009	23271. 3	29. 23	70. 77
2010	27883. 1	28. 34	71. 66
2011	27765. 9	22. 62	77. 38
2012	30881. 4	22. 03	77. 97
2013	36329. 4	20. 01	79. 99
2014	42889. 5	18. 52	81. 48
2015	48974. 8	16. 18	83. 82
2016	53628. 5	14. 46	85. 54

资料来源：根据国家统计局统计年鉴（2008—2017）数据整理。

表 5 -4 展示了 2016 年交通运输行业下属的各个行业中固定资产投资资金来源在中央与地方之间的比例状况。铁路作为跨区域联络能力比较强

的交通基础设施，建设成本高昂，并且有着明显的溢出效应，地方政府通常缺乏足够的统筹规划和建设能力，因此主要由中央政府负担；道路、水运和管道运输等交通基础设施投资主要由地方政府负责；在航空运输业的固定资产投资来源上，中央与地方的出资比例则比较接近。

表5－4　2016年按隶属关系划分的各交通运输行业固定资产投资　　（%）

行业	中央	地方
铁路运输业	72.60	27.40
道路运输业	2.29	97.71
水上运输业	9.85	90.16
航空运输业	40.79	59.21
管道运输业	26.23	73.77

资料来源：根据国家统计局统计年鉴（2017）数据整理。

表5－5展示了2016年中国交通运输行业固定资产投资的资金来源状况，不难发现，交通运输业固定资产投资最重要的来源是自筹资金，其次是国内贷款，然后是国家预算资金[①]。自筹资金比重相对较高可能是由于目前中国的融资渠道还不通畅，从事交通运输行业的普通企业很难获得商业银行和外资的青睐，因此只能通过自行筹款、自身资金积累等方式进行固定资产投资。政策性贷款和商业贷款是固定资产投资的另一大重要资金来源，但由于交通运输行业投资存在周期长、数额大且收益低的问题，商业贷款在交通基础设施项目中有逐步淡出的趋势（李茜，2005）。国家预算资金所占比重较低，并且波动非常明显，这主要是因为国家预算资金通常与有关政策相匹配，国家在交通运输行业的固定资产投资会随着政策方针的变化而变化，并且随着市场化进程的深入，政府的指令性功能在减弱，固定资产投资领域的主体将逐渐演变为市场化的个体（陈正其，2015）。此外，外资在中国的交通基础设施领域的参与度还比较低，一方面是因为

① 根据《中国统计年鉴》的说明，“国家预算资金”包括一般预算、政府性基金预算、国有资本经营预算和社保基金预算。“国内贷款”是指报告期内固定资产项目投资单位向银行及非银行金融机构借入的用于固定资产投资的各种国内借款。“自筹资金”是指固定资产投资单位在报告期收到的由各企、事业单位筹集的用于固定资产投资的资金。

交通基础设施投资项目获利能力比较低；另一方面是由于交通基础设施关系国计民生，政府部门出于安全考虑，也不会优先选择利用外资。但是，依据钱纳里的“两缺口模型”，吸引外资是发展中国家克服国内资本不足的重要手段，因此在未来的交通基础设施投资中，引进技术先进、资金充裕的国外资本是值得考虑的。

表 5－5　2016 年按资金来源划分的各交通运输行业固定资产投资

行业	实际到位资金小计/亿元	国家预算资金（%）	国内贷款（%）	利用外资（%）	自筹资金（%）	其他资金（%）
铁路运输业	7020.7	15.14	26.55	0.20	32.66	25.46
道路运输业	28515.3	22.68	21.91	0.17	44.48	10.75
水上运输业	1967.4	10.45	18.02	0.19	65.65	5.70
航空运输业	2156.7	13.92	34.32	0.00	44.04	7.71
管道运输业	287.5	7.97	9.63	0.21	79.13	3.06

资料来源：根据国家统计局统计年鉴（2017）数据整理。

三、以协调为导向的基础设施投资

与纯粹的市场机制相比，政府驱动下的基础设施投资的优势在于：大规模的基础设施建设既可以作为扩张型财政政策来刺激经济增长，还可以作为调控区域发展差距的一个手段。基础设施建设可以遵循两个原则：一是追求经济效率的最大化；二是追求地区发展的平衡。Brian A. Mikelbank 和 Randall W. Jackson（1999）证明了美国俄亥俄州基础设施投资的分配遵循的是公平原则，贫困率最高的县的人均基础设施投资额也最高。Norihiko Yamano 和 Toru Ohkaware（2000）发现，日本现行的公共投资的分配方式，使得经济落后地区获得了更多的投资，缩小了区域发展差距。图 5－9 展示了 2007—2016 年，中国四大区域的交通运输、仓储和邮政业固定资产人均投资额的变化趋势。不难发现，伴随着“西部大开发”项目的深入，西部地区的人均固定资产投资额快速增长、领先全国，中国的交通基础设施投资布局也体现出明显的追求地区间平衡的原则，符合创新、协调、绿色、开放、共享的新发展理念。

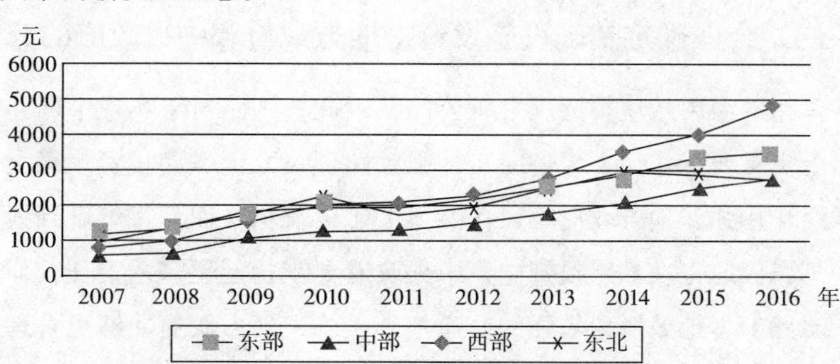

图 5-9　2007—2016 年按地区分交通运输、仓储和邮政业固定资产人均投资额变化情况

资料来源：根据国家统计局统计年鉴（2008—2017）数据整理。

第四节　政策建议

一、要继续加大对西部地区、农村地区的基础设施投资力度

我国当前的经济发展格局与基础设施供给的分布都呈现出明显的区域差异，并且这两种差异在空间上高度吻合：生产力较为落后的西部地区及农村地区，所拥有的基础设施存量也比较少。西部地区交通线路密度显著低于东部地区，而广大农村地区的交通、通信、电力和医疗等各项基础设施均大幅落后于城市，巨大的基础设施存量差距不利于各地区协调发展，不利于实现共同富裕。为践行创新、协调、绿色、开放、共享的新发展理念，有必要继续加大对西部地区和农村地区的基础设施投资力度，充分发挥政府在调控区域发展差距中的积极作用，使全体人民共享经济发展带来的福利。2019 年 3 月 5 日，国务院总理李克强提出，要对标全面建成小康社会任务，扎实推进脱贫攻坚和乡村振兴。坚持农业农村优先发展，加强脱贫攻坚与乡村振兴统筹衔接，确保如期实现脱贫攻坚目标、农民生活达到全面小康水平。因此，加大在落后地区的投资力度有着重大的理论和现实意义。

二、合理确定基础设施投资中地方政府和中央政府的分工

铁路的溢出效应要远远大于公路，因此，铁路对于实现中国经济一体化有着更重要的作用，要进一步加强铁路建设。但铁路投资规模大、跨区域联络作用强，地方政府不仅在财力上难以负担，而且很难做到线路的合理规划，因此，在铁路投资中，中央政府要承担起更多的责任。而对于公路、水路等本地效应比较强的交通基础设施，地方政府能够更合理地布局有关投资，因此要由地方政府主导。但是地方政府在规划交通基础设施时存在一定程度的重复建设，容易造成投资效率低下，所以仍然需要来自上级政府的统筹规划。此外，中央政府对于落后地区的交通基础设施投资行为要进行一定的补助，避免地方政府陷入沉重的债务危机。

三、提高交通运输行业固定资产投资中国家预算资金所占的比重

上文的数据分析显示，中国交通运输行业固定资产投资的主要来源是自筹资金与国内贷款，而国家预算资金投入相对较少，且波动较大。过多地依赖固定资产投资单位自筹资金或是依赖国内贷款，一方面会导致筹资时间的延长和难度的加大；另一方面则会加重包括政府部门在内的经济个体的债务负担。交通基础设施投资大、周期长且获利能力低，对社会资本的吸引力有限。中国必须以财政预算内资金承担起交通基础设施的建设任务，在财政制度的改革中应减少对于非基础产业的投资，提高交通基础设施的预算比例，以保证公益性基础设施的建设。

四、更好地利用社会资本

目前中国的交通基础设施投资呈现出明显的政府主导特征，社会资本参与程度不高。这会造成政府部门财政负担过大，同时容易滋生寻租、设租问题，不利于资源的有效配置。在未来的交通基础设施建设中，对于经

营性的项目，政府可以设立交通投资股份公司，吸引企业、社会团体和居民投资入股。在此基础上，除由政府发行交通建设专项债券之外，也可由交通投资股份公司发行企业债券来筹集交通设施建设资金。此外，在特殊情况下还可以将一部分城乡居民储蓄和社会保障资金转变为对基础设施项目的长期投资，缓解交通基础设施建设对于资金的迫切需求。

目前 PPP 模式在中国交通运输项目中的应用逐渐广泛，对于经济发展滞后、交通基础设施不完善的地区，应当鼓励其运用 PPP 模式来克服资金短缺的限制，提高交通基础设施投资的规模。同时，应当加快 PPP 的立法工作，尽快出台管理条例，明晰管理权限，促进各部门之间的协调配合，尽快建立高效、透明和联动的审批机制。

五、更好地发挥政策性金融的作用

商业银行以追求利润最大化为目的，在发放贷款时更加青睐国有企业，数目众多的从事交通运输行业的中小企业无法获得足够的贷款进行固定资产投资。政策性贷款有着比商业贷款更低的利率，在一定程度上可以补充某些商业贷款不愿涉及的领域。目前，国家开发银行、中国农业发展银行和中国进出口银行承担着主要的政策性贷款业务，在未来的交通基础设施建设中，要通过政策性银行对从事交通基础设施投资的企业和单位进行定向扶持，尤其是要加大对于中西部地区的资金、信贷支持。

六、落后地区要加强配套生产设施和软环境建设

毋庸置疑，交通基础设施的建设可以促进落后地区的经济增长，但考虑到其强大的极化效应以及交通基础设施部门较低的生产效率，政府不能将缩小区域发展差距的全部希望都寄托在交通基础设施投资上。中西部落后地区要加强软环境建设，与基础设施投资相配套，形成持续发展的动力。更细致地讲，地方政府要努力提高当地的投资环境、城市化程度、人力资本素质等，在本地提供更多、更好的就业机会。唯有如此，才能减少

劳动力与人力资本的外流。中西部地区还需要出台更多的产业政策，增加西部地区产业的“黏性”，更好地承接由东部地区转移而来的产业。

此外，基础设施的空间溢出效应在很大程度上以企业在区域间的贸易往来为前提，而中国仍普遍存在地方保护主义所带来的贸易壁垒，所以地方政府应努力破除这些壁垒，更好地发挥基础设施的作用。

第六章　新时代创新发展视角下中国劳动力流动的政治经济学分析

第一节　中国劳动力流动的现实背景

党的十九大报告中指出，我国经济已由高速增长阶段转向高质量发展阶段，推动高质量发展，必须以供给侧结构性改革为主线。现阶段我国正处于“两个一百年”交汇的关键时期，不仅要有充足的资本积累和高质量劳动力供给，更需要创新作为核心驱动力，共同推进高质量发展。对此，习近平总书记指出，要想坚持全面深化改革，就必须坚持和完善中国特色社会主义制度，并充分发挥我国社会主义制度的优越性。经济体制改革是全面深化改革的重中之重，其核心问题是如何处理好政府和市场之间的关系，使市场决定资源配置，使政府回归和发挥自身职能。

根据国家统计局人口统计司对1954—1987年各地区人口流动情况的统计数据（见图6－1），我们可以发现在历史进程中，政策的施行与经济的发展一直在不断影响着中国人口流动。新中国成立之初颁布的第一部宪法中，规定公民有“迁徙和居住的自由”，这表明我国人口流动有着短暂的、不受限制的时期。在此期间，随着“发展农村经济”的社会主义改造等大规模活动的展开，川、辽、豫等地区凭借人口、土地优势吸引了大规模劳动力的流入。但1958年颁布的《中华人民共和国户口登记条例》以户籍管理的手段再一次将城市和农村隔离；同时，针对农村劳动力自由流动这一具体状况，国家还设置了一系列与户籍制度相挂钩的福利体制，从而确保城市生活的低成本并排斥外来人口分享。这些政策导致了城乡人口分布、劳动力流动和资源要素自由配置的凝固化，全国范围内的人口流入数据均有显著下降并长期保持在相对稳定且较低的水平。1978 年改革开放后，中国迎来了打破人口流动固化的机会，随着东南沿海地区经济的迅速发展，地区间吸引人口的竞争力量逐渐增加；更为重要的是，由于地理位置、资源禀赋和政策等因素，我国东、中、西部开始形成并逐渐拉开了无法忽视的技术创新能力差距（万广华，2010），这使得整体呈现出逐渐稳定的、与改革开放前截然不同的人口吸引力差异。

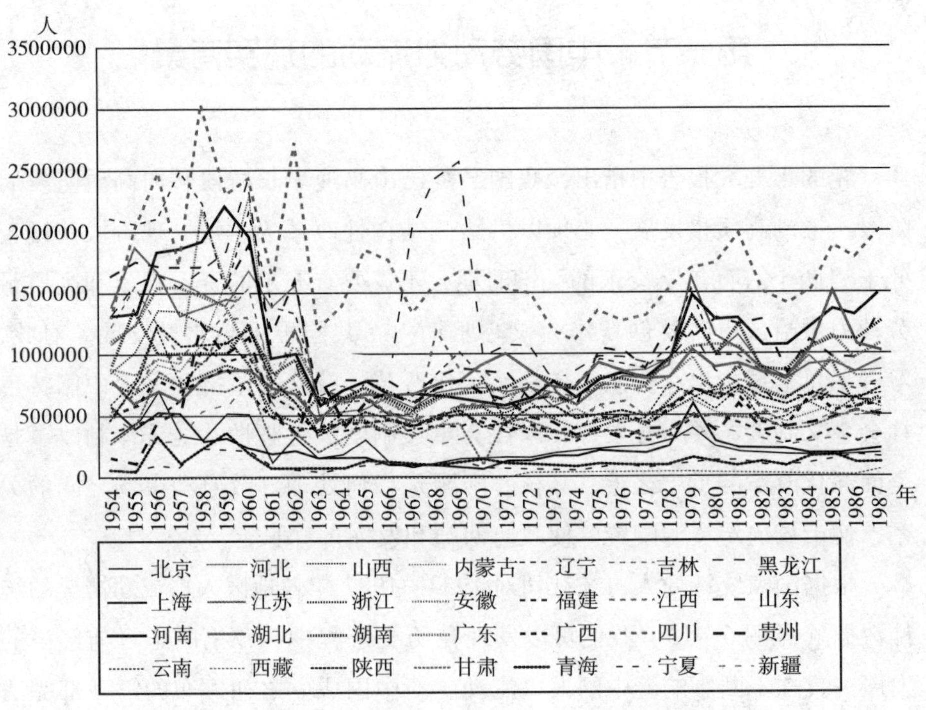

图 6－1　1954—1987 年 28 个省、市迁入人口总数

现阶段我国人口红利衰减使得劳动力这一经济发展核心要素的供给结构发生了根本性变化，日益攀升的劳动力成本抑制了国民经济竞争力。在市场化经济条件下，人口迁移的根本动因在于就业和收入提升。

五大发展理念是中国特色社会主义发展的政治经济学的发展观，开拓了中国特色社会主义发展的政治经济学中发展观的新境界，是发展观的一次重大创新。作为其中核心之一的创新发展，则体现出了发展动力理论的新境界，创新是引领发展的第一动力，发展动力决定了经济发展的速度、效能以及可持续性。随着我国产业结构的优化升级，创新通过催生新产业、新经济和新业态已成为创造就业的关键力。不仅如此，高质量的人口流动还体现为对创新成果的经济利润和市场潜能的追逐量，这种凭借产业升级转型对劳动力人口持续吸引的效果在新中国成立后的每一个节点上都有所体现。与此同时，劳动力供给的结构性短缺迫使地方政府采取力度空前的优惠政策吸引人口落户，形成蔓延至全国范围的“人口争夺战”。然而现阶段我国的人口结构问题空前严峻，短期性的户籍、补贴等优惠政策能否实现“人口扎根”的预期效果以及对劳动力要素市场化配置的扭曲程度仍有待时间的考验。在这一特殊的时间节点上，对于影响人口流动的根本因素到底是产业吸引型还是政策引导型的探讨仍没有完全定论。但毋庸置疑的是，创新作为产业升级的核心和政策引领的目标，不仅是经济高质量发展的驱动力，还应作为人口迁移过程中的特殊吸引力，在新时代的背景下影响着中国人口迁移的新规律。

更进一步地，协调发展的理念开拓了发展结构理论的新境界。我国迈入中等收入阶段后，经济发展中的不平衡问题更加突出，党的十九大报告中指出，我国现阶段的主要矛盾已经转化为人民日益增长的对美好生活的需求和不平衡不充分的发展之间的矛盾。此时的中国需要转向协调发展，以增强新时代发展的整体性，使新时代的产业结构、供求结构、区域空间结构以及相应的发展战略趋向均衡。技术进步也可以为中国经济发展注入新鲜的血液，为中国经济增长提供强有力的动力支持。但令人担忧的是，技术积累水平虽然可以作为创新能力强的地区吸引人口的有效竞争力，却无法令创新能力薄弱的地区得到任何发展机会，这既同区域间协调发展目标背道而驰，又加剧了地区间的人口竞争，使不平衡不充分的发展问题变得更加严峻。

通过对以上问题的思考，本章尝试采用空间计量技术，试图捕捉技术积累对人口流动的空间溢出特征，考察创新短缺地区能否借助技术溢出的传递效应，有机会学习和利用技术增强对人口的吸引力，消除各地区人口吸引力的“马太效应”，成为缓解现阶段社会主要矛盾的突破口。同时，从教育、预期寿命和市场化异质性的角度分析技术进步在不同公共服务与市场环境条件下对人口迁移的影响效果，最后在此基础上提出相关的政策建议。

第二节　劳动力流动的政治经济学分析

人口迁移作为经济社会发展的普遍现象，不仅是资源优化配置的重要途径，更能够通过提升劳动生产率和消除城乡二元结构对经济增长产生巨大影响。关于人口迁移和流动的影响因素与作用机制长期以来吸引了众多学者的关注。改革开放以来，中国成功地实现了从高度集中的计划经济体制向市场经济体制的转型，建立了社会主义市场经济体制的基本框架，走出了一条中国特色的社会主义市场经济发展道路。中国特色社会主义经济体制把市场经济的一般理论与中国的社会主义制度相结合，不仅具有市场经济的一般特征，又是与社会主义基本制度相结合的市场经济，是在积极有效的国家宏观调控下，市场对资源配置起基础性作用，能够实现效率与公平均衡发展的经济体制。中国特色市场经济既允许市场经济下资源的自由配置，又存在政府利用政策引导资源流向进行宏观调控，由此产生了两大决定人口迁移推拉之力的理论逻辑。

市场制度是人口迁移的核心，是人口迁移推拉之力产生的逻辑基础。早期人口迁移多发生于城乡之间，Lewis（1954）的二元经济结构模型和Todaro（1969）的劳动力抽奖模型都将经济尤其是工资报酬作为影响人口迁移的核心因素。推拉模型也认为人口迁移是由迁入与迁出地的工资差别所引起的，在此基础上，现代推拉理论指出，影响迁移的推拉因素除了更高的收入以外，还有更好的职业、生活条件等。毫无疑问，人口迁移是个人为获得更高工作报酬而自主选择的理论行为（王文刚、孙桂平、张文忠等，2017），工资水平和就业机会成为影响人口迁移的首要因素。刘生龙（2014）则将推拉理论和引力模型相结合，发现影响中国人口跨省迁移前四位的决定因素依次是：迁出省份的人均 GDP、迁出省份的总人口、迁入省份的人均 GDP 和迁移存量。此外，颜咏华（2015）的实证结果也支持省域自身经济增长和产业结构演进吸引着城乡人口转移和其他省域人口的流入，进而带动城市化水平提高。显而易见，追逐高水平工资、就业机会和高增长经济的人口迁移因素是市场经济逻辑下的力量，这种强烈的市场导向型人口迁移逻辑证明了市场机制在劳动力资源配置上无法撼动的地位，也展现了中国所走的这条中国特色市场经济道路在战略层面上借市场无形之手进行资源配置的正确性和实用性。

进一步讲，也有一些研究关注于制度和地理这些非市场因素对人口迁移的作用。唐为（2015）探讨行政区划对人口迁移的影响，发现撤县设区改革能够显著吸引人口流入，并且东部和市场潜力更大的城市获得了更高的人口集聚效应。吴瑞君（2016）和王桂新（2016）侧重于分析地理位置对人口迁移的影响，发现中国人口分布的基本格局及“胡焕庸线”主要决定于地理位置固定不变的第一自然，同时吴瑞君指出 1990—2014 年按“胡焕庸线”两侧东西区分，由中西部向东部出现大量人口迁移，而由东南向西北的净迁移量仅仅是涓涓细流。值得注意的是，“胡焕庸线”东侧市场化程度更发达、经济发展水平更高，能够为迁入人口提供更多的发展空间，这一点仍旧无法排除市场机制带来的力量。

学者们还从个体特征的因素分析人口迁移的影响因素和机制。游士兵等（2016）揭示出年龄结构也会影响人口迁移，我国农村人口乡城迁移概率随年龄的分布呈现出“中间大，两头小”的特征。曾永明（2017）的成果显示，女性迁移流受驱动因子的影响强于男性，女性的失业风险与就业歧视更为明显；男性在人口迁移的空间选择上受空间依赖的影响强于女性。王文刚（2017）等发现，个体层面的性别、婚姻、年龄、流入时长等因素及家庭层面的家庭规模、家庭总收入、平均年龄、子女数量等因素均对流动人口的家庭迁移状态有显著影响。周皓（2004）的研究也得到了类似的结论，除家庭特征以外，户主的个人特征在家庭迁移中也是重要影响因素。

值得注意的是，制度和地理因素都是将经济发展水平和工资报酬作为核心机制，对人口迁移产生影响。唐为指出撤并后的区域市场融合和城市集聚经济有助于提升被撤并县市的企业生产率与就业。换言之，行政区划对人口迁移的影响也是通过提供工作岗位和机会对人口迁移发生作用。人口在地理位置上沿“胡焕庸线”由西向东迁移，也是追逐更高经济产出的行为体现。年龄、性别、婚姻等个体特征虽然也会影响人口迁移，但旨在影响人口迁移的政策设计也难以作用于个体特征，并且个体特征难以从“拉”的角度对人口流入产生影响，那么，单纯的、不结合市场的人口迁移政策始终无法直接产生理想效果。因此，与其说政府政策制度对人口迁移的推拉之力产生了效力，倒不如说是政府利用宏观调控的政策手段打破了市场壁垒，削弱了政府行政干预，提供了更为自由化的市场经济环境，使得市场经济体制对人口迁移的影响更为突出。

在市场经济体制下，产出决定着收入水平和就业机会，经济越活跃的地区，工资报酬越高，提供的就业岗位越多，对人口流入的吸引力越大。但是经济增长有其内在驱动力，在新时代的动力变革下，创新是引领发展的第一动力，发展动力决定了经济发展的速度、效能以及可持续性。Aghion（1992）和 Acemoglu（2012）认为技术和创新对经济增长和社会福利改进发挥着关键作用。Jones（2002）指出技术积累在全球范围内是驱动长期经济增长的主要因素。更为关键的是，结构发展动力下的产业结构调整和国有经济比重变化虽然能促进经济增长，但却会降低劳动报酬份额，而创新发展下的技术进步在推动经济增长的同时会提升劳动报酬份额（白重恩、钱震杰，2010）。经济增长是多重因素作用下的复杂性结果，而技术进步尤其是劳动偏向型技术进步不仅能驱动经济增长，而且会提高工资报酬。我国人均收入也已增长到中等偏上国家水平，面临进一步跃升至高收入国家水平的挑战，龚刚的成果显示技术进步和创新是决定我国能否跨越“中等收入陷阱”的关键（龚刚、魏熙晔、杨先明等，2017）。

对于当前正处于转轨阶段的中国而言，国家内部各区域之间仍存在着不小的差距，这就需要我们将关注点放在区域创新能力上，对于创新能力的内涵，我们在第二章已经有了较为详细的论述，本章我们仅考虑创新能力本身对人口流动的影响。姚战琪（2005）的研究发现，在我国，技术水平对就业的正向影响仅次于工资和人力资本。也有学者发现技术进步会增加高技能劳动力需求，并减少对低技能劳动力的需求，而劳动力教育质量的差异化导致技术对就业的影响具有不确定性（杨蕙馨、李春梅，2013）。换言之，劳动力质量即人力资本会借助技术进步影响人口迁移。相近地，Lucas（2004）认为移民选择城市的原因在于，城市能够为流入人口提供更好的人力资本积累条件，并且迁往城市的技术水平越高，个体的技术积累越快，从而能够获得更高的报酬和更多的就业机会。

技术进步与人力资本对人口迁移的影响还体现在劳动力的流向选择上，该选择不但取决于工资水平和就业机会，而且地区的教育和医疗等公共服务也是吸引人口流入的重要影响因素。夏怡然（2015）指出长期流动的劳动力更倾向于选择公共服务更好的地区，但是公共服务影响劳动力流动的作用系数仍然小于工资对劳动力的影响。杨义武（2017）也发现，地方公共产品供给对人口迁移有显著的正向影响；与向大城市迁移相比，流动人口向中小城市迁移会更多地考虑公共服务因素，地方公共品供给对人口跨省迁移存在“门槛”效应。相较于省内迁移而言，人口跨省迁移有更高的成本，需要更多的公共服务予以补偿。并且跨省迁移人口的人力资本相对较高，且以经济活动为主，这也间接增大了对流入地公共服务的需求。因此在教育和医疗公共服务层面，技术积累会通过公共服务影响人力资本进而作用于人口迁移。

此外，马红旗等（2012）利用“六普”人口省际迁移数据的研究显示，中国人口迁移具有显著的空间依赖性。蒲英霞等（2016）的研究也显示，中国省际人口迁移存在空间竞争行为，区域经济社会等因素会通过网络空间关系对周边地区产生多边溢出效应，进而导致迁移流在空间上集聚。人口迁移具有空间效应，技术进步对经济活动的影响也具有空间溢出性（张学良，2012；何天祥，2014）。

综上所述，本章认为技术创新在机制上主要通过市场经济体制提升工资水平和增进就业机会来影响省际人口迁移，技术积累水平越高的地区对人口的吸引力越大。由于人口迁移的目标不仅在于追求经济利益，还会谋求更有利于个体发展的公共服务以及市场经济环境，能够提供更好的教育、医疗公共服务和更优良的市场环境的地区通过技术积累会增强其对人口流入的吸引力。我们利用空间计量技术考察技术积累通过空间溢出效应对人口迁移的影响，并从教育、预期寿命和市场化异质性的角度分析技术进步在不同公共服务与市场环境条件下对人口迁移的作用。

第三节　创新发展与劳动力流动的实证分析

一、模型设定和数据

（一）空间计量模型

空间依赖性在空间计量模型中体现在被解释变量和随机扰动项的空间滞后项上。本章考虑到现实因素中某地区的人口吸引力可能还依赖于其相邻地区的解释变量，使用包括解和被解释变量滞后项的空间杜宾模型（SDM）：

$$y = \rho Wy + X\beta + \delta WX + t_n\alpha + \varepsilon \qquad (6-1)$$

W 为设定好的空间权重矩阵，而空间相关性仅由参数 ρ 来刻画。ρ 为人口吸引力影响系数，度量了临近地区的人口吸引力 Wy 对本地区人口吸引力 y 的影响程度，在计量学上称为“空间自回归系数”（Spatial Autoregressive Parameter）。X 为（$n \times k$）解释变量矩阵；$\beta_{k\times 1}$ 则是相应解释变量系数矩阵。δ 表示了其他地区人口迁入 Wy 对本地区人口迁入 y 的影响。

建立空间计量模型的重点是衡量任意两省之间的空间距离，以此设定合理的“空间权重矩阵 W”：我们借鉴范欣（2017）设定出5种权重矩阵，即相邻权重矩阵（$W1$）、地理距离权重矩阵（$W2$）、经济距离权重矩阵（$W3$）、地理经济距离权重矩阵（$W4$）、技术距离矩阵（$W5$）。

（二）直接效应、间接效应和总效应

在考虑解释变量存在时滞的模型时，参数的解释将变得复杂和丰富。而对于SDM模型而言，它通过将临近地区信息引入从而扩展信息集合，同样是一种地理上的滞后模型。为了正确、有效地观察解释变量的影响，我们对式（6-1）进行如下变换：

$$(I_n - \rho W)y = X\beta + WX\theta + t_n\alpha + \varepsilon$$

$$y = \sum_{r=1}^{k} S_r(W)x_r + V(W)t_n\alpha + V(W)\theta$$

$$S_r(W) = V(W)(I_n\rho_r + W\theta_r)$$

其中，

$$V(W) = ({}^{I}_{n} - \rho W)^{-1} = I_n + \rho W + \rho^2 W^2 + \rho^3 W^3 + \cdots \tag{6-2}$$

为了考虑 $S_r(W)$ 的作用，将式（6-2）可扩展为：

$$\begin{bmatrix} y_1 \\ y_2 \\ \vdots \\ y_n \end{bmatrix} = \sum_{r=1}^{k} \begin{bmatrix} S_r(W)_{11} & S_r(W)_{12} & \cdots & S_r(W)_{1n} \\ S_r(W)_{21} & S_r(W)_{22} & \cdots & S_r(W)_{2n} \\ \vdots & \vdots & \ddots & \vdots \\ S_r(W)_{n1} & S_r(W)_{n2} & \vdots & S_r(W)_{nn} \end{bmatrix} \begin{bmatrix} x_{1r} \\ x_{2r} \\ \vdots \\ x_{nr} \end{bmatrix} + V(W)t_n\alpha + V(W)\varepsilon \tag{6-3}$$

用 $S_r(W)_{ij}$ 来定义 $S_r(W)$ 中的第 i,j 个元素，$V(W)_i$ 是指 $V(W)$ 中的第 i 行。

$$y_i = \sum_{k=1}^{k} \left[S_r(W)_{i1}x_{1r} + S_r(W)_{i2}x_{2r} + \cdots + S_r(W)_{in}x_{nr} \right] + V(W)_i tn\alpha + V(W)_i\varepsilon \tag{6-4}$$

具体来看，x_{ir} 的变动对被解释变量的影响效应，即 i 地中某解释变量对该地区被解释变量的影响，可分为两种途径：一种是该解释变量对本地区被解释变量的直接影响；另一种是该解释变量通过影响邻地的被解

释变量产生反馈效应。而间接效应已被称作解释变量的空间溢出效应，指 i 地附近所有地区的某个解释变量变动 1 单位对该地区被解释变量的影响。在不考虑诱发效应时，第 r 个解释变量的总效应等于它的间接效应和直接效应之和。由于解释变量变化的效应随地区的不同而有所不同，Pace & LeSage（2000）提出了测度这些不同效应的简要方法，利用 Stata 即可计算结果。

（三）技术积累与技术溢出测度

1. 技术积累测度

首先对技术积累进行测度，根据 Porter & Stern（2005）的做法，用专利申请授权量作为技术的增加量，通过永续盘存的方法测度技术积累量：

$$A_{i,t} = (1 - d)A_{i,t-1} + P_{i,t-1} \tag{6-5}$$

其中，$P_{i,t}$ 表示第 i 个省第 t 年技术的增加量，也被称作技术的流量；d 表示技术存量 $A_{i,t}$ 的折旧率。考虑到专利数据分为发明、实用新型和外观设计三种特性不同的专利，这里沿用 Pessoa 的做法，将发明类技术折旧率设定为 5%，实用新型类为 10%，外观设计类为 15%。期初技术存量 $A_{i0} = P_{i0}/(g_i + d)$，$g_i$ 表示第 i 个省在 2005—2012 年期间各类技术增量的年均几何增长率。

2. 技术溢出测度

遵循苏屹（2012）等对于区域间外溢技术存量测度的方法，三类技术的溢出公式如下：

$$T_{i,t} = \sum_{j \neq i} \omega_{ij,t}(sA_{i,t}) \tag{6-6}$$

$T_{i,t}$ 表示第 i 个省第 t 年技术积累的溢出量，s 为技术的溢出系数，$\omega_{ij,t}$ 为第 i 个省和第 j 个省的技术同化系数，对中国区域技术创新溢出系数定为 80%。在构建技术同化系数时，同时纳入技术溢出方和接受方：

$$\omega_{ij} = \mathrm{AC}_{ij} \times \mathrm{SS}_{ij} \tag{6-7}$$

其中，AC_{ij} 为第 j 个省对第 i 个省的技术吸收能力；SS_{ij} 为第 j 个省与第 i 个省的产业结构相似系数。

(1) 吸收能力 AC_{ij}

$$AC_{ij} = \min[1, p_j / p_i] \tag{6-8}$$

p_i 和 p_j 分别代表两地各自吸收技术的能力，这里采用各省平均受教育年限来衡量各省对于技术的吸收能力。按照中国统计年鉴对教育人口的划分方式，取未上小学、小学、初中、高中、大学（专）及以上分别与所对应的受教育年限进行加权，具体计算公式为：

$$p_i = (0L_1 + 6L_2 + 9L_3 + 12L_4 + 16L_5) / SUM \tag{6-9}$$

(2) 产业结构相似系数 SS_{ij}

由于创新技术在产业结构上有着明显的异质性，相近产业结构的地区对于技术的吸收和溢出有着更高水平的能力。本章利用三次产业划分下各产业产值占各省总产值的比重来构建产业结构相似系数：

$$SS_{ij} = (f_{i1}f_{j1} + f_{i2}f_{j2} + f_{i3}f_{j3}) / \sqrt{(f_{i1}{}^2 + f_{i2}{}^2 + f_{i3}{}^2)(f_{j1}{}^2 + f_{j2}{}^2 + f_{j3}{}^2)} \tag{6-10}$$

其中，f_{i1}，f_{i2}，f_{i2} 分别为第 i 个省三次产业产值占总产值的比例。

（四）变量和数据说明

在控制变量选取上，考虑到 2012 年以前劳动力人口相对富足，劳动力供给侧改变不明显，地方政府针对人口迁移的政策实施力度较小，对技术溢出人口迁入影响效力的扭曲力度较低。本章选取《中国分县市人口统计资料》中 2005—2012 年省外迁入人口数量一项作为被解释变量衡量当年各省对人口的总吸引能力。采用《中国科技统计年鉴》中 2000—2012 年专利申请授权量一项作为原始数据按上述方法计算三类技术积累存量和溢出量。

根据现有的文献，本章采用研究人口迁移问题中的 8 个常见影响因素作为控制变量：人口存量、迁移网络、工资水平、消费水平、教育水平、城镇化、环境绿化程度以及政府影响程度。人口存量用本省当年人口总量表示；迁移网络采用刘生龙（2014）等方法，利用上一年迁入人口占全国比重的方法表示；工资水平与消费水平用本省城镇平均工资和本省消费水平表示；教育水平用本省每十万人在校大学生占比表示；城镇化用本省城镇人口占总人口比重表示；绿化水平用本省建成区绿化覆盖率表示；政府影响程度用当年本省政府支出占 GDP 比重表示。所有变量如表 6 - 1 所示。

表 6 - 1　变量定义说明和统计性分析

变量名	解释	均值	标准差	观察值
ln*in*1	发明类技术溢出的自然对数	7. 857 077	0. 084 397	240
ln*in*2	实用新型类技术溢出的自然对数	8. 906 778	0. 091 007	240
ln*in*3	外观设计类技术溢出的自然对数	8. 182 769	0. 103 295	240
ln*population*	本省人口总量的自然对数	17. 345 31	0. 051 571	240
inflowrate	上一年迁入本省占全国迁入人口比重	3. 327 577	0. 121 151	240
ln*wage*	实际工资水平的自然对数	10. 159 49	0. 025 978	240
ln*con*	实际消费水平的自然对数	8. 940 816	0. 031 146	240
ln*edu*	每十万人高校平均在校人数的自然对数	7. 612 863	0. 026 620	240
city	城镇人口占总人口比重	50. 022 5	0. 925 808	240
green	建成区绿化覆盖率	35. 655 92	0. 328 314	240
gove	政府支出占 *GDP* 比重	15. 867 73	0. 226 645	240

资料来源：《中国分县市人口统计资料》《中国科技统计年鉴》《中国统计年鉴》。由于西藏数据缺失，本章仅考察除西藏地区和港澳台地区外 30 个省级行政地区的数据。

二、实证结果与分析

（一）不包含空间效应的回归

首先考察不包含空间效应的面板模型，表 6 - 2 模型（1）—模型（4）分别为单独考虑和同时考虑三类专利所代表的技术积累对于人口迁入的影响，根据 Hausman 检验均选择固定效应模型。

表 6－2　不包含空间效应的面板回归

	(1)	(2)	(3)	(4)
ln*in*1	0.175 **			0.656 ***
	(0.076)			(0.110)
ln*in*2		－0.134		－0.716 ***
		(0.082)		(0.135)
ln*in*3			－0.035	0.051
			(0.067)	(0.082)
ln*population*	5.370 ***	5.826 ***	5.639 ***	4.697 **
	(1.908)	(1.912)	(1.941)	(1.818)
ln*wage*	0.681 **	0.995 ***	0.903 **	0.884 ***
	(0.341)	(0.346)	(0.349)	(0.323)
ln*con*	－1.406 ***	－1.187 ***	－1.276 ***	－1.275 ***
	(0.356)	(0.358)	(0.356)	(0.334)
inflowrate	0.071 *	0.062	0.064 *	0.074 **
	(0.038)	(0.038)	(0.038)	(0.035)
Observations	240	240	240	240
R－squared	0.205	0.195	0.186	0.318

注：＊、＊＊和＊＊＊表示分别通过10%、5%和1%的显著性检验，由于篇幅原因，某些控制变量未进行展示。

模型（1）、模型（2）、模型（3）表明，发明类技术积累对于人口迁入有显著的促进作用，而实用新型和外观设计类技术溢出对于人口迁入有着不显著的负向影响。控制变量中的本地人口总量、工资水平、教育水平，以及迁移网络均对人口迁入有着促进作用，而消费水平对人口迁入有着显著的抑制作用。模型（4）表明，当同时考虑三种类型的技术溢出时，发明类技术积累仍对人口迁入有显著的吸引作用，实用新型类技术溢出阻碍了人口迁入，并且两类技术积累显著性明显增强，而外观设计类技术溢出依旧无显著作用。除教育水平不显著外，其他控制变量的影响效果未发生明显改变。

（二）引入空间计量模型

在表 6－2 模型的基础上，表 6－3 和表 6－4 进一步采用空间计量技术，考察三类专利所代表的技术空间溢出对中国省际人口迁移的影响。Hausman 检验均支持固定效应，且埃尔霍斯特（2015）也认为使用固定效应连续研究区域中邻近单位的空间—时间数据更合适，这里均采用空间面板数据的固定效应回归。

表6－3 模型显示：在单独考虑三类技术溢出的情况下，仅发明类技术积累能显著吸引人口流入。同时，三个模型的空间内生交互项系数显著为正，表示内生交互效应显著，即本地人口迁入增加会显著提升邻省人口迁入。

表6－3　使用相邻（0－1）矩阵的 SDM 回归

	(5)	(6)	(7)
ln*in*1	0. 159 *** (0. 054)		
ln*in*2		0. 073 (0. 111)	
ln*in*3			0. 093 (0. 076)
W * ln*in*1	0. 001 (0. 083)		
W * ln*in*2		－0. 156 (0. 195)	
W * ln*in*3			－0. 141 (0. 106)
rho	0. 665 *** (0. 050)	0. 666 *** (0. 054)	0. 666 *** (0. 052)
Observations	240	240	240
R－squared	0. 45	0. 47	0. 49
Log－likelihood	80. 339	77. 718	79. 598

注：*、**和***表示分别通过10%、5%和1%的显著性检验，由于篇幅原因，某些控制变量未进行展示。

我们进一步将空间权重设置为5种矩阵形成的模型（8）—模型（12），如表6－4 所示，并将三类技术溢出同时考虑进模型内，其结果与之前模型基本相同，表明本章的实证研究具有稳健型。其中，发明类和外观设计类技术积累对本省人口迁入均有显著的促进作用，而实用新型类技术溢出效果为负或不显著，这可能与不同技术类型的特性有关：发明类专利表示企业技术创新和发明活动，科技含量最高，因而具有较高的技术水平与技术质量要求，其他地区只能被动模仿和吸收此类技术的溢出而无法进行同步的创新，这为发明专利技术溢出地区建立了良好的技术品牌效应和保护效果，从而吸引人口迁入；相反，外观设计类没有发明类技术的技术含量高，但其针对市场竞争而产生，有着易于投入生产、更新换代快的特点，体现出比其他两类技术更高的市场属性（周煊、程立茹、王皓，2012），因此外观设计类技术积累更多的地区比吸收地区更快抢占市场，更能提升溢出地区企业销售收入和盈利水平以吸引人口迁入。反观实用新型类技术溢出不具备前两者的优势，易于模仿且投入使用期较长使得技术的溢出地区并未因此而获益，反而存在被吸收方分享利益的可能。

表 6－4　不同空间权重矩阵 SDM 回归结果

	*W*1	*W*2	*W*3	*W*4	*W*5
	(8)	(9)	(10)	(11)	(12)
ln*in*1	0.177*	0.077	0.176*	0.137	0.153*
	(0.094)	(0.092)	(0.090)	(0.090)	(0.086)
ln*in*2	−0.152	−0.053	−0.253**	−0.153	−0.178*
	(0.109)	(0.099)	(0.103)	(0.101)	(0.099)
ln*in*3	0.097*	0.126**	0.145**	0.133**	0.136**
	(0.056)	(0.049)	(0.058)	(0.054)	(0.058)
inflowrate	0.071***	0.043*	0.082***	0.070***	0.067***
	(0.023)	(0.023)	(0.022)	(0.021)	(0.023)
ln*edu*	−35.69***	−41.93***	−30.25***	−37.87***	−17.70*
	(9.714)	(8.046)	(7.387)	(7.441)	(10.16)
W * ln*in*1	0.135	0.438*	0.329**	0.283	0.421***
	(0.135)	(0.260)	(0.161)	(0.213)	(0.109)
W * ln*in*2	−0.129	−0.353	−0.084	0.176	−0.395***
	(0.192)	(0.408)	(0.175)	(0.250)	(0.119)

续表

	W1	W2	W3	W4	W5
	(8)	(9)	(10)	(11)	(12)
W * lnin3	-0.111	-0.292	-0.295 **	-0.553 ***	-0.117
	(0.121)	(0.296)	(0.116)	(0.197)	(0.077)
W * lnpopulation	-0.397	8.711	12.62 ***	17.62 ***	3.836 **
	(2.854)	(6.467)	(2.606)	(4.312)	(1.877)
W * lnwage	0.190	-1.796 **	-0.786 *	-1.485 **	0.498
	(0.409)	(0.855)	(0.469)	(0.682)	(0.393)
W * lncon	-0.454	1.501 *	-0.288	-0.0154	-0.498 *
	(0.463)	(0.873)	(0.424)	(0.654)	(0.298)
W * inflowrate	-0.048	-0.158	-0.061	-0.134	-0.093 ***
	(0.044)	(0.164)	(0.046)	(0.084)	(0.035)
W * gove	-0.368	-0.769	3.115 ***	3.534 **	1.057
	(0.824)	(1.975)	(0.949)	(1.488)	(0.733)
W * lnedu	30.65	19.55	78.75 ***	73.63 ***	32.01 ***
	(19.68)	(29.88)	(18.39)	(26.29)	(11.37)
W * city	-0.022	-0.143 **	-0.024	-0.037	-0.020
	(0.025)	(0.068)	(0.030)	(0.049)	(0.020)
W * green	2.155 **	9.022 ***	0.362	2.132	0.023
	(0.944)	(2.255)	(0.903)	(1.561)	(0.547)
rho	0.639 ***	0.541 ***	0.465 ***	0.531 ***	0.451 ***
	(0.048)	(0.099)	(0.058)	(0.073)	(0.046)
Observations	240	240	240	240	240
R - squared	0.510	0.73	0.635	0.703	0.523
Log - likelihood	84.672	112.787	90.889	106.361	72.686
Number of province	30	30	30	30	30

注：*、**和***表示分别通过10%、5%和1%的显著性检验，由于篇幅原因，某些控制变量未进行展示。

迁移网络对人口迁入仍具有显著的促进作用，即人口迁移具有明显的社会网络依赖性，这与刘生龙（2014）等利用引力模型测度迁移网络对人口迁移的影响相似，表示迁移人口之间的信息交流与社会关系会促使人口朝特定的方向持续迁移；本地教育水平对人口迁入的影响由促进变成了阻碍，可能是教育水平的提升会提高本省的劳动力质量和生产效率，在提升产业结构的同时也降低了对低教育水平劳动力的需求，抬高了本省人口流入门槛，抑制了人口迁入。

从空间交互项具体来看，模型（8）中三类技术溢出的空间交互项均不显著，表明相邻省份的技术溢出对本省人口迁入影响效果并不显著，这有可能是相邻矩阵对于省份间的空间关系要求较为苛刻。采用地理距离矩阵后，模型（9）中仅发明类技术溢出显著促进了人口迁入，说明考虑到技术空间溢出在地理距离递减作用下发明专利具有更强的空间溢出效果；其中模型（8）、模型（9）绿化水平的空间交互项均显著为正，表明相邻或地理相近省份的环境水平上升会促进本省人口的迁入，这也证明了环境所带来的地理上空间溢出效应的存在。模型（10）则从经济空间溢出来看，其他经济相近省份的发明类技术溢出对本省人口迁入具有显著的促进作用，而外观设计类技术溢出对本省人口迁入存在显著的阻碍作用。

模型（11）同时考虑经济与地理距离，发现其他经济地理相近省份的外观设计类技术溢出对本省人口迁入存在显著的阻碍作用，外观类技术溢出使得临近地区将市场盈利能力一定程度地分散给了吸收的省份，增强了多个吸收省份的人口竞争能力，使本省人口吸引能力相对减弱。考虑到空间交互效应的控制变量中，人口总规模、教育水平以及政府干预程度的空间交互项均为正，而工资水平的空间交互项为负。

模型（12）考虑到了省际特殊的空间位置关系——技术相关距离，回归结果表示其他技术相近省份的发明类技术溢出对本省人口迁入存在显著的促进作用，这无疑是最好的技术溢出方式：技术相近省份的发明类技术溢出能够提高本省技术水平并降低创新成本，增强创新生产能力，吸引人口迁入。而技术相近省份实用新型类技术溢出对本省人口迁入仍存在阻碍作用。

（三）空间溢出效应分析

当被解释变量空间滞后项系数显著不为零时，采用空间杜宾模型系数度量的溢出效应存在偏差（李延军、史笑迎、李海月，2018）。具体可以解释为：当具有空间交互效应时，某个影响因素的变化不仅会作用于本省的迁入人口数量，也会对邻近省份的迁入人口数量产生影响，并通过循环反馈机制引起一系列变化。进一步可以将各因素对迁入人口数量的影响分解为直接效应和空间溢出效应：某因素变动对本身人口迁入的总体影响为直接效应，其中包括空间反馈效应，即本地区某因素变动通过影响其他省份的人口迁入，其他省份人口迁入又反过来影响本省的人口迁入；空间溢出效应为某因素变动对其他省份人口迁入的影响。本章在对回归模型（8）—模型（12）分析时发现被解释解释变量的空间交互项系数均显著为正，因此对所有回归进行空间效应分解。

模型（8）—模型（12）三类技术溢出的空间效应分解如表 6 - 5 所示。鉴于经济地理空间权重矩阵兼具经济和地理信息，而技术距离矩阵有着与其他矩阵完全不同的空间意义，这里重点围绕这两种矩阵分解效应的结果展开报告。

模型（11）中，发明类技术积累的直接效应为 0. 159，其估计系数为 0. 137，专利类技术的反馈效应为 0. 022，为直接效应的 13. 8%；空间溢出效应为 0. 743，占总效应的 78. 8%，表明发明类技术溢出的空间溢出效应对人口迁移的影响不容忽视。外观设计类技术的直接效应为 0. 0999，估计系数 0. 133，反馈效应为 - 0. 034，其空间溢出效应为 - 1. 03，即虽然外观设计类技术积累对本地人口迁入有着直接的促进作用，但通过本省“发明类技术溢出—其他省份人口迁入—本省人口迁入”的负反馈效应、其他地区“发明类技术溢出—本省人口迁入”的空间溢出效应两种途径阻碍本省的人口迁入。

表6-5　不同空间权重矩阵SDM回归结果的效应分解

		lnin1	lnin2	lnin3
相邻矩阵 W1	直接效应	0.231 **	-0.202 *	0.087
	空间溢出效应	0.640 **	-0.585	-0.135
	总效应	0.871 ***	-0.788	-0.048
地理距离矩阵 W2	直接效应	0.099	-0.071	0.117 **
	空间溢出效应	1.047 *	-0.834	-0.476
	总效应	1.146 **	-0.905	-0.359
经济距离矩阵 W3	直接效应	0.229 ***	-0.279 **	0.114 *
	空间溢出效应	0.714 ***	-0.349	-0.413 *
	总效应	0.943 ***	-0.627	-0.300
经济地理距离矩阵 W4	直接效应	0.159 *	-0.144	0.099 *
	空间溢出效应	0.743 *	0.205	-1.030 **
	总效应	0.902 **	0.060	-0.930 **
技术距离矩阵 W5	直接效应	0.292 ***	-0.314 ***	0.120 *
	空间溢出效应	0.755 ***	-0.731 ***	-0.092
	总效应	1.048 ***	-1.045 ***	0.027

注：*、**和***表示分别通过10%、5%和1%的显著性检验。

模型（12）考虑了技术距离上的特殊距离关系。发明类技术积累的直接效应为0.292，估计系数0.153，发明类技术积累的反馈效应为0.139，占直接效应的47.6%；空间溢出效应为0.755，占总效应的72.0%。实用新型类技术积累直接效应为-0.314，估计系数为0.136，反馈效应为-0.45，其空间溢出效应为-0.731，占总效应的69.9%。可以发现，实用新型类技术的积累通过"本省溢出—技术临近省份人口迁入—本省人口迁入"的负反馈效应与"技术临近省溢出—本省人口迁入"的空间溢出效应两种途径阻碍本省的人口迁入。而对于外观设计类技术积累来说，直接效应为0.120，估计系数为0.136，则反馈效应为-0.016，表明由于反馈效应的存在，外观设计类技术对本省人口迁入的促进作用有所减弱。

（四）异质性分析

进一步地，考虑到不同省份公共服务与市场环境的现实差异性，可能影响技术溢出对人口流入的吸引力，我们将地区按照医疗、教育和市场化水平进行分组展开异质性分析。一般情况下，预期寿命越长的地区，医疗公共服务越好；高校在校人数占总人口比重越大的地区，教育公共服务越好。我们具体采用2010年中国第六次人口普查结果中各地区预期寿命来衡量公共服务的医疗水平；使用考察期内各地平均每十万人高校在校人数表征公共服务的教育水平；使用考察期内各地市场化综合指数的均值表征市场化程度，该指标来自王小鲁、樊纲的《中国分省份市场化指数报告（2011）》与《中国分省份市场化指数报告（2016）》中2005—2012年市场化综合（总）指数一项。据此将各省进行排序，前15名分别为医疗、教育和市场化水平高组，后15名分别为医疗、教育和市场化水平低组。医疗水平高组包括：沪、京、津、浙、苏、粤、鲁、辽、琼、吉、黑、闽、渝、桂、皖；教育水平高组有：京、津、沪、陕、鄂、吉、苏、辽、黑、浙、渝、赣、鲁、晋、闽；市场化水平高组有：京、津、辽、沪、苏、浙、徽、闽、赣、鲁、豫、鄂、粤、渝、川。同时，根据分组重新构建相应的经济地理空间权重矩阵，再一次进行SDM模型回归，结果如表6－6所示。

表6－6 考虑人口异质性的SDM模型回归

	医疗水平高组	医疗水平低组	教育水平高组	教育水平低组	市场化水平高组	市场化水平低组
	（13）	（14）	（15）	（16）	（17）	（18）
ln*in*1	0.399***	0.151	0.445***	－0.215**	0.252***	－0.263
	（0.135）	（0.131）	（0.102）	（0.101）	（0.053）	（0.169）
ln*in*2	－0.134	－0.14	0.037	0.125	0.171	0.130
	（0.128）	（0.121）	（0.148）	（0.104）	（0.199）	（0.143）
ln*in*3	－0.031	0.023	－0.209***	0.257***	－0.063	0.177*
	（0.065）	（0.091）	（0.073）	（0.095）	（0.103）	（0.090）
W∗ln*in*1	－0.555**	1.396***	－0.28	1.141***	0.020	1.454***
	（0.279）	（0.371）	（0.273）	（0.322）	（0.341）	（0.326）
W∗ln*in*2	－1.127***	－0.767***	0.38	－0.524	0.019	－0.876***
	（0.389）	（0.289）	（0.345）	（0.361）	（0.637）	（0.322）

续表

	医疗水平高组	医疗水平低组	教育水平高组	教育水平低组	市场化水平高组	市场化水平低组
	(13)	(14)	(15)	(16)	(17)	(18)
$W*\ln in3$	0.062	-0.295 *	-0.561 **	-0.500 ***	-0.970 ***	-0.342 *
	(0.217)	(0.152)	(0.282)	(0.179)	(0.364)	(0.201)
rho	0.168 *	0.382 ***	0.164 *	0.501 ***	-0.043	0.492 ***
	(0.085)	(0.0817)	(0.094)	(0.063)	(0.241)	(0.082)
Control Variables	YES	YES	YES	YES	YES	YES
Observations	120	120	120	120	120	120
R - squared	0.043	0.602	0.099	0.485	0.564	0.479
Number of province	15	15	15	15	15	15

注：*、**和***表示分别通过10%、5%和1%的显著性检验。

对医疗、教育和市场化水平高组的回归显示，本身发明专利的技术积累都能显著吸引人口流入，并且作用效果超过了表6-4总体样本下的平均作用系数。在医疗水平低组，技术积累的影响都没有通过显著性检验；在教育水平低组，发明专利技术积累甚至对人口流入产生了显著的消极作用；在市场化水平低组，外观设计技术累积通过了10%的显著性水平。这表明在高医疗、高教育、高市场水平省份，技术积累更有效地提高了该地区对人口流入的吸引力。同时，市场化水平较低省份可以通过外观设计技术积累来吸引小部分人口。空间交互项显示，在医疗、教育和市场化水平低组，相邻省份的发明专利技术积累的溢出也能促进本省人口的流入。

特别地，对比教育水平高低组，可知发明专利与外观设计两种技术积累对人口的吸引效果完全相反。这进一步印证了地区教育水平差异对技术积累和溢出的重要性：当一个省份拥有较高的教育水平和技术能力时，会降低发明专利技术的研发成本、提高生产效率，同时，此类技术溢出无法被其他教育水平低的地区同步吸收，这为该省创造了一个稳定积累、能长期吸引人口的技术优势地位；反之，对于一个教育水平相对落后的省份而言，这将变成一种流失人口的劣势。而教育水平较低的省份为了弥补技术上的不平等，更加倾向于选择技术要求较低、更快地抢占市场的外观设计类技术进行发展，提高企业盈利水平来增强吸引人口的能力。

以上证明了人口迁移对地区技术积累水平的选择，在医疗、教育与市场化水平方面存在明显的异质性。并且，地区间以户籍政策为手段的“人口争夺战”往往是零和博弈，而依靠技术进步、完善公共服务与市场环境的方式增强对人口的吸引力，却能在实现地区间协同发展的同时，有效消除各地区人口吸引力的“马太效应”。

（五）实证结论

本章采用空间计量技术，分析三类专利技术积累通过空间溢出效应对省际人口迁入的影响与作用机制。主要结论如下：第一，三类专利中质量最高的发明专利技术积累对人口的吸引力最为显著，而实用新型和外观设计专利技术积累则未能对人口迁入产生积极作用；第二，空间交互分析显示，邻近省份发明专利技术对本身人口迁入的影响显著为正，证明高质量的技术溢出能够更好地实现区域间的协同发展，形成良好的空间经济效益；第三，空间溢出效应检验表明，发明专利技术通过直接效应和空间溢出效应两种途径均对人口迁入产生正向影响，体现出高质量技术溢出对我国省际人口竞争的重要作用，发明专利技术溢出提高了邻近省份对人口的吸引力，而临近省份的人口流入也有利于人口进一步迁入本省，形成人口在空间上的集聚态势；第四，异质性分析揭示，能够提供更完善的教育、医疗公共服务和市场环境的地区，通过技术积累对人口尤其是高质量人口具有更强的吸引力；第五，省际人口迁移具有明显的社会网络依赖性，迁移人口之间的信息交流与社会关系会促使人口朝特定的方向持续迁移。

第四节　中国劳动力流动制约因素的现实性

“人口”二字，将这场“争夺战”划分出两个战场：第一战场是纯粹的“人才争夺战”，以北京、上海等一线城市为主，其人才引进政策有着较高的学历薪资条件，以及精确的行业领域划分；第二战场则是“人才、人口争夺战”，以西安、武汉、南京等其他新一线城市和二线城市为主，其人才引进政策门槛大大低于北京、上海，甚至许多地区对大学生实行零门槛落户。虽然我们从实证部分得到了令人欣慰的结论：高质量技术创新会帮助省份吸引人口，同时临近省份的技术创新还会通过空间效应帮助本地区实现人口吸引目标，但是当前中国在人口争夺现状和技术创新战略上都有着明显的时代局限性。各地区人口争夺的起点不同导致了争夺政策的侧重点不同，造成人口流向的不均衡问题加剧，加之中央与地方政府之间对于创新活动的动机各有不同，最终导致大量人口争夺政策并未实现吸引长期、稳定人口的目标。具体表现为以下几点。

一、地方争夺人口的起点具有差异化

从实证数据可以看出，在人口政策较为稳定的考察期内，北京、上海等一线城市高质量型创新产出全国领先，且对人口的吸引能力稳定，而陕西、湖北等省整体创新能力较弱，存在低量流入或持续流出现象。从争夺对象来看，在中国经济发展进程中，前者较之后者对于人才、人口的重视程度与认识深度都更为领先和深刻。

改革开放前，由于人口流动受到限制，重工业基地东北地区为全国人口集聚的核心。此时人口迁移受到政治为主、经济为辅的影响，如基于国防考虑的三线建设、知识青年“上山下乡”运动等，以及重工业布局东北。改革开放后，城市化迅速推进，中西部地区人口开始大规模向出口导向型的沿海发达地区流动，形成了“孔雀东南飞”的格局。1978—2010 年

5 亿人从乡村进入城市。沿海地区出口导向经济率先发展，大量人口从中西部向珠三角、长三角以及京津地区流动。与之相对应的是，中西部地区人口增长迅速放缓，而东北作为改革开放前人口集聚的核心逐渐走向衰落，黑龙江、吉林人口明显呈外流趋势。

如今一线城市和地区的领先大多得益于我国改革开放后低收入发展的阶段，经济发展的主要任务是摆脱贫困和实现快速经济增长，经济发展的目标是以规模扩张和要素驱动为动力追求经济发展的规模和数量。从长期和根本来看，吸引一个地区人口集聚的关键在于该地区的经济规模和与其他地区的收入差距。正是由于地理、历史或政治优势，这些被优待的地区逐渐形成了经济繁荣的一线城市，资本与技术催生出大量先进产业，刺激着劳动力人口源源不断地涌入。这种不均衡不充分的经济水平和创新能力分布使得这场“争夺战”会朝着逐渐恶化的地区竞争态势演变。

二、地方争夺人口政策的短视性

第二梯队城市“争夺战”政策正在逐渐偏离原预期，愈演愈烈的竞争迫使各地区进行政策调整。以西安为例，作为陕西省的省会和西北地区为数不多的新一线城市，2018 年西安落户政策一年升级了 5 次，政策宽松到几乎人人都可以落户。从博士到本科再到技校在校生，西安显然放弃了对高质量人才的追求，转而收集更多的普通劳动力。对于人口政策的不同设定，反映出了不均衡竞争环境下第一梯队与第二梯队城市的战略目标，即前者主动选择了用高质量人才创造新技术，以达到用技术创新吸引劳动力人口的长期目标；后者被迫选择填充普通劳动力以稳定经济增长，以达到不掉队、不落后的短期目标。同时，官员晋升也存在着明显的地区间竞争性，进一步导致各地方政府拒绝采取联合的人口吸引政策，无法分担优惠压力、分享人口红利。

三、企业、地方政府与中央的创新目标不一致

根据 Auty（1993）以及后续出现的资源诅咒理论的研究，一个地区的

资源禀赋会影响该地区的经济增长率、就业水平以及寻租腐败等行为，产生在资源丰裕程度较高的地区经济增长率可能更低的结果。基于该逻辑，创新能力越高的省份并不意味着其带给地方政府和企业的效益越高，那么两者对创新能力的重视和利用就会大打折扣，中央制定的创新驱动经济发展的宏观目标，以及创新能力能在市场机制作用下自发吸引高技术型人口的改革理念，都将被扭曲。

对于企业而言，提升自身创新能力的唯一目的就是寻求利润最大化，而该目标的实现并非只有一种途径。如果当地政府的资源分配权很大，而提升和维护产品高质量优势很困难，则企业热衷于寻求政治关联，而非进行能力提升。政治资源越丰富的企业，可能越容易诱发企业通过寻租活动来提升企业业绩，这就降低了该企业通过创新活动来提升企业业绩的热情，因此更容易采取利用低质量、高数量的创新产出换取政策和资金支持。

对于地方政府而言，官员晋升存在着典型的政治锦标赛竞争体制，这是一种对中国政府官员的压力性激励范式（周黎安，2007）。官员晋升锦标赛机制的核心是，拥有人事任免权的上级官员可以根据政绩指标对下级官员进行考核，从而决定下级官员的升迁。周黎安认为，经济增长是最重要的考核指标，其他指标仅仅作为参考。在这样的晋升机制下，地方官员热衷于 GDP 增长率和相关经济指标的排名，如对本地、外地剩余劳动力的吸收能力或者创新产出总数量。这不仅导致具有政治关联的企业更多关注于自身短期产能水平的提升以及创新产出的数量，还迫使企业吸收本无法容纳的剩余劳动力。这种政治任务对于企业来说是一个“政治包袱”，抑制了企业长期高质量创新的能力，也无法形成对劳动力资源的长期吸收趋势。同时，官员晋升也存在着明显的地方间竞争性，导致各地方政府自发采取地方保护政策，形成市场分割，和邻近省份发明专利技术对本身人口迁入的影响显著为正这一实证结论背道而驰，反映出高质量的技术溢出在地方竞争下无法发挥出应有的空间经济效益，以实现区域间的协同发展。

四、各省份技术创新的能力不均衡

根据莫兰 I 指数结果，可知我国历年的创新产出都呈现出明显的空间集聚效应，表现出强烈的创新能力不均衡现象。由此可知，经济发展水平差异造成创新能力不均衡依旧是经济发展过程中无法避免的态势。发达省份积累了一定的资源后进行产业转型升级，形成了大都市创新活动的集群。例如，上海初期以中国工业中心的地位吸引了大量外资流入和政府支持，20 世纪 90 年代后，上海转向引入高科技产业，并加大在人力资源上的投入，以吸引高技术含量的经济主体到上海。而发达地区的良性循环在促进本地经济发展与高技术人口涌入的同时，也使各省 R&D 投入的巨大落差成为继经济发展水平之后导致中国创新能力不平等的又一重要因素。同时，各省地理位置和开放程度对创新能力的不均衡有着重要影响，地理位置的客观性与开放程度的历史性也赋予了东部沿海省份得天独厚的创新优势，带给了当地学习先进技术的机会和引进外资的便利。

第五节　政策建议

针对本章的实证结果以及当前中国经济发展中创新对就业、人口流动所具有的特殊作用，本章提出了以下对策建议。

第一，坚持深化市场改革，建立健全技术创新市场导向机制，打破行政主导和部门分割，由市场决定企业技术创新项目和经费分配，充分发挥市场对技术研发类型、要素价格、资源配置的导向作用，使中国的研发投入结构朝着市场导向的改革新时代迈进。这不仅促进了创新活动的地理集聚，也有助于国家和地区政府对创新体系的改进，提高了研发投入的效率，从而成为提升地区创新能力及缓解均衡其不平等现状的重要手段。

第二，各地方企业应加强对技术创新过程的监管，改进技术创新的绩效评价标准，建立以产出和成果为导向的科学评价机制，消除我国目前技术创新管理中普遍存在的重事前论证、轻过程监管，重投入、轻产出的弊端。应权衡政治关联的收益与成本，科学进行技术创新决策。

第三，各地区政府应加强研发创新活动，增强技术积累，以技术进步提升工资水平和创造就业岗位，充分发挥市场对制定劳动力价格的主导作用。在技术与创新吸引人口迁入和促进人口“扎根”的同时，以税收减免、财政补贴和金融贴息的方式将技术溢出的外部性内部化，鼓励技术外溢在市场主导下推动各地区间协同发展。强化企业在技术创新中的主体地位，激发民营企业的创新活力。

第四，增强政府的公信力和执行力，从行政和司法两个途径不断完善知识产权保护制度，大力弘扬和鼓励创新行为，进而营造积极良好的创新政策环境，在政策优惠上向高质量的技术进步倾斜，激发更多高质量发明专利技术的涌现。进一步完善和规范与企业技术创新有关的政府补助、税收优惠和金融扶持政策，提高政策实施的透明度和公平性，压缩企业政治关联的寻租空间。

第五，充分发挥政府职能，增强教育、医疗等公共服务和完善市场环境的投入力度，用制度保护生态环境，提升公共服务供给质量，以供给侧结构性改革为主线，增强我国对全球各领域高质量人才的吸引力。推动文化体制改革，提升地区文化、经济和社会之间的包容性与和谐性，优化迁入人口的社会网络环境，增强迁入人口的凝聚力和归属感。

第七章　新时代共享发展视角下中国收入分配的政治经济学分析

第一节　共同富裕与城乡收入差距

1978 年改革开放以来，中国经济经历了 40 多年的高速增长，创造了世界经济发展的“中国奇迹”。高速经济增长的积极影响可以分为国内与国际两个方面。在国内，高速经济增长解决了人民的温饱问题，提高了人民生活水平，带来了社会生产力和社会保障水平的显著改善，为社会发展提供了强有力的支撑。在国际方面，高速经济增长有力地提升了我国的综合国力，国际竞争力、国际影响力也迈上了一个大台阶，国内生产总值稳居世界第二，对世界经济增长的贡献率超过了 30%，国家面貌发生新的历史性变化。在带来积极影响的同时，经济的高速增长也带来了一些问题，资源过量消耗、生产效率低下、环境污染严重、不均衡不协调发展等问题的存在成为制约我国经济进一步发展的主要因素。我国进入了经济发展的结构调整时期，发展目标也由高速发展转向了高质量发展。高质量发展是在新发展理念指导下经济发展质量的高级状态和最优状态，具有生产要素投入少、资源配置效率高、资源环境成本低、经济社会效益好等特点，具体表现为“两个均衡”和“三个提高”，即经济结构内部的均衡、经济发展与生态环境的均衡和经济产出效率的提高、创新能力的提高以及人民生活水平的提高，是经济数量增加和质量提升的有机统一。为了实现经济的高质量发展就必须解决好城乡收入差距过大的问题，实现共同富裕和社会的和谐稳定。

共同富裕是经典马克思主义的核心思想，其理论内涵具体表现在经济基础、制度保障和实现过程三个方面。就经济基础而言，共同富裕的物质基础表现为高度发达的生产力；就制度保障而言，共同富裕的实现要求消灭资本主义私有制，建立社会主义公有制；就实现过程而言，共同富裕是一个贫富差距逐渐消除的漫长过程。伴随着中国的实践探索，共同富裕在我国具有了新的理论内涵。毛泽东思想中的共同富裕集中表现为消灭阶级剥削与阶级压迫，实现社会主义大同社会；邓小平理论中指出共同富裕是社会主义的本质特征，要通过先富带后富，最终实现共同富裕；在此基础上，“三个代表”重要思想与“科学发展观”也进一步丰富了共同富裕的理论内涵；现阶段的共同富裕，要求全面建成小康社会，在解决好社会主要矛盾的前提下，让全体人民享有幸福安康的美好生活。总而言之，共同富裕既是社会主义制度区别于其他剥削制度的本质要求，也是新时代中国特色社会主义的价值目标和实践追求，要实现共同富裕，就必须致力于缩小贫富差距，从根本上消除两极分化的现象。

2013 年发布的《关于深化收入分配制度改革的若干意见》中明确指出，要充分认识到深化收入分配制度改革的重要性和艰巨性，缩小城乡收入分配差距，规范收入分配秩序，通过完善初次分配机制，健全再分配调节机制，建立健全促进农民收入较快增长的长效机制等途径增加城乡居民收入，实现共同富裕。2015 年，习近平总书记在党的十八届五中全会中提出“重点促进城乡区域协调发展，健全城乡发展一体化机制，提高社会主义新农村建设水平”。“十三五”规划中明确指出“城乡区域发展不平衡的态势未得到根本扭转”，要在发展过程中，重点促进城乡区域协调发展，不断增强发展的整体性。2017 年，习近平总书记在中国共产党第十九次全国代表大会上作了《决胜全面建成小康社会 夺取新时代中国特色社会主义伟大胜利》的报告，报告指出：现阶段我国城乡收入分配差距依旧较大，要加快建立健全城乡融合发展体制机制和政策体系，推进农业农村现代化、城乡义务教育一体化发展，向全体人民共同富裕迈出坚实步伐。缩小城乡收入差距，是社会主义的本质要求，是国民经济稳定协调持续发展的必然要求，更是保持国家长治久安、构建社会主义和谐社会的需要。本章将从宏观和微观两个角度，通过测算基尼系数、泰尔指数等指标衡量我国整体、地区各层面的城乡居民收入差距，描述其变动趋势，进一步对造成城乡居民收入差距较大的原因进行分析，并给出相应的政策建议。

第二节　新中国 70 年城乡收入差距的变动趋势

20 世纪 90 年代以来，城乡收入差距扩大这一问题一直是经济学关注的热点问题，现有文献主要使用了城镇居民可支配收入与农村居民纯收入的比值、基尼系数、泰尔指数这三种方法对城乡收入差距进行测度（陆铭、陈钊，2004；王少平、欧阳志刚，2007；李实、赵人伟，1999）。相对于基尼系数和泰尔指数，城镇居民可支配收入与农村居民纯收入的比值计算简单，得到的结果更加直观，易于理解，但所存在的问题是城镇居民可支配收入与农村居民纯收入都只是对城乡居民收入总体情况进行了平均，没有考虑城乡人口差异所带来的影响，因此，仅用这一项指标还不足以对我国城乡收入差距的整体状况进行描述。因此，本章使用城镇居民可支配收入与农村居民纯收入的比值、基尼系数、泰尔指数这三种方法对 1978 年以来我国整体以及省份的城乡收入差距进行测度。此外，在宏观视角下刻画城乡收入差距的基础上，为了对城乡收入差距进行更加完整、充分的说明，本章使用微观数据对城乡收入差距进行了再测度，以使本章的内容更加完善。

一、宏观视角下我国城乡收入差距的变动趋势

由于城乡居民收入差距解释了我国居民收入差距中的绝大部分（魏后凯，1996；林毅夫等，1998），本章使用城乡居民收入差距对我国收入不

平等的状况进行描述。本节使用城镇居民可支配收入与农村居民纯收入的比值、基尼系数以及泰尔指数来测度城乡收入差距，所使用的城镇居民可支配收入、农村居民纯收入以及城镇人口和乡村人口的数据均来源于历年《新中国六十年统计资料汇编》和《中国统计年鉴》。由于缺少我国1949—1978年城镇居民可支配收入的数据，上述三个测定城乡收入差距的指标均以1978年为起点。同时，1978—2012年的城镇居民可支配收入与农村居民纯收入数据来源于城镇住户调查和农村住户调查，而从2013年起使用的一体化住户收支与生活状况调查数据使得数据来源及统计口径发生了变化，但由于“十二五”规划的需要，2013—2015年的城镇居民可支配收入与农村居民纯收入数据仍根据原有的可比口径计算，因此本章所使用的城镇居民可支配收入以及农村居民纯收入数据以2015年为结束点。因此，本章仅对宏观视角下1978—2015年我国城乡收入差距的变动趋势进行分析。

城镇可支配收入与农村居民纯收入的比值由城镇居民可支配收入除以农村居民纯收入得到，本章计算得到的1978—2015年城镇可支配收入与农村居民纯收入比值的变动趋势如图7-1所示。已有文献中关于城乡之间基尼系数的计算方法种类繁多，在考虑数据可得性的基础上，本节参考陈建东（2010）采用的基尼系数分解方法，将城乡之间的基尼系数表示为 $G_{ur}=\frac{P_r P_u(Y_u-Y_r)}{Y}$，其中，$P_r$，$P_u$ 是指农村、城镇人口所占比例，Y_r，Y_u 以及 Y 分别指农村的人均收入、城镇人均收入以及总平均收入。按照该公式求得的我国1987—2014年的基尼系数如图7-2所示。在求得基尼系数的基础上，本节参考王少平等（2007）求解泰尔指数的公式，将泰尔指数表示为 $tl_{i,t}=\sum_{j=1}^{2}\frac{p_{ij,t}}{p_{i,t}}\ln\left(\frac{p_{ij,t}}{p_{i,t}}/\frac{z_{ij,t}}{z_{i,t}}\right)$，根据此式求得的我国1978—2015年的泰尔指数如图7-2所示。

1978年以前，由于在城市与农村内部实行严格的平均分配方式，城市内部与农村内部的收入差距较小，但在以农业剩余支持城市重工业发展以及严格限制人口流动为目的的政策导向下，城乡之间的收入差距较大。国家通过推行农产品的统购统销制度以低价垄断农业剩余的流向，并将所得剩余支持城市重工业发展，这一过程在增加城市居民收入的同时也降低了农村居民应有的收入增长，扩大了城乡居民收入差距。进一步地，为了控制农村劳动力向城市流动、加强优先发展重工业战略的效果，政府实行了严格的户籍制度，进一步放大了城乡居民收入差距，因此，本章在宏观视角下测算的1978—2015年的城乡居民收入差距变动趋势有一个较高的起点。根据我国在不同时点实行的城镇和农村居民收入相关的改革政策，可以将1978年以后城乡居民收入差距变动趋势划分为1978—1985年、1986—1994年、1995—1997年、1998—2003年以及2004—2015年五个阶段。

从图7-1、图7-2中可以看出，1978—1985年我国城镇可支配收入与农村居民纯收入的比值、泰尔指数以及基尼系数均呈现出下降的趋势。这一趋势主要受到了1978年农村改革的影响。1978年农村开始实行家庭承包责任制，农民开始对农业剩余拥有自主支配权，这一改变使得农民的生产积极性大大提高，从而提高了农村的劳动生产率，提高了农民收入。在城市中虽然也进行了相应的改革，但其效果相比于农村改革要小得多，因此，伴随着农村居民收入的增加，城乡居民收入差距开始下降，城镇可支配收入与农村居民纯收入的比值、泰尔指数以及基尼系数分别从1978年的2.57、0.09137、0.1802下降到1983年的1.82、0.03712、0.1183。1983年对我国国有企业的所得税改革以及开征的农林特产品农业税、1984年彻底实行的国有企业利改税等对利润分配制度进行的改革，提高了国企运行效率而相应降低了农村居民收入，使得城市居民可支配收入相对于农村居民纯收入小幅增长，使1983—1985年城乡居民收入差距略微扩大。

从图7-1、图7-2中可以看出，1986—1994年我国城镇可支配收入与农村居民纯收入的比值、泰尔指数以及基尼系数均呈现出波动上升的趋势。这一变动趋势与相应的改革政策相对应。1986年我国开始实行以搞活和开拓市场为目的之一的城市经济体制改革，城市经济发展速度加快引致城市居民可支配收入增长加快，城市城镇居民可支配收入开始不断提高，城镇可支配收入与农村居民纯收入的比值、泰尔指数以及基尼系数分别从1986年的2.13、0.06429、0.1633上升到1994年的2.86、0.1348、0.2480。

从图7-1、图7-2中也可以看出，1995—1997年我国城镇可支配收入与农村居民纯收入的比值、泰尔指数以及基尼系数均呈现出波动上升的趋势。1994年实行的“八七扶贫攻坚计划”以及“米袋子省长负责制”增加了政府对于农业以及农村问题的关注，这一系列措施具有增加农民收入的作用。同年实行的分税制改革增加了城市居民的税负，减缓了城镇居民可支配收入的增长速度。但由于1994年发生自然灾害造成农业减产，这些政策对于缩小城乡收入差距的作用在1995年才显示出来。同时，国家从1995年开始进行宏观调控以降低经济热度，减缓了城镇居民可支配收入的增长速度，因此1995—1997年城乡居民收入差距不断缩小，城镇可支配收入与农村居民纯收入的比值、泰尔指数以及基尼系数分别从1995年的2.71、0.1215、0.2359上升到1997年的2.47、0.1004、0.2173。

从图7-1、图7-2中还可以看出，1998—2003年我国城镇可支配收入与农村居民纯收入的比值、泰尔指数以及基尼系数均有不断上升的趋势。受经济增长以及1998年实行促进经济增长、扩大内需以及去产能等经济政策的影响，城市劳动生产率不断增长，城镇居民可支配收入也随之增长，由于产出的大幅增长主要发生在城市并且农村受上述政策的影响较小，城镇居民可支配收入的增长幅度大于农村居民纯收入，因此，伴随着经济的不断增长，城乡居民收入差距不断扩大，城镇可支配收入与农村居民纯收入的比值、泰尔指数以及基尼系数从1998年的2.51、0.1044、0.2232上升到2003年的3.23、0.1624、0.2824。

从图7-1中可以看出，2004—2015年城镇可支配收入与农村居民纯收入的比值的变动趋势表现为先缓慢上升然后下降的过程，而从图7-1中也可以看出，2004—2015年泰尔指数和基尼系数则表现为先缓慢下降后加速下降的过程，为考虑人口变动带来的影响，我们主要对泰尔指数与基尼系数的变动趋势作出分析。从 2004 年起，国家实行以加强农业入手的宏观调控，减免农业税、基本取消农业特产税、对农民实行补贴等一系列惠农措施的实施，“工业反哺农业”“城市支持农村”的方针的施行，政府对农业支持作用下的农业现代化进程的不断加快以及政府对城乡收入差距扩大问题的重视等，使得城乡居民收入差距不断下降，泰尔指数和基尼系数从 2004 年的 0. 1591 和 0. 2794 下降到 2015 年的 0. 1160 和 0. 2294。

从总体上看，1978 年以前，政府政策作用的发挥主要扩大了城乡居民收入差距，而 1978 年以后，政府的作用主要体现为减缓由经济发展带来的城乡居民收入差距不断扩大的趋势。

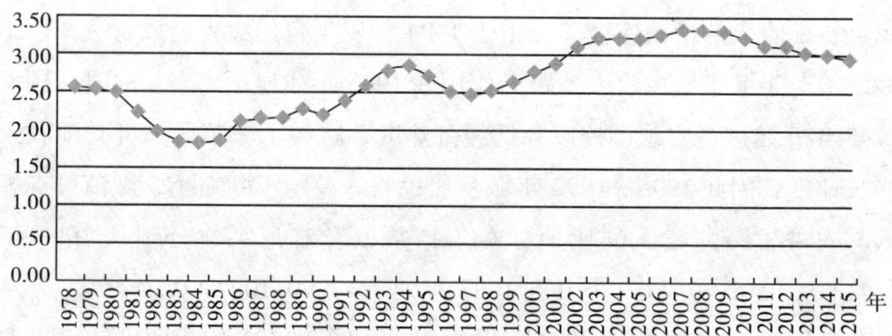

图 7 - 1　城镇居民可支配收入与农村居民纯收入的比值的变化趋势

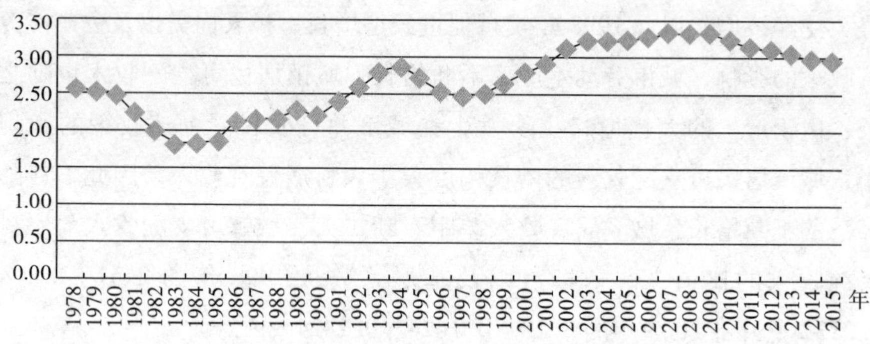

图 7 - 2　1987—2014 年我国基尼系数与泰尔指数的变化趋势

二、微观视角下我国城乡收入差距的变动趋势

以上关于城乡收入差距的分析均以宏观数据为基础，只分析了城乡收入差距在一个方面的表面，本部分利用从中国家庭收入调查（CHIP）数据库中获得的有关城镇与农村收入及人口的数据，进一步分析我国城乡收入差距的变动趋势。但由于中国家庭收入调查数据库中其他年份的人口数据难以获取，在数据可得性的基础上，本节对 2011 年、2012 年以及 2013 年我国微观视角下以基尼系数和泰尔指数衡量的城乡收入差距作出分析，结果如图 7 - 3 所示。

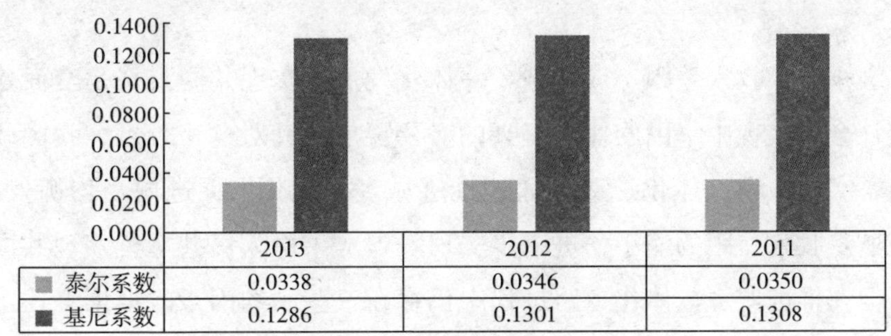

图 7 - 3 微观视角下的基尼系数与泰尔指数

从图 7 - 3 中我们可以看出，由于使用相同的计算方法，利用微观数据得到的基尼系数数值整体上大于泰尔指数的数值，这一结果与利用宏观数据计算得到的数值大小结果相同。与宏观视角下城乡收入差距 2011—2012 年小幅下降而 2012—2013 年下降幅度较大的结果相比，微观视角下的泰尔指数与宏观视角得到的结果相同，而微观视角下基尼系数的变动趋势则与上述结果相反——微观视角下的基尼系数 2011—2012 年有较大幅度的下降。从数值的大小来看，宏观视角下得到的 2011 年、2012 年及 2013 年的基尼系数分别为 0. 2772、0. 2757 及 0. 2522，而微观视角下相对应的基尼系数的数值为 0. 1308、0. 1301 及 0. 1286；宏观视角下得到的 2011 年、2012 年及 2013 年的泰尔指数分别为 0. 1587、0. 1566 及 0. 1308，而微观视角下相对应的基尼系数的数值为 0. 0350、0. 0346 及 0. 0338。利用微观数

据得到的基尼系数与泰尔指数整体上小于利用宏观数据得到的对应指数，这一差异可能来自宏观视角下测算的两种指数使用的人口数是农业与非农业人口而非城镇人口与农村人口。尽管宏观与微观视角下所测得的衡量城乡收入差距的指数存在差异，但在这两种不同的视角下城乡收入差距的变化趋势基本相同，都在2011—2013年表现为下降的趋势，能够说明我国缩小城乡收入差距的相关政策取得了一定的效果。

第三节　城乡收入差距变动的影响因素

缩小城乡收入差距、促进城乡一体化发展、实现共同富裕是全面建成小康社会，实现中华民族伟大复兴的必要要求。针对这一难点，我国政府提出了实施城乡一体化道路，通过推进城乡一体化，促进城乡均衡发展，实现城乡收入差距的缩小，进一步实现发展成果由人民共享，实现共同富裕。但在推进城乡一体化道路过程中仍存在一些制约因素，根据上述对城乡收入差距从宏观与微观方面作出的综合评价，本章确定了如下几个主要问题。

一、经济发展层面存在的问题

1978年改革开放以来，中国经济经历了40多年的高速增长，根据国家统计局的数据，1978—2017年，我国经济年均增长速度超过9%，其中，城镇和农村居民收入的年均增长率在8%左右（李实，2018）。经济发展态势平稳向好，但是在缩小城乡收入差距方面仍存在以下几点问题。

（一）对外贸易

进出口贸易的蓬勃发展，在促进我国实现经济高速增长的同时也扩大了城乡收入差距（魏浩，2015）。进出口贸易主要是通过影响就业和工资水平对我国城乡居民收入差距产生影响。随着我国进出口贸易结构的不断优化，低技术工业制成品在进口总额和出口总额中占比不断下降，中高等技术含量制成品的占比不断上升。进出口贸易结构由以劳动密集型产品为主向技术密集型产品为主的转变，在一定程度上对劳动力市场的供求关系产生了冲击，对技术型熟练劳动力的需求不断上升，对非熟练劳动力的需求进一步下降。而非熟练劳动力的主体是农民工，熟练劳动力的主体是城市居民，所以随着对外贸易的发展，我国城乡居民收入差距进一步扩大。

（二）金融发展

金融支持对于缓解资金“瓶颈”、促进经济发展有着重要作用，但是在我国城乡二元结构的现状下，金融体系的发展在一定程度上扩大了城乡居民收入差距（孙永强，2012）。在我国，城市部门属于资本密集型部门，而农村部门属于劳动密集型部门。城市部门的发展对资金的依赖程度更高，资金约束会对城市部门的发展产生更大的影响，金融体系的发展通过缓解金融市场的信息不对称、道德风险等问题，提高了融资效率，缓解了城市部门的资金约束问题，进一步解放了城市部门的生产力。但是对于农村部门而言，金融市场的城乡二元化发展，使得农村资金大量流入城市部门，农村中小企业发展缺乏相应的资金支持，抑制了农村部门生产力的提高，从而制约了农村居民收入水平的提高。总体来看，在这两种机制的共同作用下，金融体系的发展抑制了我国城乡居民收入差距的缩小。

（三）人力资本

改革开放以来，我国教育水平迅猛发展，平均受教育年限提升明显，高等教育人口占比不断提升，但是现阶段教育投入呈现出偏向城市的特征，这一情况成为造成城乡收入差距扩大的主要原因（陈斌开，2010）。目前，城市与农村在教育质量水平方面存在较大差异，直接影响到人力资本投资的回报率，城镇居民在享受良好教育质量的同时，也享受到了更高的投资回报率，从而比农村居民更加倾向于人力资本投资，形成人力资本积累的良性循环。与此同时，农村居民进行人力资本投资的意愿更小，造成城市和农村在人力资本上的差距不断扩大，进一步导致了工资水平的差异，教育水平较低的农村居民在劳动力市场上拥有较差的议价能力，从而接受了远低于教育水平较高的城镇居民的工资水平，最终致使城乡居民收入差距不断扩大。

（四）产业结构

工业化的发展过程伴随着产业结构的不断优化调整，具体表现为主导产业的依次变迁，由第一产业逐渐过渡到第二产业，进一步演变为以第三产业为核心。产业结构的变动对我国城乡居民收入差距产生了重要影响（杨晶，2018）。现阶段，第二产业是居民收入的主要来源，城市产业以二、三产业为主导，农村地区以第一产业为主。城市具有较强的极化效应，以服务业和制造业为首的第二、第三产业部门集聚了大量人才、技术和资金，要素资源的集聚刺激了城市内部经济的快速发展，提高了生产效率，实现了城市居民收入水平的大幅上涨。而在农村地区，则形成以第一产业为主的“低端锁定”，生产效率低下，发展速度缓慢，农村居民收入上涨速度低于城镇居民，进一步造成了城乡居民收入差距的不断扩大。

二、政府政策层面存在的问题

改革开放以来，中国经济能够取得引人瞩目的巨大成就，与政府出台的各种经济政策有着密切联系，但也造成了一些无法回避的问题，过大的城乡居民收入差距就是其中重要的一项。

（一）城市化

城市化是转变目前城乡二元结构、实现城乡共同发展的重要举措，但是在具体推进过程中，却对缩小城乡收入差距产生了不利影响（李子叶，2016）。正确的城市化模式是以隔断一部分农民与土地的关系、在城市定居就业为必要条件的。在现阶段，我国的城市化进程并非如此，一方面，大部分农民工离开农村进城务工，但是并没有在城市定居，未能隔断与农村土地的联系，农村留守的居民因此没有分到更多的土地，土地集约化、规模化经营的实现遥遥无期，生产率得不到提高，农村居民收入不能大幅提升；另一方面，能够进入城市定居的农民都是比较富裕、具备一定技能的农民，随着他们进入城市定居，即使在居民收入水平一定的情况下，在数值统计上也会造成城乡居民收入差距的扩大。综上所述，在城市化初期，城市化进程的推动会导致城乡差距的进一步扩大。

（二）社会保障

社会保障是再分配中的重要一环，是调节初次分配过程中不均衡状况的必要工具，健全的社会保障制度可以舒缓社会矛盾、缩小城乡贫富差距。事实上，我国目前的地方财政体系呈现出偏向城市的特征，地方政府在实际执政过程中会优先考虑城镇，更多考虑城镇利益，突出表现在基础教育、医疗卫生等公共服务支出领域，在改善民生、维持社会公平方面的民生财政支出也具有城镇偏向，农村居民难以享受到与城市居民相同的待遇，这就导致地方政府增加财政支出并不能缩小城乡差距，社会保障支出占地方财政支出的比重越高，城市在地方政府财政支出得到的利好更多（陈工，2016）。总体而言，现阶段社会保障加速了城乡居民差距的扩大。

第四节　政策建议

以上对城乡收入差距影响因素的梳理与分析可知，城乡收入差距的扩大既是经济发展过程中特定因素的结果，也受到政府相关政策的影响。本节结合我国经济发展的现状与政策环境提出以下政策建议。

一、经济发展层面缩小城乡收入差距的政策建议

经济发展过程中，资源的供给向城市倾斜，同时虽然存在着对农村剩余劳动力的大量需求，但由于剩余劳动力的供给大于需求导致其所得报酬较低，同时我国农业生产效率低下，使得城乡之间的收入差距不断扩大。

本节将从供给与需求的角度提出经济发展层面缩小城乡收入差距的政策建议。

（一）对外贸易视角下缩小城乡收入差距的政策建议

对外贸易的不断发展引致的贸易结构的优化来源于外贸企业与国外企业的不断竞争，这种竞争所导致的对劳动力需求的变化快于非熟练劳动力向熟练劳动力和技术型转化的速度，因此对以农村居民为主体的非熟练劳动力的需求减少，因而贸易结构的优化通过影响就业和工资水平影响城乡收入差距。因此，基于对外贸易视角缩小城乡收入差距的政策应从农村非熟练劳动力的提升入手。首先，由于非熟练劳动力缺少对对外贸易发展趋势的了解，农民在进入劳动力市场时无法获悉市场对非熟练劳动力的需求程度，因此，政府应当及时发布对非熟练劳动力需求的相关信息，引导非熟练劳动力的流动，避免其盲目进入市场所造成的高就业成本损失。其次，即使农村劳动力已经了解了市场对于非熟练劳动力的需求下降，由于其缺乏劳动技能提升的途径，自身也很难实现由非熟练劳动力向熟练劳动力以及技术型劳动力的转变，因此，政府应当在了解劳动力市场需求的情况下对农村劳动力进行相关培训，促进其由非熟练劳动力向熟练劳动力以及技术型劳动力的转变。此外，由于城市生活成本较高，被市场淘汰的农村劳动力因无法负担城市的生活费用而选择“返乡”，因此，政府对其的培训应主要在农村展开。最后，农村劳动力在拥有一定技能之后其议价能力提升，但仍存在需求信息不足的问题，因此，应建立相关网络平台，增强劳动需求方与供给方之间的信息流动，促进农村劳动力的有效就业。

（二）金融发展视角下缩小城乡收入差距的政策建议

针对农村缺少资金支持的问题，我国现已出台相关政策，以增强对农村的金融支持，这种以国家补贴为特点的金融支持对于农村的发展是远远不够的。农业生产中的风险主要来源于自然因素和经济因素两个方面。受中国长久以来农耕文化的影响，农民的风险意识较差，对于农业生产中由于自然因素导致的风险容易采取“逆来顺受”的策略，由于其缺乏相关信息而难以抵御农产品价格下降的经济风险。而金融行业所提供的金融支持主要以低风险为特点，在我国农业现代化发展滞后的条件下，农业生产受到自然因素和经济因素的影响较大导致其风险较高，因此金融资源在农村的供给不足，难以支持农村发展和农民收入提高。因此，政府在增加农村金融支持的已有政策下还需从资金的需求方入手降低其收入的不确定性。首先，农业生产的自然风险多来自天气因素所导致的旱涝造成的减产，农业现代化不仅能够提高农业生产率，而且能够抵御自然风险，降低农民收入的不确定性，因而针对农业生产中的自然风险，政府应促进农业生产现代化的发展。政府应主要促进农业现代化中生产机械化与农业基础设施的建设，降低农业生产的自然风险。其次，农业生产中的经济风险主要来自农产品价格的不确定性，这种不确定性的主要因素为供给增加所造成的“谷贱伤农”现象。针对这一问题，政府应在预测到某种农产品供给将增加的情况下，引导农民将生产转向其他种类的农产品，降低农业生产的经济风险。农业生产不确定性的降低，使得金融资源能够自发地向农业部门靠拢，加大对农业生产的资金支持，从而提高农民收入。

（三）人力资本视角下缩小城乡收入差距的政策建议

我国长期以来存在农村人力资本投资回报低的问题，尽管政府在不断加大农村的教育支出，但是这一问题并没有得到妥善解决，导致农民进行人力资本投资的意愿并不高。农村人力资本投资回报低的原因主要在于两个方面：一是农村的人力资本投资方向存在问题；二是农村的基础教育质量较低。由于农民缺乏对人力资本投资方向的了解，其一味地选择专业教育而非职业教育，在我国高等教育扩招所引致的具有较高专业教育水平的劳动力供给暴增的条件下，专业教育回报率的下降导致了农民人力资本投资回报率较低。中国基础教育质量较差这一现象的发生主要是受到教育资源较差的影响。出于个人长远发展的考虑，优秀的教师多选择在工资高、机会多以及居住环境良好的城市工作，因而农村基础教育中优秀教师占比较低，导致其“教育软件设施不足”。此外，政府的教育支出向城市倾斜而对农村的教育支持较弱也是农村人力资本投资回报低于城市人力资本投资回报的一个原因。因此，政府应从纠正农村人力资本投资方向与提高其基础教育质量入手，提高农村人力资本投资回报。首先，政府需要引导农民的专业教育优于职业教育这一思想的转变，向农民提供职业教育回报有关信息的供给，增加其在进行人力资本投资时所能利用的信息以使其作出自身利益最大化的选择，增加其收入。其次，政府应鼓励教育资源流向农村地区。在调整教育支出在农村与城市之间分配的基础上，政府应当激励优秀教师支持农村教育方式的多样化，包括公开的网络课程、农村教师的培训等。通过改变农村地区人力资本投资方向以及提高基础教育质量，使得农民人力资本投资回报上升，增加其收入，减小城乡收入差距。

（四）产业结构视角下缩小城乡收入差距的政策建议

产业结构优化影响城乡收入差距的根源在于产业结构的优化主要发生在城市，而农民由于产业结构单一并没有收益。农村不能受益于产业结构优化的原因主要有两方面：一是农村的农业生产多集中于初级农产品的生产，既没有联通上游也没有向下游生产延伸，由于农民缺乏议价能力，其收入受到初级农产品收购方以及其投入品供给方的挤压难以得到有效提高。二是农村主要集中于初级农产品的生产方式，使得其即使在第一产业内部也为形成相应的产业链造成产业结构单一，而在中国土地资源有限、农业人口较多、同时2008年经济危机之后城市对农村劳动力吸收能力下降的背景下，未被吸收的农村劳动力再次投入农业生产中，使得其劳动生产率降低，不利于提高农民收入。因此，政府应致力于引导农村第一产业内部产业链的延伸以及产业结构的优化。首先，政府应当出台相关政策，引入初级农产品生产的上游与下游企业，将农民与厂商直接联系起来，减少初级农产品及其投入品的流通环节，通过降低初级农产品生产的投入品以及农产品出售的交易成本，增加农业生产利润，提高农民收入。其次，在第一产业有所发展的基础上，政府应当选择与本地区相适应的第二、第三产业，通过吸收农村剩余劳动力以及产业之间的互惠互利提高农业生产率，增加农民收入。

二、政府政策层面缩小城乡收入差距的政策建议

中国的经济起飞最初受益于以农村的发展为代价的城市经济的快速增长，受这一理念的影响，相关政策一直向城市倾斜，造成城乡收入差距的进一步扩大。本节将从与城市化和社会保障相关的政策入手，对政府下一步的政策制定提出建议。

（一）城市化进程中缩小城乡收入差距的政策建议

中国的城市化进程不同于西方国家的城市化进程。由于受到计划经济时期以及“赶超型战略”实施时期所采用的以户籍制度为基础的强行分割城镇居民与农村居民的政策的影响，改革开放以来，农村劳动力向城市的流动仍然受到限制。农村劳动力受到的限制主要体现在两个方面：一是以户籍制度为基础的人口管理体制以及各地政府限制农村劳动力流通的行政手段，使得农民工在城市落户困难，未在城市落户的农民工难以享受或者不能以相同的成本享受城市的交通、教育和医疗等资源，使得其生活成本高昂，在城市难以为继，收入的提高受到限制。二是由于土地流通受限，能够在城市生存的农村劳动力难以完全将其所占有的土地转变为实际的财产，享受土地增值带来的收益，在承担城市高额生活成本的条件下，其收入难以提高。因此，政府应当向多年在某一城市工作的农村劳动力适当放低其进入城市、享受该城市教育、医疗等资源的门槛，降低其生活成本，以增强其向城市转移的动力。此外，政府还应促进外出务工农民所占土地的出租、出借等，实现土地的集约化使用、农业生产的规模化，提高农民收入。

（二）社会保障环节缩小城乡收入差距的政策建议

社会保障造成城乡收入差距扩大的原因在于，城镇居民与农村居民所能享受到的社会保障支出不同。这一差异同样来源于计划经济时期以及

“赶超型战略”实施时期所实行的牺牲农村居民利益促进城镇发展的相关政策的影响。改革开放以来，我国的社会保障资源一直向城市倾斜，而对农村的支持力度不足，这一现象扩大了城乡收入差距。要改变社会保障支出对城乡收入差距的不利影响，政府需要增强公共财政支出对农村社会保障事业的支持力度，社会保障支出应该更多地向农村倾斜，扩大基本医疗保险、基本养老保险等对农村居民的覆盖范围，实现农村与城市社会保障制度的对接和保障项目与力度的均等化，在此基础上缩小城乡居民收入差距。

第八章　中国核心通货膨胀变动的政治经济学研究

第一节　新中国70年通货膨胀率的演进

作为宏观经济调控的四大目标之一，稳定物价一直是货币政策当局所关心的重点；同时，与一国经济发展密切相关的通货膨胀问题在宏观经济学研究范畴中也占突出地位。因此，各国政府都将稳定物价作为当局制定货币制度时的最终目标，通货膨胀则作为衡量物价水平的核心指标，一直受到广泛关注。

我国有货币存量统计数据的资料始于1952年，因而从1952年直至改革开放前，我国的通货膨胀水平的变动可大致以每年货币存量的增长率的变动趋势来体现。其中，1959—1961年三年困难时期的供应短缺，致使这一时期物价上涨。改革开放以来，我国的通货膨胀水平可大致由全国居民消费价格指数（CPI）的变动来体现。根据《新中国55年统计资料汇编（1949—2004）》以及中国统计年鉴相关年度数据，可得我国1980—2016年全国居民消费价格指数（见图8－1）。

由图8－1中1980—2016年CPI的变动趋势以及波动幅度，可大致以2000年为分界点分两大时期来看。改革开放以来直到2000年，我国共经历了四次较为严重的通货膨胀。1979—1980年，计划经济体制刚向市场经济体制转型，国家对企业的改革逐步展开，企业以及地方政府的自主权得

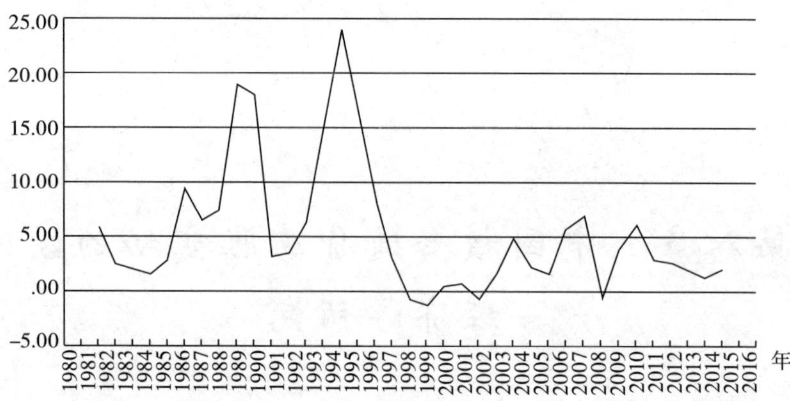

图 8-1　1980—2016 年全国居民消费价格指数（CPI）

资料来源：《新中国 55 年统计资料汇编（1949—2004）》《中国统计年鉴》。

以扩大，致使一些企业及地方政府盲目地投资扩张；同时，基础建设的加快、需求的增加，又使得总需求超过总供给，进而引起了一般价格水平的持续显著上涨，使得 1980 年通货膨胀率达到 6%。1984—1985 年，国内固定资产投资规模过大导致社会总需求过旺，伴随着基建规模的进一步扩大、工资性收入的增长以及货币信贷投放的急剧扩张，我国经济出现过热现象，导致通货膨胀水平的上涨。在中央为应对该时期的通胀所采取的紧缩政策尚未完全见效的同时，1986 年全民所有制企业改革启动，需求进一步膨胀，导致了 1987—1989 年又一波的物价上涨。1992 年邓小平“南方谈话”以后，中国经济进入高速增长阶段，固定资产投资规模急剧扩张，金融秩序持续混乱，1994 年我国通货膨胀率高达 24.1%，创历史最高水平。“四热”（房地产热、开发区热、集资热、股票热）、“四高”（高投资膨胀、高工业增长、高货币发行和信贷投放、高物价上涨）、“四紧”（交通运输紧张、能源紧张、重要原材料紧张、资金紧张）和“一乱”（经济秩序特别是金融秩序混乱），足以概括 1993—1995 年我国的经济形势。经治理，1995—1998 年，物价明显回落。21 世纪以来，我国则大致经历了三次价格上涨，第一次是在 2002 年年底到 2004 年，持续了将近 27 个月；第二次是 2007 年到 2008 年年末，持续了近 24 个月；第三次是从 2009 年 7 月开始，全国物价又开始呈现出逐月走高的趋势，自 2010 年 2 月 CPI 达

2.7%超过同期1年期存款利率后，这种物价上涨的趋势愈演愈烈，并于5月突破了3%的政府通胀率控制目标，随后又屡创新高。2010年以来，全国居民消费价格指数（CPI）维持在3%以上，尤其是在2011年7月CPI达到6.5%的36个月新高。进入2012年后，CPI有所回落。2018年11月央行最新发布的《中国金融稳定报告（2018）》中显示，2017年通货膨胀总体温和，CPI同比上涨1.6%，涨幅比上年回落0.4个百分点。然而高通胀给国家经济发展、社会稳定，尤其是民生保障等方面带来的负面影响，决定了我们时刻都不能放松对通货膨胀问题的关注。

物价稳定对于保障民生的重要性不言而喻。党的十九大报告中强调我们要领会新时代中国特色社会主义思想的精神实质和丰富内涵，坚持在发展中保障和改善民生，增进民生福祉是发展的根本目的。必须多谋民生之利、多解民生之忧，在发展中补齐民生短板、促进社会公平正义。因此，为了货币当局保持物价稳定的货币政策目标的实现，就需要寻找一种能够反映通货膨胀水平、能够为把握通货膨胀变化趋势提供有用信息的衡量指标。

一般来说，居民消费价格指数CPI在一定程度上可以反映通货膨胀趋势，但有时某些暂时性因素会导致个别商品价格出现异常波动，使得CPI有时不能准确反映总体物价水平的变动趋势，进而对货币政策的制定产生负面影响，最终影响宏观经济运行以及经济的持续增长。在这种情况下，作为一种能够剔除价格波动中暂时性因素的影响，进而反映通货膨胀长期潜在变化趋势的新指标——核心通货膨胀率，在衡量通货膨胀长期趋势方面的优势已经在世界范围内得到广泛认可，成为各国货币政策制定过程中的重要参考指标。

同时，仅仅了解通货膨胀变化趋势这一信息不足以对当前经济发展趋势以及通货膨胀所面临的主要冲击和各项政策调控的有效性进行分析和判断，还需要深入探讨影响通货膨胀的因素及其作用机制，进而才能结合通货膨胀问题现状对症下药。这就需要结合中国的现实经济特征，从发展的政治经济学的视角来分析核心通货膨胀对经济增长周期波动的影响机制，从而最终为货币政策的调控目标和手段的修正提供政策启示。在发展的政治经济学这个大的视角下，结合中国现实经济特征，可以看到，中国经济发展的异质性可以从两个小的视角来探讨，即由于中国作为一个实行社会主义制度的发展中大国而特有的二重结构特征：中央政府—地方政府的关联以及政府—国有企业—民营企业的关联。这二重结构特征即构成了中国经济发展及其异质性的考察视角。

本章旨在对中国经济的长期增长趋势有一个较为客观、真实的认识，因此首先需要对中国核心通货膨胀进行测度。在介绍目前测算核心通货膨胀主要方法的基础上，运用具体方法来测算中国 2001—2016 年的核心通货膨胀率，并对所测定的核心通货膨胀率的波动情况进行分析，然后通过对中国 31 个省份 2005—2016 年核心通货膨胀率的测度得到通货膨胀水平的地区分布，进一步在测度的基础上考虑中国宏观经济发展中具有中国特色的二重结构特征对通货膨胀的影响，最终对当前经济发展趋势以及通货膨胀所面临的主要冲击和各项政策调控的有效性进行探讨。

第二节 核心通货膨胀率变动的政治经济学分析

一、核心通货膨胀率的内涵

CPI 并不能真实准确地衡量通货膨胀和反映经济形势的变化这一事实早已被广大学者所揭示。简泽（2005）[①] 认为，通货膨胀在标准的货币主义观点中，其实质是一种货币现象，而目的在于衡量获取某些特定商品和劳务的成本的商品零售价格指数 RPI 或消费价格指数 CPI 与通货膨胀在经济内容上并不匹配。赵昕东（2008）[②] 指出，CPI 在短期容易受到个别商品价格波动的影响，无法反映总供给与总需求之间切实的相关程度，可能

① 简泽. 中国核心通货膨胀的估计[J]. 数量经济技术经济研究,2005(11).

② 赵昕东. 基于 SVAR 模型的中国核心通货膨胀的估计与应用[J]. 统计研究,2008,25(7).

会对经济形势的判断产生误导，因此 CPI 并不是一个能够准确反映物价波动趋势和经济形势的衡量指标。侯成琪、龚六堂、张维迎（2011）① 则总结了度量生活成本变化的 CPI 通货膨胀率不适合作为货币政策制定依据的原因，一是 CPI 通货膨胀中货币因素会导致暂时性噪声；二是 CPI 通货膨胀率对支出比例加权所估计的权重会导致偏差。张延群（2011）② 认为，由于我国是按照居民消费支出的比例确定各类价格指数在 CPI 中的权重，并进一步提出，因为食品支出在居民消费总支出中占比较大，故其价格变动会对 CPI 产生很大的影响。例如，一些随机性的供给冲击会在短期内引起食品价格的上涨从而导致 CPI 的增长，进而就无法真实地反映物价总水平的变动趋势，加之近几年国际石油与原材料等商品的迅速涨价也对 CPI 造成了较大冲击，形成了输入型通货膨胀。赵昕东、汤丹（2012）③ 借鉴国外学者 Bryan 和 Cecchetti（1993）④ 的经验，认为 CPI 并非是一个好的判断经济形势指标的弊端在于其容易受到暂时价格波动冲击的影响，其次是 CPI 中各波动成分所占的权重是固定的，因此，用 CPI 来估计通货膨胀有偏差。

综上所述，CPI 在一定程度上不适合作为衡量通货膨胀和判断经济形势的核心指标，因此，核心通货膨胀成为另一个备受关注的用来度量通货膨胀的新方法。核心通货膨胀的概念是 20 世纪 70 年代被提出的，当时原油价格被石油出口国大幅度地提高，从而导致了发达的工业化国家出现了严重的成本推进型通货膨胀，这些国家为抑制通货膨胀而采取的紧缩性货币政策又导致了经济停滞。当时的学者分析此现象后认为，在监测通货膨胀和制定货币政策时需要将 CPI 分解为两个部分：一部分是由总供给与总需求决定的趋势性成分，被定义为核心通货膨胀；另一部分是由食品和能源

---

① 侯成琪，龚六堂，张维迎．核心通货膨胀：理论模型与经验分析[J]．经济研究，2011(2).

② 张延群．中国核心通货膨胀率的度量及其货币政策含义[J]．金融研究，2011(1).

③ 赵昕东，汤丹．基于 CPI 分项目价格指数的中国核心通货膨胀估计及政策选择研究[J]．统计研究，2012，29(7).

④ Bryan，M. and S. Cecchetti. The Consumer Price Index as a Measure of Inflation[J]. *Federal Reserve Bank of Cleveland Economic Review*，1993(29)：15 – 24.

价格波动所决定的暂时性成分，被定义为非核心通货膨胀。

随后许多学者在研究核心通货膨胀时对其也有各自的定义。范跃进、冯维江（2005）① 认为核心通货膨胀是衡量与经济长期趋势相关的价格变动的指标或指标体系，它剔除了部分容易遭受外生冲击影响的不稳定商品的价格，核心通货膨胀反映了经济形势的"冷热"程度。简泽（2005）② 则依据通货膨胀的实质是货币现象这个本质特征，将核心通货膨胀定义为从商品零售价格指数 RPI 或消费价格指数 CPI 中观察到的，在一般价格水平变化中由货币冲击所导致的成分。赵昕东（2008）③ 更是从时间的角度"纵向"地将核心通货膨胀定义为"持续的通货膨胀"，即理解为"价格水平稳定且持久的上涨"，以某个时间点"横向"地将核心通货膨胀定义为"普遍的通货膨胀"，即理解为"价格普遍上涨的情况"。综上所述，赵昕东对核心通货膨胀的定义是观测到的通货膨胀中长期、持续的成分。王少平、谭本艳（2008）④ 通过分析众学者的理论总结出核心通货膨胀的特征，即核心通货膨胀是通货膨胀中持久的趋势，是构成 CPI 篮子的各细项所共有的长期趋势成分。

二、中国现实经济特征的两大视角下的通货膨胀

中国作为一个实行社会主义市场经济体制的发展中大国，有区别于其他经济体的异质性特征，因此，在政治经济体系安排上都具有"中国特色"。其中，"中央政府与地方政府的关系"以及"政府、国有企业与民营企业的关系"这两层结构特征在中国经济发展问题的各个方面都有所体现，通货膨胀问题也不例外。

---

① 范跃进，冯维江．核心通货膨胀测量及宏观调控的有效性：对中国 1995—2004 年的实证分析[J]．管理世界，2005(5)：6－13.

② 简泽．中国核心通货膨胀的估计[J]．数量经济技术经济研究，2005(11).

③ 赵昕东．基于 SVAR 模型的中国核心通货膨胀的估计与应用[J]．统计研究，2008，25(7).

④ 王少平，谭本艳．中国的核心通货膨胀率及其动态调整行为[J]．世界经济，2009(11).

（一）中央政府与地方政府

首先从制度安排的角度看，中央政府—地方政府的关联是理解中国经济发展逻辑的一条主线。中国长期存在中央统辖权和地方治理权的关联问题，改革开放后中国在经济领域又实施了针对地方政府的放权和激励机制调整，这样，政府间的关系及其所带来的经济效应就引起了关注。政府内部这种结构特征下的经济制度的选择会对资源配置方式和效率以及微观主体的行为选择带来影响，进而成为影响中国经济发展各个方面包括通货膨胀问题的重要变量，中央政府和地方政府之间的经济制度也就构成了中国现实经济发展及其异质性的一个观察视角。

讨论中央政府与地方政府的关系则必然要谈到财政分权问题。马斯格雷夫在分析中央和地方政府存在的合理性时曾提到，由于某些政策本身的特殊性，即它依各地的具体情况的不同而不同，如资源配置政策，因而与中央政府相比，对本地区居民偏好更为了解的地方政府在这方面更有发言权，即由地方政府而非中央政府来为自己本地区提供公共产品会更有利于经济效率的提高和社会福利的改进。奥茨的分权定理也提出，与中央政府相比，地方政府更接近于自己的民众，也更了解其所管辖区真正的需求，因此，由下级政府提供公共品是帕累托有效的。这就解释了中央政府和地方政府之间进行适当分权的必要性，这种分权可以赋予地方政府一定的相对独立的权利以管理自己的辖区。所谓财政分权，即指中央政府给予地方政府一定的税收权力和支出责任范围，并允许其自主决定预算支出规模及结构，使得基层的地方政府在作出决策和政策的选择时拥有一定的自主权。

20 世纪 80 年代，财政分权改革在全球范围内开始兴起，我国则是从 1980 年开始走上了分权之路，并从 1994 年开始实行以分税制为核心的财税体制改革。这是改革开放以来，也是新中国成立以来涉及范围最大、调整力度最强、影响最为深远的一次财税改革，它对中国各级政府之间的关系以及中国经济产生了深远的影响。因此，中央政府与地方政府的关系可从财政分权这一角度来理解。而关于财政分权与通货膨胀之间的关系，也有不少学者进行过分析，并提出了相应财政分权影响通货膨胀的作用机制，大致有以下两点。

第一，财政分权通过影响地方政府的收入、支出规模及结构进而作用于通货膨胀。具体来说，地方政府收入增加会降低本地区的通货膨胀率，而地方政府支出增加会提高本地区的通货膨胀率，即通货膨胀率与地方政府支出均呈正相关，与地方政府收入呈负相关，而财政分权对于地方政府的财政收支行为又有着直接影响，因此，财政分权会通过影响地方政府收支进而影响通货膨胀。首先，王寅寅（2011）① 提出，在支出规模方面，财政分权会带来地区间的竞争，而在“晋升机制”的激励下，地方政府官员往往倾向于扩张政府支出以促进本地区经济快速增长，这种财政支出的不断扩张就容易造成通货膨胀。而在地方政府支出结构方面，一般而言，地方政府更偏好于将公共支出向基础建设方面倾斜，而轻视科、教、文、卫等公共品的提供，即在支出结构方面具有“重基建而轻公共品”的特点。于是，当分权化程度越高时，地方政府支出部分用于基础建设的份额就越大。地方政府这样的支出偏好会导致其所管辖区内科、教、文、卫等公共品供给的不足以及福利制度和社会保障制度的不健全，本地区居民会加重对未来收入和价格的不确定性预期，进而使得居民提升其预防性储蓄动机。而高储蓄率会增加商业银行可贷资金，极易造成信贷扩张，最终导致通货膨胀。

第二，除了财政收支方面，匡大伟（2013）② 认为地方政府的投资也会对通货膨胀的变动产生影响，且是通过三种传导机制进行作用的。首先，地方政府要进行大规模投资，其主要渠道就是出让土地，李江（2012）③ 也提出，地方政府要支撑不断增加的投资支出必然需要增加收

---

① 王寅寅．地方政府收支、财政分权与通货膨胀[D]．上海：复旦大学，2011.

② 匡大伟．我国地方政府投资对通货膨胀影响的实证研究[D]．上海：上海师范大学，2013.

③ 李江．财政分权、地方政府投资与通货膨胀——来自中国转型期的证据[J]．经济问题，2012(3)：44－45，120.

入，而土地出让收入是其中非常重要的部分，即所谓的土地财政。而在地方政府出让土地以获得收入的同时，会使得土地价格攀升，进而推高房地产价格，而房地产价格在我国居民消费价格指数构成中又占有较大比例，那么接下来不可避免地会提升通货膨胀水平。除了出让土地，地方政府为了获得大量资金以用于投资还会通过地方融资平台进行贷款，而大量的银行贷款会促进货币增发，进而提升通货膨胀水平。最后，招商引资也是地方政府为了扩大投资而经常采取的措施。招商引资会激发企业的投资冲动，而各大企业盲目地投资扩张会使同类产品的生产远超国内的需求，进而造成产能过剩和经济过热。而当过剩产能无法被国内市场消化时，企业会将目光转移到国际市场上，期望通过出口来解决过剩的产能。这样又会使得我国的外汇储备得到攀升，央行则不得不增发货币，最终形成需求拉动的通货膨胀。

同时，宜文（2015）① 也提到，财政分权制度不仅给地方政府提供了更多动力，而且赋予了地方政府更多的财政收支权力，使地方政府可充分利用本地区的经济资源及公共财富。而在以经济增长作为地方政府官员政绩评价考核体系的核心时，地方政府更加容易为了片面提升本地区的经济实力而盲目增加财政支出和公共产品供给，甚至采取一些违规措施来吸引投资，这样就会进一步加剧地方政府之间的恶性竞争，从而增加了社会中的货币供应量，带来通货膨胀。李江（2012）② 还提出了地方政府投资的乘数效应，即地方政府的投资还会拉动整个社会的投资需求。而在需求和供给不对称增加的情况下，物价必然会上升，从而引起通货膨胀。张琛（2014）③ 则引入了地方政府的努力程度这一概念来表征地方投资规模，认为地方投资和地方政府的努力程度具有高度的一致性，他用分析财政分权

① 宜文．财政分权、银行信贷与通货膨胀——基于中国省级面板数据的研究［D］．重庆：西南大学，2015.

② 李江．财政分权、地方政府投资与通货膨胀——来自中国转型期的证据［J］．经济问题，2012（3）：44－45，120.

③ 张琛．中国式财政分权与通货膨胀的关系研究——基于省际面板数据的分析［D］．南京：南京大学，2014.

如何决定地方政府努力程度的方法来分析财政分权对于地方投资的作用机制，认为在中国式自上而下的分权模式里，地方官员进入相互博弈的政治锦标赛中，结果是财政分权会提高地方政府的努力程度。同时，财政分权的提高也使得地方政府拥有更大的动力和操作空间去提高其努力程度，此时，地方政府支出和地方投资会相应地增加，由此带来的总需求扩张会造成通货膨胀。但与其他学者不同的是，张琛提出财政分权对通货膨胀的传导机制只在短期内有效，而从较长期来看，财政分权对地方政府努力程度正向冲击的效果会逐渐减弱。同时，又由于地方政府努力程度所带来的投资增加大部分用于基础设施建设，而随着基础设施的完善，整个社会的交易成本会随之降低，并形成规模经济，这会在一定程度上降低通货膨胀，即从长期来看，地方政府的努力程度的提升反而会降低通货膨胀率。

综合各位学者的分析和讨论，可以了解到，财政分权会通过两种作用机制来影响通货膨胀。首先，财政分权所带来的地方政府的财政收支规模及结构的变动会影响到通货膨胀水平，具体来看，财政收入规模与通货膨胀水平成反比，而财政支出规模与通货膨胀水平成正比；同时，财政支出结构方面，财政分权下的地方政府有动力和能力将支出结构向基础建设方面倾斜，从而带动通货膨胀的提升。其次，地方政府投资又会通过三种传导机制促使通货膨胀产生。

（二）政府、国有企业与民营企业

作为世界上最大的发展中国家，中国在20世纪70年代末期推进了市场化体制转型，突破了单一的公有制经济，并进一步确立了以公有制为主体、多种所有制共同发展的基本经济制度。公有制为主体，即要求国有经济控制国民经济命脉，并对经济发展起主导作用。那么，作为政府，如何协调国有企业与民营企业的关系对于国家经济发展的意义不言而喻。既然如此，政府、国有企业与民营企业的关系又是如何对通货膨胀造成影响的呢？

首先，刘新荣（1996）[①] 认为，国有企业亏损与通货膨胀之间存在着某些内在联系。国有企业亏损的主要原因是资产的耗散，而耗散的主要途径是经营浪费、低估流失、资金沉淀和内部寻租四种。首先，经营浪费，即国有企业在生产和经营过程中因管理松散而造成的浪费，其实质是社会生产力的耗费，最终会导致有效供给不足，造成虚假供给，过剩货币进入流通，进而导致物价上涨。其次，资金沉淀，即众多国有企业因产品销不出去而长期占有大量货币资金所形成递增的库存资产，其实质是流动资金长期不合法或不合理的占用，进而影响通货膨胀。再次，国有企业改组改造过程中因低估国有资产净值，而造成的国有资产存量大量流失，同样会影响通货膨胀。最后，国有企业内部的寻租行为会导致效益流失，机会成本和社会生产总成本提高，进而造成国企亏损和资产耗散，最终导致或加剧成本推动型通货膨胀。

其次，考虑到国有企业具有的预算软约束。这就需要结合地方政府与中央政府的关系来进行讨论。徐娟（2011）[②] 总结到，一般来说，政府可以通过三种方式向国有部门转移资金：财政直接拨款、国有银行的廉价信贷和发行货币。但由于地方政府与中央政府的目标函数并不一致，财政分权的存在使得中央政府在财政拨款的能力上受到很大的限制。预算软约束的存在使得国有部门的产出效率相对于私人部门较为低下，地方政府有积极性将原本应当贷给国有部门的资金投放到经济效率更高的非国有部门，使得国有部门所获的信贷资金减少，与非国有部门的产出缺口进一步拉大。此时，中央政府为了保证对国有部门的承诺，在财政和信贷分权的情况下，只能通过发放货币的方式来为国有部门提供融资，这样就会逐渐推动通货膨胀的发生。宜文（2015）[③] 也提出，由于地方政府更倾向于将资源投放于效率较高、产权更加明晰的非国有经济主体，而非经济绩效不佳

① 刘新荣．论国有企业亏损对通货膨胀的影响［J］．求索，1996（2）：4.

② 徐娟．对中国的通货膨胀、产出增长与国有企业改革三者间关系的实证研究分析［J］．企业导报，2011（13）.

③ 宜文．财政分权、银行信贷与通货膨胀——基于中国省级面板数据的研究［D］．重庆：西南大学，2015.

的国有企业，就使得中央政府发展国有经济的政策并没有在地方得到贯彻落实，中央政府只有通过发行货币的方式来推动国有经济的发展，最终引发通货膨胀。同时，还通过实证分析得出结论：国有银行部门信贷对通货膨胀影响显著且符号为正，而非国有银行部门信贷与通货膨胀成负相关。

徐文昕（2008）[①] 进一步考虑了国有企业在贷款使用上存在的预算软约束，提出国有企业在对贷款资金的使用上效率低下，甚至可以认为没有产出与投入相应的供给，这必然引起物价总水平的上升。结合政府间的关系，Qian Yingyi 和 Gerard Roland（1998）[②] 认为财政分权导致地方政府间竞争激烈，为了增强本地区的竞争力，地方政府倾向于将有限的收入用于基础设施建设，从而增加地方政府援助国有经济的机会成本，使得地方政府不得不减少对国有经济部门的补贴。王寅寅（2011）[③] 也提出，中央政府给地方政府的转移支付或财政补贴本意是用来增加对国有经济的补贴，但由于信息不对称，地方政府往往把这部分资金用于基础设施建设，使得国有经济预算约束硬化，从而减少对国有经济部门的补贴或放弃国有经济的产权。张维迎、栗树和（1998）[④] 则进一步认为地方政府会选择让渡全部或部分股份，即实现国有企业民营化，使得预算约束硬化。实际上，地区国有化程度越高，预算软约束的情况越多，本地区通货膨胀率就越高，即国有化程度与通货膨胀率成正相关。财政分权可以通过降低国有化程度来降低地区国有经济预算软约束程度，最终使得通货膨胀率下降。

银温泉（1995）[⑤] 则将目光投向国有企业改革问题。他发现，每次国有企业的重大改革措施出台实施一段时间之后，通货膨胀基本上都会发生。地方政府和国有企业的自主决策力量增大，国有企业（和地方政府）

① 徐文昕．国有企业预算软约束影响通货膨胀率的实证分析[J]．现代商贸工业，2008(7)：185－186.

② Qian Yingyi，Gerard Roland. Federalism and the Soft Budget Constraint[J]. *American Economic Review*，1998(88)：1143－1162.

③ 王寅寅．地方政府收支、财政分权与通货膨胀[D]．上海：复旦大学，2011.

④ 张维迎，栗树和．地区间竞争与中国国有企业的民营化[J]．经济研究，1998(12)：13－22.

⑤ 银温泉．国有企业改革与通货膨胀：两难境地与政策选择[J]．经济研究，1995(7)：21－27.

的行为对整个宏观经济的影响变得十分重要。针对国有企业的自主权下放，忽略对其的监督与约束，会使得国有企业出现短期行为，企业管理人员会为了某些短期利益作出无效或高风险的投资，造成国有资产流失。同时，转轨经济中的两部门差异会造成国有企业内部工资侵蚀利润，进而从两个方面影响通货膨胀：一是推动了企业工资成本上升，导致成本推动型通货膨胀；二是这种行为直接增加了消费者需求，导致需求拉动型通货膨胀。杨宏志、陈欣（1998）[①] 同样认为我国国有企业相对于非国有企业是低效益的，而国有企业会向非国有企业进行收入攀比，保护其相对实际工资，使其货币工资增长率与非国有部门一致，这种收入攀比会导致价格总水平的上升。

通过对已有文献中相关理论的梳理，我们可以了解到，国有企业与民营企业的关系对通货膨胀的影响往往与中央政府与地方政府的关系相挂钩，这一点很容易理解，毕竟市场内部国有企业与民营企业的关系依赖于政府的决策选择。而且可以初步判断，国有化程度与通货膨胀水平是成正比的。

第三节　核心通货膨胀的测量方法

由于核心通货膨胀并不能直接观测得到，我们需要采用适当的方法对其进行测量，目前关于核心通货膨胀的测算方法主要分为以下三类：

第一类，行为法，也叫剔除法（Exclusion Method），就是剔除掉 CPI 各细项中容易波动的成分，而用剩余的商品及服务价格来编制基于核心通货膨胀的消费物价指数。其剔除的标准是：①剔除价格不稳定且容易波动的商品项目；②剔除价格容易受供给方冲击影响的商品项目，通常食品和能源项下的商品是典型被剔除的项目，因为这些项目是 CPI 篮子中最容易变化的。由

---

① 杨宏志，陈欣．国有企业与非国有企业及我国的结构性通货膨胀［J］．信阳师范学院学报（哲学社会科学版），1998（2）：3.

于剔除法操作起来简单易行，目前被大多数国家采用并定期公布，剔除成分的选择根据各个国家的不同情况而定。表 8 - 1 集中显示了各国政府测算核心通货膨胀的官方测量方法以及其中央银行内部使用的测量方法。

表 8 - 1　各国核心消费者物价指数测量编制方法一览

国家	官方测量方法	央行内部使用的测量方法
加拿大	CPI 剔除食物、能源及间接税	CPI 剔除 8 个变动最大的项目；加权中位数法；截尾平均法（15%）
泰国	CPI 剔除生鲜食品及能源	截尾平均法（10%）
澳大利亚	财政部基准 CPI	截尾平均法；加权中位数法
新西兰	CPI 剔除利息支出	
新加坡	CPI 剔除私人交通费用及住宿费用	CPI 剔除价格不稳定项目（剔除水平 30%）；加权中位数法；截尾平均法（15%）；结构向量自回归法（VAR）；模型估计方法
日本	CPI 剔除生鲜食品	
秘鲁	CPI 剔除 9 项价格不稳定项目（食物、水果、蔬菜、市内交通支出等，剔除项占 CPI 比重约 21.2%）	
美国	CPI 剔除食物和能源	
英国	零售物价指数（RPI）剔除抵押贷款利息支出	加权中位数法；截尾平均法（15%）
智利	CPI 剔除价格下跌最大的 20% 的商品项及上涨最大的 8% 的商品项	
哥伦比亚	CPI 剔除农产品、公共服务及交通费	
德国	CPI 剔除间接税	
西班牙	CPI 剔除能源和未经加工的食品价格	
荷兰	ULI 剔除水果、蔬菜及能源	
爱尔兰	CPI 剔除抵押贷款支出、食物及能源	
葡萄牙	CPI 剔除未加工食品及能源	

注：截尾平均法中的百分数指截除水平。

资料来源：Primer on core inflation，第 5 页。

从表 8 - 1 中可以看出，食品是大多数国家的剔除项。新西兰和英国编制核心价格指数时只剔除了利息支出的影响，而美国则剔除了食品和能源的影响，加拿大除了食品和能源还剔除了间接税的影响，秘鲁的剔除项目甚至多达9项，包括食品、水果、蔬菜、市内交通等项，总共占到了CPI篮子的21.2%。从表8-1中可以进一步看出，各国官方测量方法均以剔除法为主。而央行的内部测量方法则以统计法为主。此外，各国虽然都使用剔除法，但其剔除的项目也不完全相同。

第二类，统计法，主要包括截尾平均法（Trimmed Mean）和加权中位数法（Weighted Median），是运用统计方法从整体通货膨胀率的统计分布中，剔除极端情况和价格变动的影响。两种方法都需要首先将CPI篮子中各类商品及服务的价格按照其波动程度由正到负进行排序，截尾平均法是剔除正、负两个方向一定比例的商品之后，根据剩余的商品价格变化求得的平均通货膨胀率。而加权中位数法则是直接根据位于中位数上的那类商品及服务的价格指数作为核心通货膨胀。统计法的优点在于，避免了运用剔除法时剔除的项目中可能隐含对衡量核心通货膨胀有用的信息；其不足主要是在不同的时期，其短期波动较大的商品不尽相同，据此计算核心通货膨胀时将直接导致组成核心通货膨胀篮子中具体的商品种类不断变化。

第三类，数理模型法，包括结构向量自回归法（SVAR）、共同趋势法和动态因素指数法（DFI）等。其优点是理论性和预测能力强，不足之处在于数理模型法比较复杂，难以为公众所理解，因此这类方法只见于学者研究的文献中，很少有实际运用价值。

综上所述，本章将尝试运用前两类测量方法，即剔除法、截尾平均法和加权中位数法这三种具体方法来编制我国在2001—2016年这段样本区间内的核心消费者物价指数，即核心通货膨胀率。

第四节　中国核心通货膨胀率演进特征分析

一、运用剔除法测定中国核心消费价格指数CPIEXI

第一，关于运用剔除法计算核心消费价格指数（Exclusion Index,

CPIEXI）中剔除项目的确定。如前所述，食品项和能源项是最容易变动的项目，综合考量其他国家的剔除项，再对应于我国统计的项目，初步决定剔除我国食品项下的全部项目、交通和通信项中的大部分项目以及居住项下的“水电燃料”等项目。但考虑到我国国情与加拿大、美国等发达国家不同，我国食品支出的权重较大，2001 年为 44.12%，到 2016 年仍然高达 30.54%，而美国等发达国家的食品项占 CPI 篮子的权重较低。再加上交通和通信、居住等各细项合计也有约 20% 的权重，总扣除的项目已经超过了 CPI 篮子的 1/2，从 CPI 篮子中将如此高权重的商品剔除掉，对 CPI 的代表性所产生的影响不容忽视，因此，综合参照新加坡、秘鲁等国家的剔除项，本章最终决定剔除“食品”及“交通和通信”两大项目来消除食品和能源对消费价格指数的影响，即使如此，CPIEXI 占 CPI 的比重也仅有 50% 左右。

第二，关于 CPIEXI 的统计假定和数据处理过程。居民消费性支出构成包括食品、衣着、居住、家庭设备用品及服务、交通通信、文化教育娱乐服务、医疗保健和杂项商品与服务等八项。《中国统计年鉴》上并未公布居民消费价格指数的各项权重，因此，本章利用统计年鉴公布的城镇居民和农村居民人均消费性支出构成和当年的城镇人口与农村人口比重进行加权计算，据此得到居民消费价格指数的各项权重（见表 8－2）。

表 8－2　居民消费价格指数各项权重一览　（%）

年度	消费性支出	食品	衣着	居住	家庭设备用品及服务	交通通信	文化教育娱乐服务	医疗保健	杂项商品与服务
2001	100	44.12	7.36	14.31	5.42	7.43	12.15	5.88	3.31
2002	100	42.88	7.30	14.05	5.18	8.33	12.87	6.25	3.14
2003	100	42.15	7.36	13.79	5.05	9.49	13.03	6.53	2.65
2004	100	43.23	7.21	12.88	4.77	10.01	12.59	6.58	2.66
2005	100	41.72	7.65	12.65	4.92	10.85	12.55	7.03	2.70
2006	100	39.81	7.90	13.85	5.03	11.53	12.13	6.93	2.82
2007	100	39.98	8.02	14.13	5.24	11.76	11.24	6.73	2.90

续表

年度	消费性支出	食品	衣着	居住	家庭设备用品及服务	交通通信	文化教育娱乐服务	医疗保健	杂项商品与服务
2008	100	40.97	7.96	14.60	5.46	11.12	10.24	6.84	2.85
2009	100	38.82	8.07	15.27	5.73	11.84	10.19	7.10	2.97
2010	100	38.40	8.35	14.50	6.00	12.60	10.25	6.95	2.90
2011	100	38.30	8.81	13.73	6.31	12.40	9.96	7.37	3.07
2012	100	37.67	8.91	13.41	6.27	12.95	9.97	7.49	3.24
2013	100	31.95	7.34	22.28	6.10	12.13	10.48	7.40	2.33
2014	100	31.63	7.20	21.82	6.11	12.70	10.52	7.63	2.34
2015	100	31.15	7.12	21.57	6.01	13.10	10.84	7.80	2.35
2016	100	30.54	6.73	21.77	6.07	13.63	11.06	8.00	2.26

第三，根据表 8 - 2 所示权重，以 2001—2016 年作为样本区间，将全国居民消费价格八项分类指数中的食品项和交通通信两项剔除掉，对剩余的六项分类指数重新分配权重并进行加权平均得到总指数 CPIEXI。据此我们就得到了剔除法下的核心通货膨胀率（见图 8 - 2和表 8 - 3）。从图 8 - 2 中可以看出我国通货膨胀的一些特点：①样本区间内的核心通货膨胀（CPIEXT Inflation）与通货膨胀（CPI Inflation）的波峰、波谷和波动频率保持一致，其动态变化呈高度正相关，但是前者的波动幅度较后者来说更为平缓。②物价波动大致可以分为五个阶段：一是 2001—2002 年，这一期间物价明显回落到通货紧缩状况；二是 2002—2004 年，这一期间物价逐渐上涨，总体通货膨胀达到高峰，可能是受房地产市场价格的影响；三是 2004—2008 年，在此期间核心通货膨胀维持在一个较为温和的水平，而总体通货膨胀的波动起伏较大，2008 年又达到一个新的高峰，总体来说，核心通货膨胀远远小于总体通货膨胀，也进一步说明外部的供给冲击对总体通货膨胀的影响是暂时的；四是 2008—2009 年，由于 2008 年的全球金融危机导致无论是总体通货膨胀还是核心通货膨胀都迅速回落，于 2009 年跌至 -1%；五是 2009—2016 年，2009 年后国家采取宽松的经济刺激政策使

得核心通货膨胀和总体通货膨胀再次迅速回升，在此期间核心通货膨胀的反应落后于总体通货膨胀，于 2011 年达到波峰后又逐渐回落到 2%，2012—2013 年则处于平稳的通货膨胀水平，2014 年的总体通货膨胀水平略有下降，而 2015—2016 年则又略有上升。

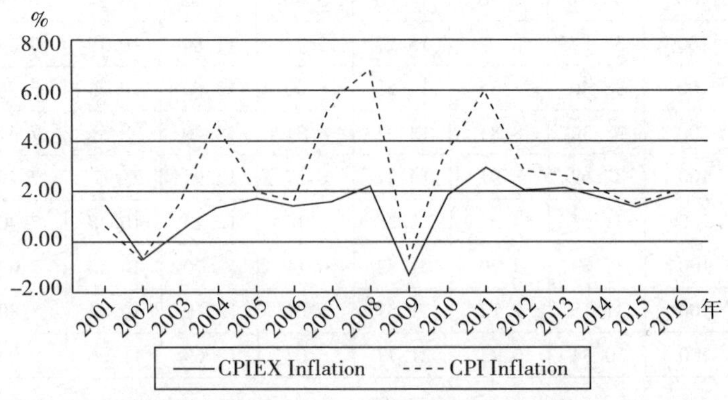

图 8－2　剔除法下的核心通货膨胀率走势

资料来源：历年《中国统计年鉴》。

二、运用截尾平均法测定中国核心消费价格指数 CPITMI

第一，关于运用截尾平均法编制核心消费价格指数（Trimmed mean index，CPITMI）的原理。由于商品价格的波动在分布上是有偏的，利用中位价格来计算核心通货膨胀是有效的。据此，借鉴了 Bryan 和 Cecchetti（1993）建立的一个定价模型，假定经济体中存在两种定价行为：一类是符合古典自由主义理论的定价者，他们认为调价的菜单成本较低，因此，会及时针对现实经济状况的冲击对标价进行灵活的调整；另一类是符合新凯恩斯主义理论的定价者，他们认为调价的菜单成本较高，因此不会每次都以调整价格的方式应对冲击，只有当价格调整可以弥补成本的时候才会采取行动。由于第一类定价者能够迅速调整价格，不太关注货币供给的长期趋势，造成了物价的短期波动。反之，第二类定价者由于不能每次都以调价的方式应对冲击，其给出的价格成分在短期内相对平稳，对价格有合理的预期，因此，这类定价者给出的标价就是核心消费价格指数中的核心部分，也就是我们需要提取出来的部分。据此，我们可以得到计算核心消费价格指数的方式，是将构成 CPI 篮子的商品中剔除掉第一类定价者所标的商品价格（短期行为），那么剩余的商品构成就是我们想得到的能够反映物价水平长期趋势的部分。因此，Bryan 和 Cecchetti 建议采用统计方法来间接测算核心通货膨胀率。

第二，关于 CPITMI 的统计假定和数据处理过程。为方便与官方公布的 CPI 以及剔除法下的核心消费价格指数 CPIEXI 进行比较，本章首先对国家统计局公布的 2001—2016 年的居民消费价格分类指数的年度数据，分别以 5%、10% 和 20% 的比率进行截尾处理，然后用平均法对 2001—2016 年的每年约 56 项横截面数据进行处理，最终测算出基于 3 种不同截尾比率的核心通货膨胀率，分别记作 CPITMI1、CPITMI2、CPITMI3（见表 8－3）。

第三，根据表 8－3 中的数据绘制不同截尾比率下的核心通货膨胀率走势图（见图 8－3），从图 8－3 中可以看出，截尾平均法下的核心通货膨胀率的走势与剔除法下得出的结论几乎一致，也可以分为五个阶段：即 2001—2002 年的物价回落阶段；2002—2004 年由轻微紧缩到低通货膨胀的转变；2004—2008 年物价缓慢爬行的较温和的通货膨胀；2009 年由于受到上一年的金融危机冲击导致的通货紧缩，次年物价又再次回升阶段；2011—2015 年实现的较稳定的低通货膨胀现象以及 2016 年的回升阶段。

表 8－3　不同测算方法下的中国核心通货膨胀率及通货膨胀率　（%）

Year	TMIY1	TMIY2	TMIY3	WMI	CPIXFT	CPI
2001	0.08	0.05	-0.04	-0.45	1.44	0.63
2002	-0.95	-0.90	-0.92	-1.10	-0.66	-0.74
2003	0.40	0.26	0.15	-0.25	0.45	1.44
2004	2.42	2.05	1.51	1.05	1.35	4.76
2005	1.02	1.05	1.02	0.90	1.74	1.93
2006	1.65	1.50	1.32	1.15	1.40	1.59
2007	3.13	2.59	2.50	2.30	1.59	5.58
2008	4.73	4.36	4.04	3.15	2.18	6.81
2009	0.15	0.49	0.80	1.10	-1.30	-0.65

续表

Year	TMIY1	TMIY2	TMIY3	WMI	CPIXFT	CPI
2010	3. 24	3. 11	2. 90	2. 60	1. 84	3. 61
2011	4. 94	4. 83	4. 61	3. 95	2. 93	6. 02
2012	2. 51	2. 52	2. 46	2. 35	1. 97	2. 77
2013	2. 16	2. 20	2. 13	2. 00	2. 10	2. 63
2014	1. 71	1. 65	1. 61	1. 55	1. 74	1. 94
2015	1. 15	1. 23	1. 30	1. 45	1. 37	1. 25
2016	1. 75	1. 53	1. 41	2. 80	1. 82	2. 00

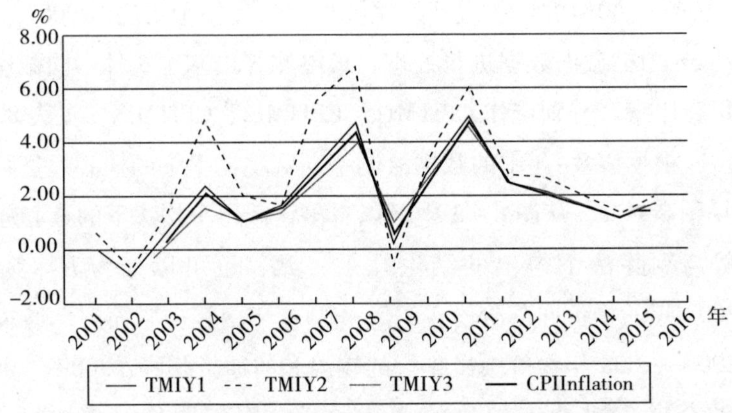

图 8-3　不同截尾比率下的核心通货膨胀率走势

资料来源：历年《中国统计年鉴》。

三、运用加权中位数法测定中国核心消费价格指数 CPIWMI

如前所述，运用统计法测算核心通货膨胀有两种，分别是截尾平均法和加权中位数法，其中，运用加权中位数法编制的核心消费价格指数简称为 CPIWMI（Weighted Median Index）。为了便于与前面所述方法编制的核心 CPI 进行比较，本章采用国家统计局公布的 2001—2016 年的居民消费价格分类指数的年度数据，将每年约 56 项价格分类指数按照波动性大小进行排序，当各分类指数对应的累积消费权重大于或等于 50% 时，选取排序队列中出现的相应价格分类指数作为核心消费价格指数，由此便得到了基于加权中位数法下的核心通货膨胀率 CPIWMI（见表 8－3），根据计算得到的数据绘制加权中位数法下的核心通货膨胀走势（见图 8－4）。从图 8－4 中我们可以看出，加权中位数法下计算的核心通货膨胀率的走势与剔除法和截尾平均法下测算的大致相同，其波动幅度也远远小于 CPI，初步说明，我们提取的通货膨胀的核心部分较为合理。

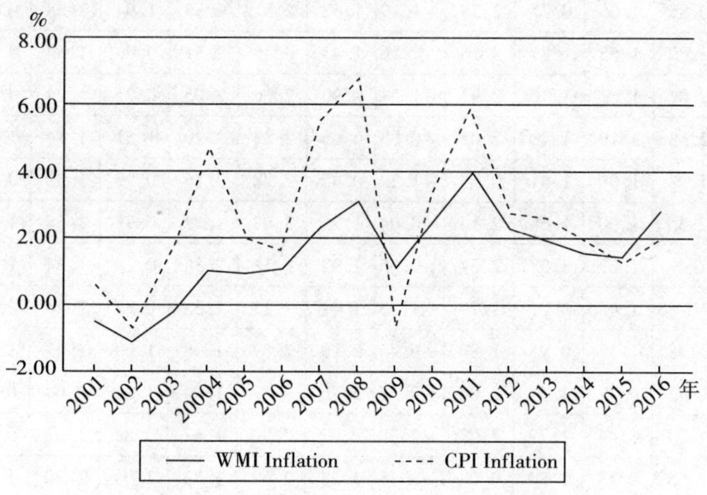

图 8－4 加权中位数法下的核心通货膨胀率走势

资料来源：历年《中国统计年鉴》。

至此，本章运用《中国统计年鉴》的年度数据，分别使用剔除法、三种不同截尾比率的截尾平均法和加权中位数法对核心通货膨胀率进行了测量。遗憾的是，限于篇幅，本章只针对 CPI 进行了测算，未能对其他重要的物价指数如批发物价指数（PPI）、GDP 平减指数等采取类似的方法进行处理，这是需要进一步改进的。

第五节 中国省际核心通货膨胀率的特征分析

一、通货膨胀的地区分布

本章采取剔除法的测算方法，利用 2005—2016 年中国 31 个省份居民分类消费价格指数的面板数据，对各省的核心通货膨胀率进行测算。测算结果如表8-4和图8-5所示。

表8-4 剔除法下的中国各省核心通货膨胀率 (%)

省份	2005	2006	2007	2008	2009	2010	2011	2012	2013	2014	2015	2016
北京	0.53	0.08	0.62	1.17	-2.54	0.68	3.37	2.26	1.80	1.24	0.90	1.93
天津	0.85	1.06	0.77	2.55	-1.79	1.62	2.81	2.36	1.94	1.68	0.79	2.91
河北	2.30	1.55	1.87	3.16	-1.16	1.43	3.45	2.51	0.96	1.63	0.96	1.57
山西	2.81	1.63	1.16	2.92	-1.34	0.90	2.66	2.05	0.21	1.24	0.21	0.72
内蒙古	2.63	1.19	1.40	2.05	-0.63	0.65	2.33	2.29	1.51	1.14	1.00	1.16
辽宁	1.93	1.06	1.41	0.65	-1.32	0.45	2.78	2.16	0.79	1.30	0.76	1.53
吉林	2.35	1.50	1.68	2.13	-0.04	1.23	3.03	1.52	0.93	1.68	1.69	1.61
黑龙江	2.67	1.83	1.53	2.37	-0.05	1.92	3.18	2.38	0.29	1.34	1.80	1.36
上海	-0.83	1.43	0.77	1.79	-1.23	1.41	3.11	1.53	0.52	3.24	2.63	4.45
江苏	1.58	1.45	0.93	1.80	-0.45	2.29	2.87	1.98	1.09	2.47	1.37	2.25
浙江	0.75	0.77	1.54	2.06	-2.37	2.76	2.87	1.04	1.21	2.04	0.95	1.42
安徽	1.27	1.44	1.72	2.07	-2.38	2.07	2.99	1.67	0.83	1.62	0.51	1.59
福建	2.53	0.73	1.70	0.07	-2.18	1.23	2.63	1.73	1.04	1.70	1.20	0.93
江西	1.27	1.80	1.45	2.13	-0.96	2.47	2.78	1.70	0.76	2.01	0.08	1.23
山东	1.77	0.99	1.14	2.65	-0.39	0.83	2.72	1.87	0.86	1.89	1.48	1.86
河南	2.05	1.75	2.12	3.64	-1.68	2.15	3.40	2.43	0.95	1.92	0.78	1.91
湖北	2.09	1.66	1.56	2.35	-0.79	1.95	3.63	2.14	1.08	2.10	0.46	2.22
湖南	2.47	1.80	2.33	2.38	-0.63	2.35	3.19	1.63	1.36	1.82	0.18	1.26
广东	1.17	1.57	0.84	1.97	-2.60	2.08	2.83	1.92	1.48	1.51	-0.01	1.73
广西	2.72	1.90	3.09	2.82	-3.44	1.92	2.00	2.67	0.53	1.13	0.27	1.15
海南	1.53	1.44	1.42	2.59	-1.03	4.23	2.36	2.13	1.85	1.98	0.18	2.40
重庆	1.18	2.42	0.22	0.18	-2.79	2.20	1.76	2.06	2.33	1.13	0.96	1.08
四川	1.94	2.18	1.89	1.70	0.10	1.74	2.51	2.30	1.46	1.55	0.42	1.36
贵州	1.67	1.28	1.99	3.59	-1.16	0.76	1.50	1.97	0.56	1.76	-0.34	0.75
云南	2.52	2.99	2.56	1.42	0.44	1.91	2.15	1.10	1.57	1.60	0.63	1.04
西藏	1.58	1.85	3.49	3.72	0.52	1.77	3.55	2.35	1.59	1.91	1.36	1.73
陕西	1.22	0.82	2.00	2.59	-0.32	2.27	3.44	2.33	1.24	1.22	0.28	0.89
甘肃	3.47	0.46	3.11	4.76	0.84	2.13	3.71	2.15	1.51	1.61	1.38	0.69

续表

省份	2005	2006	2007	2008	2009	2010	2011	2012	2013	2014	2015	2016
青海	2.34	1.54	3.74	7.80	3.51	3.87	5.12	1.67	1.44	2.45	2.21	2.58
宁夏	1.86	1.64	2.21	4.54	0.87	2.40	3.22	1.00	0.20	1.72	0.77	1.51
新疆	2.98	1.22	2.44	2.84	0.27	1.37	3.26	2.33	1.08	1.42	1.50	1.56

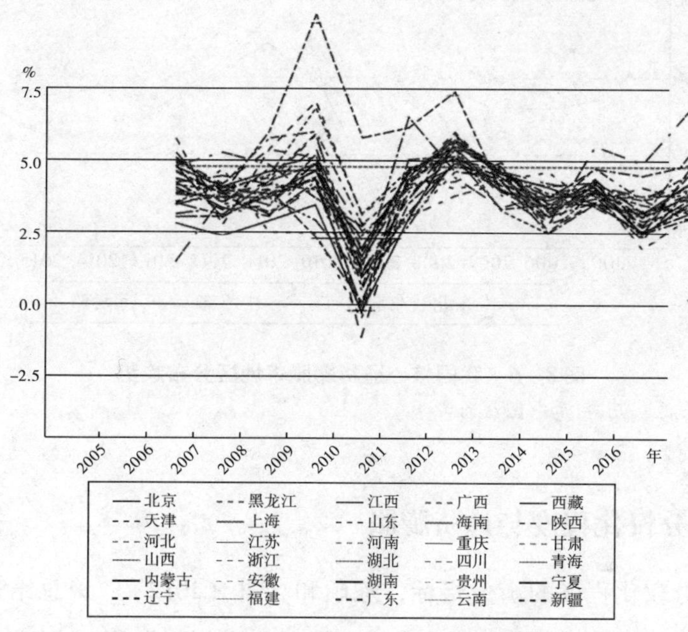

图 8－5　我国 31 个省份的核心通货膨胀率走势

资料来源：历年《中国统计年鉴》。

得出我国 31 个省份 2005—2016 年核心通货膨胀率的数据后，为方便分析，将 31 个省份根据我国关于经济地带的划分标准即“新三大地带”分为东北及东部沿海地区、中西部地区以及远西部地区这三大地区来看通货膨胀率的分布情况。将 31 个省份数据按照地区分类进行平均得三大经济带通货膨胀的平均水平，进而得到如图 8－6 所示我国核心通货膨胀率地区分布趋势图。从中可以看出我国通货膨胀分布的一些特点，即样本区间内三大经济带的核心通货膨胀率的波峰、波谷和波动频率基本保持一致，其动态变化呈高度正相关；但从具体分布来看，三大区域间核心通货膨胀率仍存在较大差异，在样本区间内，远西部的核心通货膨胀率基本始终高于其他两个地区，中西部次之，而东北及东部沿海地区的核心通货膨胀率则基本保持为三地区中的最低水平，2011 年前后才逐渐提升，并在波动中先后超越中西部及远西部地区。

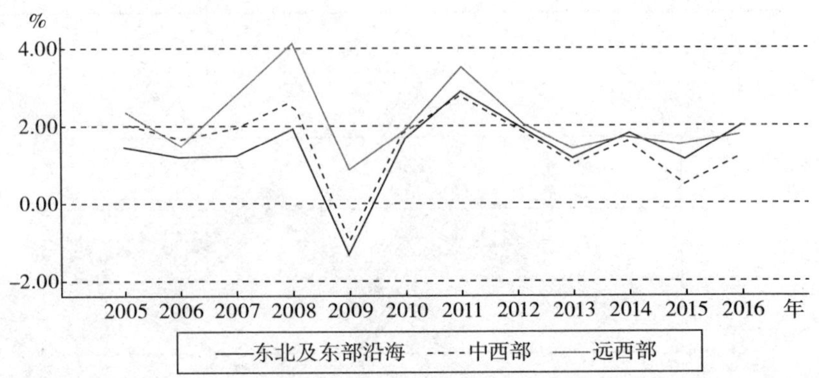

图 8－6　我国核心通货膨胀率地区分布趋势

资料来源：历年《中国统计年鉴》。

二、分权化程度与通货膨胀

关于分权化程度的衡量指标，陈硕和高琳（2012）① 曾总结过现有文献中经常采用的三个指标："支出指标""收入指标"及"财政自主度指标"。前两个指标可以用地方财政收入（支出）占整个国家财政收入（支出）的比重来描述。第三个指标也叫作"财政自给率"，表示地方政府自有收入占本级政府总支出的比重，该比率衡量了地方政府依靠自有收入负担其支出的能力。

对于前两个收支指标而言，若需要使用考虑地区差异的面板数据，则所有省份在同一时点上都面临相同的分母，即一个共同的中央政府（或全国）的财政收（支）信息。此时分权程度的差异性完全来自分子，而分子反映的地区差别更多是各省份财政收入（支出）规模的相对大小，用于分

① 陈硕，高琳．央地关系：财政分权度量及作用机制再评估[J]．管理世界，2012(6)：43－59.

析分权化程度则不具有足够的说服力。因此，本章考虑使用财政自主度指标来衡量地区间分权化程度的差异。

财政自主度的计算公式为：

$$财政自主度_{it}=省本级预算内财政收入_{it}/省本级预算内总支出_{it}$$

该指标未能考虑预算外财政收支，而一般情况下，省级政府的预算外财政收入往往大于预算外财政支出，因此，由上述公式计算得到的指标值实际上轻微低估了地方政府真实的财政自主度，但考虑到本章计算财政自主度以衡量财政分权程度最终的目的是比较分权化程度的地区差异，从而最终结合通货膨胀水平的地区分布情况来分析分权化程度与通货膨胀水平的关系，因而可近似采用上述公式作为衡量财政分权程度的指标。利用相关省级数据分地区作平均后可得如图 8 -7 所示我国分权化程度地区分布趋势图。

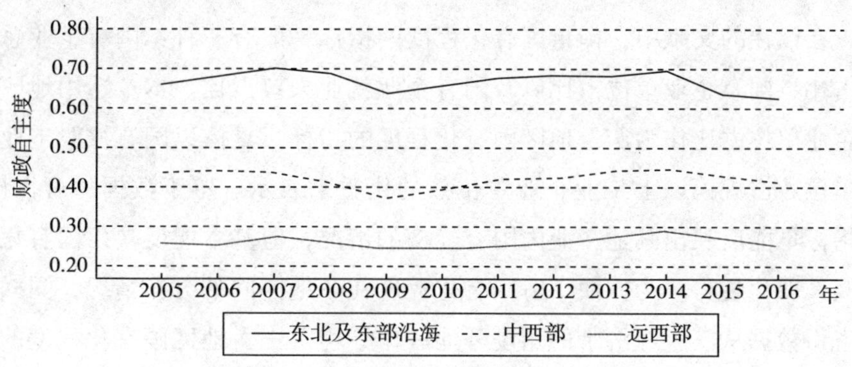

图 8 -7　我国分权化程度地区分布趋势

资料来源：《中国财政年鉴 2017》。

从图 8 -7 中可以看出我国分权化程度地区分布的一些特点，即样本区间内三大经济带分权化程度的波动趋势基本保持一致，其动态变化呈高度正相关；但从具体分布来看，三大区域间分权化程度仍存在较大差异，在样本区间内，东北及东部沿海地区的财政自主度波动幅度最大，且始终明显高于其他两个地区，中西部次之，而远西部的财政自主度则始终保持三地区中的最低水平。也就是说，三大经济带中，东北及东部沿海地区的分权化程度最高，中西部次之，而远西部的分权化程度最低。

与之相对应，从对通货膨胀在地区间的分布情况中也可看到，分权化程度和通货膨胀在地区间的分布特征恰好完全相反。而根据本章开头对于财政分权如何通过作用于政府收入、支出以及投资这三方面而影响通货膨胀水平的描述可知，政府收入规模与通货膨胀水平成反比，而政府支出规模、投资规模均与通货膨胀水平成正比，再来考虑财政自主度的定义式为省本级预算内收入与省本级预算内总支出的比值，那么，财政分权程度提升时，可认为地方政府收入与支出规模均增大，此时难以确定二者的比值变化方向。但若综合考虑财政分权程度与国有化程度的内在变动关系——财政分权会降低地区国有化程度，则不难理解分权化程度与通货膨胀水平的这种反向变动关系。

三、国有化程度与通货膨胀

在以往的文献中，衡量国有化程度的指标一般有三种：国有企业总产值占比、国有企业单位占比以及国有企业就业人口占比。本章选用地区国有企业单位占比作为衡量地区国有化程度的指标，具体以国有控股工业企业单位数占规模以上工业企业单位数的比重来表示。鉴于数据的可得性，该指标不能反映出其他产业内国有经济的情况，但基本能反映出国有化程度及其变化趋势。为方便了解国有化程度在各地区间的分布情况，同样将各省份数据从三大经济带的角度分地区作平均得三大地区国有化程度的平均水平，进而得到如图 8 - 8 所示我国国有化程度地区分布趋势图。

从图 8 - 8 中可以看出我国国有化程度分布的一些特点，即样本区间内三大经济带国有化程度的波动趋势基本保持一致，其动态变化呈高度正相关；但从具体分布来看，三大区域间国有化程度仍存在较大差异，在样本区间内，远西部的国有企业单位占比波动幅度最大，且始终明显高于其他两个地区，中西部次之，而东北及东部沿海地区的国企单位占比则始终保持三地区中的最低水平。也就是说，三大经济带中，远西部的国有化程度最高，中西部次之，而东北及东部沿海地区的国有化程度最低。

与之相对应，从对通货膨胀在地区间的分布情况中也可看到，国有化

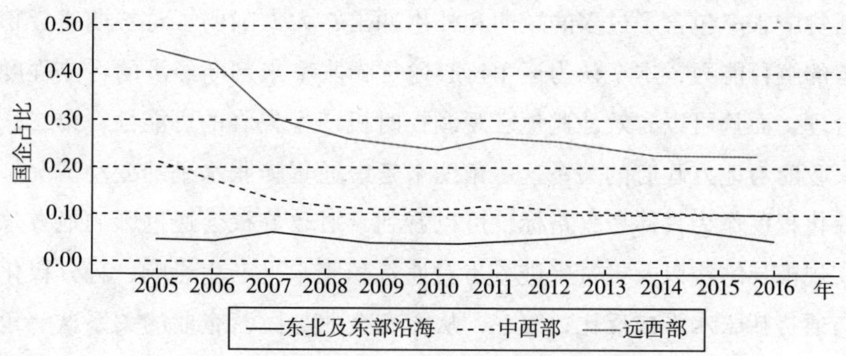

图 8－8　我国国有化程度地区分布趋势

资料来源：历年《中国统计年鉴》。

程度和通货膨胀在地区间的分布特征具有高度一致性，即印证了本章开头对于国有化程度与通货膨胀水平之间关系的推断——国有化程度与通货膨胀水平成正比。

第六节　政策建议

一、结　论

本章从论述核心通货膨胀率这一表征通货膨胀波动情况及长期趋势的指标选用的合理性入手，首先对 2001—2016 年的国家核心通货膨胀率进行测算，然后利用省级面板数据测算出 2005—2016 年全国 31 个省份的核心通货膨胀率，并在测算的基础上，将我国 31 个省份按照三大经济带的划分标准进行分类，以得到样本区间内核心通货膨胀率在地区间的分布情况。进一步考虑到我国经济发展的异质性特征，从“中央政府与地方政府的关系”和“政府、国有企业与民营企业的关系”这两大视角出发，引入分权化程度与国有化程度两大指标分别表征，以探讨这二重结构特征与通货膨胀之间的关系。

综合上述所有分析结果，可以得到以下结论：第一，考虑到基于 CPI

的通货膨胀率包含了过多的短期和外生冲击，大大削弱了对长期通货膨胀趋势的解释能力，本章认为运用核心通货膨胀率来判断经济的冷热程度更为合理，而且可以有效地避免宏观调控时机产生失真的可能性；第二，从中央政府与地方政府的关系这一角度来考虑通货膨胀水平的变动情况，以分权化程度作为具体考察指标，可以看到，财政分权会通过影响地方政府收支规模与结构以及投资来进一步对通货膨胀水平产生影响，且分权化程度与通货膨胀水平成反比；第三，从国有企业与民营企业的关系这一角度来考虑通货膨胀水平的变动情况，以国有化程度作为具体考察指标，可以看到，国有化程度与通货膨胀水平成正比，这一点同样需要从财政分权的角度进行解释。

二、政策建议

根据我国核心通货膨胀率的测算结果以及对于分权化程度、国有化程度与通货膨胀水平之间关系和作用机制的分析，本章提出以下相应的对策建议。

第一，核心通货膨胀侧重于反映通货膨胀中长期的共同的部分，也是货币政策易于调控的部分。而事实上，在全球主要经济体中，中国是目前唯一没有公布核心通货膨胀率的国家，结合我国当前的实际状况，我们应该建立起包含核心通货膨胀率在内的完善的通货膨胀衡量指标体系，以提高货币政策的前瞻性和有效性。

第二，坚持以分税制为核心的财税体制改革。习近平总书记在党的十九大报告中也强调，要加快建立现代财政制度，建立权责清晰、财力协调、区域均衡的中央和地方财政关系。这就需要财税体制改革的进一步深入。当前的财税体制虽然在一定程度上明确了中央和地方的分权关系，但财权和事权的划分还不够明晰。中央和地方的权力分配需要根据财税体制发展趋势进行相应的调整，在共同探索中进一步磨合。一方面，中央政府需要协助和支持地方发展，尊重地方政府在地方事务上的权力和意见，在出台重要的地方政策时应充分征求地方意见，更大程度地尊重、体现地方意愿，保证地方的话语权。另一方面，地方政府也需要树立大局意识，积极协助配合中央征管，帮助中央完成统筹谋划。中央和地方系统要成为一个整体，将税收治理逐步纳入兼顾国家质量发展体系中。既要保证中央领导权，又要发挥地方积极性，要重视协商协调和沟通合作，构建中央与地方之间合理的协调机制。这样能够尽可能地避免由于中央和地方权力划分不规范所产生的地方政府的“上有政策下有对策”，从而避免因中央政府为推动国有经济的发展而带来的货币增发。

第三，进一步深化地方政府政绩考核体系改革，树立科学政绩观，以五大发展理念构建新时代地方政府科学政绩体系。一直以来，我国的政绩考核体系促使地方政府实行财政扩张政策，把经济增长目标放在至高无上的地位，而忽视了民生建设和民众的福利。今后的改革应当致力于使政绩考核从单一的经济增长向综合的指标体系转变。联系党的十九大报告中反复强调的“新发展理念”即“五大发展理念”，可以看到，“创新、协调、绿色、开放、共享”五大发展理念，作为引领中国中长期发展的重大价值理念，是科学发展观与时俱进的“升级版”。由于地方政府官员的政绩追求，常常左右着一方福祉兴衰，往往对地方发展起着关键性作用。所以对于地方政府官员来说，要把五大发展理念变成普遍实践，就需要将发展理念嵌入官员政绩考评体系，像社会主义核心价值观那样，升华为党委政府执政伦理和政策措施。以五大发展理念重塑科学政绩观，督促我国地方政府从经济的干预者和市场的直接参与者逐步向宏观调控者转变，不断深化政府职能的改革，力求构建服务型政府。从而避免地方政府盲目扩张政府支出与投资以及过分“重基建而轻公共品”所导致的通货膨胀的产生。

第四，全面推进国有企业改革，支持民营企业发展。针对国有企业改革与通货膨胀之间表面看似矛盾的情况，为了治理通货膨胀而放慢企业改革步伐或者不顾高通胀而大力推进企业改革都并非恰当的选择。正确的做法是，一方面要采取措施抑制通货膨胀；另一方面则需要加快企业改革。如党的十九大报告中所指出的那样，要深化国有企业改革，完善各类国有资产管理体制，改革国有资本授权经营体制，加快国有经济布局优化、结构调整、战略性重组，促进国有资产保值增值，推动国有资本做强做优做大，有效防止国有资产流失。与此同时，坚持鼓励、支持、引导非公有制经济发展，以激发各类市场主体的活力。

第三篇

中国宏观经济发展的政治经济学长期分析

第九章　中国经济增长与收敛性的政治经济学分析

第一节　新中国70年经济增长的历程

新中国成立以来，在中国共产党的领导下，中国从积贫积弱的国家发展成为全球第二大经济体。中国国内生产总值从1952年的679亿元增至2018年的900309亿元，剔除价格变动后增长17347%，人均GDP由119元增至64644元，实现了中国经济的奇迹。如图9－1所示，1953—2018年中国经济除少数年份外，总体保持着正增长。1978年改革开放前，中国经济增长率波动相对较大，随后中国经济进入了40年的稳健增长期。在中国经济快速发展的背后，尤其是1978年改革开放之后，中国经济增长既有要素投入、技术进步、制度创新的贡献，更离不开中国共产党从中国经济的实际出发制订出的符合经济发展规律的发展规划。

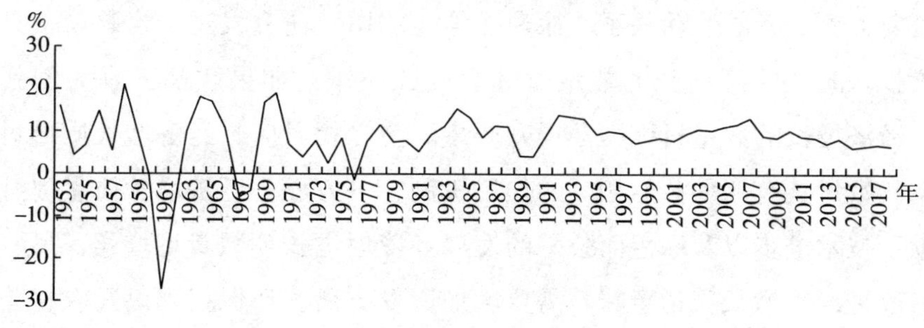

图9－1　1953—2018年中国经济增长率

改革开放之初，“先富带动后富，最终实现共同富裕”成功释放了中国经济的活力，经过40余年快速发展，经济总量和居民收入成功实现多次倍增。然而经济在数量层面的快速增长也衍生出环境污染、收入差距拉大和区域发展不平衡等“副产品”，进而引发理论界对经济增长质量的思考（Barro，2002；钞小静、任保平，2011）。更为关键的是，进入新常态以来，我国传统的增长动力逐渐衰减、经济增速放缓，党的十九大报告中明确指出中国经济已由高速增长阶段转向高质量发展阶段。毫无疑问，数量和质量作为经济增长“硬币”的两面，共同刻画着新时代中国经济发展的部分特征性事实。

新古典增长理论的“收敛铁律”表明，由于边际报酬递减规律的作用，发达经济体和欠发达经济体间人均GDP差距将以年均2%的速度缩减。众多经济学家基于对共同富裕的向往以及用经济增长理论解释中国奇迹的探索，长期关注着中国经济快速增过程中的收敛性（魏后凯，1997；Barro，2016），并发现20世纪90年代中期后中国经济增长数量并未趋同。新时代背景下，我国更需要以地区间增长质量收敛来抵消增长数量的发散效应，实现区域协调并进、助力经济高质量发展。

值得注意的是，经济增长数量和质量具有差异化内涵。魏婕、任保平（2012）认为经济增长数量是从总量变化层面反映经济增长，而经济增长质量侧重于从过程和结果讨论经济增长。并且经济结构失衡和经济效率的差异性，会引发地区间经济增长数量和质量的不一致性，进而导致二者可能具有不尽相同的收敛特征。同时，研究经济增长数量和质量的收敛性，还需要考察二者的互动关系。徐现祥等（2018）研究发现，当政策工具是要素投入时，经济增长的数量目标会侵蚀质量；如果政策工具为创新投入，经济增长的数量目标则会提升质量。与之相对应，经济增长质量对经济增长数量具有两种截然相反的作用机制，一方面，经济增长质量提升会借助于技术进步以及绿色而公平的发展环境促进长期数量型增长；另一方面，改进经济增长质量意味着需要增加研发支出、环保投入以及农村公共产品供给，从而替代经济建设投资，导致经济增长数量短期下滑。换言之，地方经济存在策略性权衡增长数量和质量的可能。

此外，现有研究多从渐进式改革、劳动力流动以及地区工业化程度不平衡等视角解释中国经济增长的非收敛性特征。值得注意的是，1994 年财政分权以来，面对晋升激励，地方政府发展经济的积极性被充分调动，地方政府间竞争行为在很大程度上促进了经济增长（周业安等，2004）。由于发展条件和竞争环境的差异性，不同的地方政府面对“保数量”还是“要质量”的抉择时会形成财政支出的策略性竞争行为。一方面，地方财政支出在生态环境治理和民生保障领域存在策略性的“逐底竞争”；另一方面，在政府官员任期制的限制下，地方政府倾向于策略性地将发展目标设定为短期、显性化的经济增长数量，进而形成偏向经济建设的财政支出结构。但是囿于地方财力的不均衡，各地方政府对辖区内经济增长数量和质量的影响也不尽相同。上述两方面因素的作用，最终可能造成经济增长数量和质量的差异化收敛特征。此外，在外溢效应机制的作用下，地方财政支出往往会竞争性对标邻近地区或者发展水平相近地区，形成空间上的竞争格局，而 Elhorst et al.（2010）研究发现，忽略空间交互效应会导致对收敛速度的有偏估计，那么纳入空间效应的地区间策略性竞争行为会对经济增长收敛机制产生怎样的影响呢?

第二节　经济增长与收敛的理论基础

新古典增长理论问世以来，围绕落后经济体能否追赶发达经济体的收敛性研究，一直激发着经济学家的研究兴趣（Barro & Sala - i - Martin，1992；Rodrik，2014）。伴随着增长理论的发展，教育、法律、专业化以及贫困性陷阱等新的分析视角被广泛地引入收敛性研究（Delgado，2014；Barro，2016），并且空间计量等新方法也被应用于相关分析（Elhorst et al.，2010）。不可否认，经济增长收敛性是经济增长理论体系中最为引人入胜的内容。

对中国地区间经济增长数量收敛性研究的成果也十分丰富，现有研究大多从区域开发政策和以追逐高回报率的要素跨区域流动解释中国经济增长的收敛特征。魏后凯（1997）基于长时间跨度系统性地探讨了我国经济增长收敛性背后的制度性因素，1992—1965 年我国工业化由沿海地区向内地逐步推进、缩小了地区间发展差距；1965—1978 年由于指导方针的失误，造成国家虽然在三线地区大规模投资却未能阻止地区发展差距扩大；1978—1995 年由于改革开放在地域推进上存在时差，并且 1985 年之后经济体制改革的重点主要向城市和东部沿海地区转移，导致地区发展差距拉大。不难发现，由于制度和地理的因素，长期以来我国西部地区经济发展落后于东部发达地区，中央政府实施了“西部大开发”政策，通过向西部地区倾斜性投资，促进落后地区经济向发达地区收敛。蔡昉、都阳（2000）分析条件收敛时指出，“西部大开发”政策通过强化落后地区的人力资本投资、完善市场机制和扩大对外开放，能够推动我国地区间经济增长的趋同，刘生龙等（2009）使用双重差分法也证实了相同的结论。转移支付同样是一项中央政府调节区域经济的重要政策，然而马拴友、于红霞（2003）的研究发现，资金分配不合理以及税收返还政策有待优化，导致转移支付并未对促进地区间经济趋同产生积极效果。

中国经济体制改革的渐进式模式影响了劳动力迁移的阶段性特征（刘强，2001），20 世纪 80 年代家庭联产承包责任制和乡镇企业兴起，使得劳动力在省内流动占据主导，并显著促进了地区产出水平的提升，从而导致中国经济增长具有明显收敛性。20 世纪 90 年代后，发达地区的高收入对劳动力的吸引力逐渐增强，二元结构转换过程中大规模劳动力跨区域转移使得地区经济增长发散（沈坤荣、唐文健，2004）。同时，劳动力跨区迁移还会引发其他要素的流动，产生诸如资本追逐劳动力的现象，间接作用于经济增长的收敛性。许召元、李善同（2008）研究表明，劳动力流入地会形成资本积聚，进而通过资本外部性降低本地厂商的边际成本，强化了增长数量的发散特征。此外，劳动力的迁移也将诱发隐性的知识和技能的流动，彭国华（2015）从劳动力流动和技能相匹配的视角分析，发现东部地区引进了相对更多的高技术型工作岗位，当劳动力流动限制放松时，中西部技能型劳动力向东部流动拉大了地区发展差距。

不难发现，现有文献大多基于中央政府统一制定的区域梯级开发政策以及由区域经济发展不平衡引致要素跨区域流动的视角探讨中国经济增长的收敛性特征。毫无疑问，已有研究也捕捉到了中国经济增长过程中的特征性事实，然而1994年分税制改革和“晋升锦标赛”激活了地方政府为增长而竞争的动力，地方政府成为影响中国经济增长的主要力量。一方面，地方政府主导基础设施投资在刺激辖区经济增长的同时，塑造了良好的增长硬件环境（张军等，2007）；另一方面，地方政府以税收和土地优惠以及财政补贴来“招商引资”拉动经济增长，在此，要素流动不仅受制于市场机制，更为地方政府行为所左右。值得注意的是，由于不同地区的经济发展水平、资源禀赋和环境不尽相同，李永友、沈坤荣（2008）指出“为增长而竞争”的格局会演化出地方政府的策略性选择行为。经济落后和竞争激烈的地区，税收竞争是地方政府间竞争的核心；发达地区的竞争策略则转向有偏的财政支出结果，即政府会策略性地以经济建设支出挤出社会性支出。经济建设支出是以促进经济增长为核心目标，而科教文卫和节能减排等社会性支出更有利于经济增长质量，地方政府的策略性竞争会对经济增长数量和质量的收敛性造成差异化影响。鉴于此，本书认为，任期制决定了地方政府官员偏好短期和显性化的绩效，以偏向生产的财政支出结构促进经济增长数量攀升，而对长期的经济增长质量缺乏必要的兴趣。换言之，地方政府策略性财政支出竞争行为会诱发潜在的经济增长数量和质量互动机制。

相对于丰富的经济增长数量收敛性研究而言，围绕增长质量收敛性的分析相对较少。并且这类成果也多集中于在实证技术层面探讨经济增长质量的收敛性，缺乏将实际经济运行特征与增长质量收敛性机制有机结合。在跨国层面，Mlachila et al.（2014）研究发现，1990—2011年93个发展中国家经济增长质量存在收敛性。

通过梳理经济增长收敛性研究，不难发现已有研究多集中于经济增长数量收敛，并且为数不多的经济增长质量收敛性研究也忽略了经济增长数量和质量互动机制。此外，除了要素流动、技术溢出和经济结构等因素会影响经济增长收敛性，在制度层面，中国地方政府对经济发展具有重要作用。并且由于发展条件的差异性，不同的地方政府面对“保数量”还是“要质量”的抉择时，也会形成策略性的空间竞争行为，而这一视角也鲜见于经济增长收敛性研究。

现有文献在实证层面研究发现，俱乐部收敛多发生在地理空间聚集的地区（Borsi & Metiu, 2015），在理论机理上，地理因素往往会通过影响要素流动和技术外溢作用于收敛机制。并且，地方政府的策略性行为往往是对标空间邻近省份而竞争。因此，本书尝试从地方政府策略性竞争角度，纳入经济增长数量和质量的互动机制，使用空间计量技术探讨经济增长的收敛性。

第三节 地方政府财政支出的策略性竞争

在现有研究中，地方政府的策略性竞争行为可分为五类，并在不同时期对中国经济增长产生了深刻影响：

第一，税收竞争。早期地方政府间的竞争为粗放式的价格竞争，即降低纳税人的税收负担来吸引物质资本、人力资本和劳动力等有价值的经济资源的流入。各类资源在地区间的配置不仅取决于本地税率，还会受到周边地区税收政策的影响，引发地区间税收市场的博弈，使不同地区的经济发展潜力产生波动。值得注意的是，非合作的税率竞争会导致“囚徒困境”，只具有短期效率，并且过度税收竞争会降低整体投资区域配置绩效，导致宏观经济过度波动（沈坤荣、付文林，2006）。因而，单纯的税价竞争并不必然带来经济增长，税收优惠力度越大，越易于阻碍经济增长。

第二，财政支出竞争。税收竞争会导致地方政府财力紧张，地方政府为增长而竞争的行为逐渐转向财政支出竞争（李永友、沈坤荣，2008），或者是公共产品供给竞争。地方财政支出的策略互动行为可以刻画为外溢效应机制和标尺竞争机制。外溢效应机制，是指本地财政支出会直接改变其他辖区政府偏好，从而导致地方政府行为具有明显的空间依赖性。此外，由于信息外溢性和政治体制对地方政府的影响，公众会以其他地区政府行为表现作为本地政府绩效的评价标。本地政府制定财政政策时，不得不考虑相邻地区政府的行为，从而构成标尺竞争机制（郭庆旺、贾俊雪，2009）。财政分权体制下为了追求增长绩效，地方政府竞争衍生出经济建设偏向型的公共支出结构，但是由于地区间具有差异化的经济发展水平和资源禀赋，有偏的财政支出结构会导致地区间经济增长的分化。

第三，土地出让竞争。分税制背景下中央政府和地方政府之间财权和事权不匹配，导致地方政府的财税负担较大，地区间竞争就转向低价协议出让土地，进而通过引资带来增长绩效（陶然等，2007）。土地是支撑产业发展和经济增长的必要资源，但是地方间竞争导致土地资源空间配置越分散，即地方政府竞相在重点产业出让更多的土地资源，阻碍了重点产业的集聚过程。资源配置效率因“政府竞争导致资源配置扭曲”而遭受损失，使得促进产业和经济增长的相关政策难以发挥预期效果（杨继东、罗路宝，2018）。

第四，环境规制竞争。在地方政府竞争的背景下，各地环境规制存在相互竞争的特征，并且易于导致“逐底竞争”行为。由于外部性，环境污染能够跨区域传递，即使本地实行严格的环境规制，也不一定能减少环境污染带来的损失，地方政府倾向于推动产业发展以获取经济收益，而与其他地区共同承担环境污染成本。因此，地方政府在环境规制的制定和实施中存在明显的“模仿”特征。而处于产业结构转型的地区，为了吸引偏好优质环境的流动性要素，也可能形成环境规制的“竞相向上”。金刚、沈坤荣（2018）发现地理相邻城市存在“逐底竞争”和“竞相向上”的非对称环境规制执行互动，而经济相邻的城市则表现出“竞相向上”的对称环境规制执行互动。赵霄伟（2014）的实证结果显示，政府环境规制竞争对经济增长效应的作用方向存在地区差异。其中，东部和东北地区环境规制竞争具有显著的正增长效应；中部地区则为负增长效应；西部地区表现为不显著的增长效应。

第五，创新竞争。在新常态下，传统的低增长优势逐步衰退，“为增长而竞争”的收益缩小的同时，GDP导向政绩观刺激地方政府将创新视作新的竞争标的（李胜兰等，2014）。“为创新而竞争”能够刺激地方政府的技术投入，对技术创新活动和长期经济增长产生促进作用。

地方政府的五类策略性竞争行为都会对经济增长数量和质量产生影响，但财政支出竞争无疑是最为突出的。税收竞争导致地方政府财力紧张而逐渐淡出，现阶段的土地出让和创新竞争均是财政支出竞争的新形态，环境规制对经济增长的作用远不及财政支出，并且环境规制在一定程度上也受到财政支出、固定资产投资的影响。因此，本书侧重从地方财政支出的策略性竞争行为，利用空间计量技术探讨地区经济增长数量和质量收敛的互动机制。

第四节　模型设计

一、收敛模型设定

新古典增长理论给定边际报酬递减规律，得到经济增长具有稳态的结论，在经济体趋向稳态的过程中，经济增长率与初始产出水平负相关。从时点0和T之间，人均产出的平均增长率可表示为（Barro & Sala－i－Martin, 1992）：

$$(1/T)\cdot\ln(y_{i,T}/y_{i,0}) = x - [(1-e^{\beta T})/T]\cdot\ln(y_{i,0}) + [(1-e^{\beta T})/T]\cdot\ln(\widehat{y_i^*}) + \mu_{i0,T} \tag{9-1}$$

其中，y为人均产出，$\widehat{y^*}$是稳态时人均产出水平，x代表技术进步率。式(9－1)中纳入了$[(1-e^{\beta T})/T]\cdot\ln(\widehat{y_i^*})$，即经济增长率不仅取决于初始人均产出，还受产出的稳态水平的影响。换言之，经济体将以稳态为条件，经济增长率与初始的人均产出水平负相关。如果不考虑稳态条件，则 T 期人均产出的绝对收敛表征如下：

$$(1/T)\cdot\ln(y_{i,T}/y_{i,0}) = \alpha - [(1-e^{\beta T})/T]\cdot\ln(y_{i,0}) + \omega_{i0,T} \tag{9-2}$$

由于稳态产出水平在现实中无法准确估计，我们在式（9－2）的基础上构建条件收敛方程：

$$(1/T)\cdot\ln(y_{i,T}/y_{i,0}) = \alpha - [(1-e^{\beta T})/T]\cdot\ln(y_{i,0}) + \gamma S_{i,0} + \omega_{i0,T} \tag{9-3}$$

其中，S 代表一组结构变量，通过控制经济结构因素考察地区间经济增长数量和质量的条件收敛方程：

$$g_{i,t+T} = \alpha + \beta\ln(y_{i,t}) + \gamma S_{i,t} + \varepsilon_{i,t} \tag{9-4}$$

$$q\,q_{i,t+T} = \alpha + \beta\ln(\mathrm{QEG}_{i,t}) + \gamma S_{i,t} + \varepsilon_{i,t} \tag{9-5}$$

$g_{i,t+T}$ 和 $q\,g_{i,t+T}$ 分别表示 T 期内 i 地区劳均产出的平均增长率[①]和经济增长质量的平均增长率。由于数据的可得性以及 1992 年社会主义市场经济开始建立，本书选取的样本涵盖了 1992—2017 年中国 30 个省、市、自治区。考虑到经济结构因素对经济增长的作用存在滞后期，并且为剔除经济波动的影响，我们以 3 年为一个周期，基于滚动窗口测度经济增长数量和质量的平均增长率。

空间地理因素对要素的流动性和政策实施具有一定的影响，并且中国地方政府间存在“为增长而竞争”的关系，我们遵循从简单到复杂的分析思路，首先借鉴仅有外生交互相应的空间滞后模型（SAR），设计收敛回归方程：

$$g_{i,t+T} = \alpha + \beta\ln(y_{i,t}) + \rho\sum_{j=1}^{N}[w_{i,j}\ln(g_{j,t+T})] + \gamma S_{i,t} + \varepsilon_{i,t} \tag{9-6}$$

$$qg_{i,t+T} = \alpha + \beta\ln(\mathrm{QEG}_{i,t}) + \rho\sum_{j=1}^{N}[w_{i,j}\ln(g\,q_{j,t+T})] + \gamma S_{i,t} + \varepsilon_{i,t} \tag{9-7}$$

① Rodric（2013）及戴觅、茅锐（2015）认为不存在失业时，劳均 GDP 和人均 GDP 是等价的，但使用劳均 GDP 衡量失业时的劳动生产率更为合适。

其次，考虑到地方政府对增长数量和质量的策略性权衡，本书进一步使用包含内生和外生交互效应的空间杜宾模型（SDM），构建纳入经济增长数量和质量互动机制的估计方程：

$$g_{i,t+T}=\alpha+\beta\ln(y_{i,t})+\eta\ln(QEG_{i,t})+\gamma S_{i,t}+\rho_1\sum_{j=1}^{N}[w_{i,j}\ln(g_{j,t})]+\rho_2\sum_{j=1}^{N}[w_{i,j}\ln(y_{j,t})]+\rho_3\sum_{j=1}^{N}[w_{i,j}\ln(QEG_{j,t})]+\rho_4\sum_{j=1}^{N}(w_{i,j}S_{j,t})+\varepsilon_{i,t} \tag{9-8}$$

$$qg_{i,t+T}=\alpha+\beta\ln(QEG_{i,t})+\eta\ln(y_{i,t})+\gamma S_{i,t}+\rho_1\sum_{j=1}^{N}[w_{i,j}\ln(qg_{j,t})]+\rho_2\sum_{j=1}^{N}[w_{i,j}\ln(QEG_{j,t})]+\rho_3\sum_{j=1}^{N}[w_{i,j}\ln(y_{j,t})]+\rho_4\sum_{j=1}^{N}(w_{i,j}S_{j,t})+\varepsilon_{i,t} \tag{9-9}$$

$w_{i,j}$ 为空间权重矩阵元素，为保证研究结果的稳健性，本书借鉴邵帅等（2016）和范欣等（2017）设定的三种空间权重矩阵：地理距离权重矩阵（W_1）①，用省会间铁路里程倒数测度；经济距离权重矩阵（W_2），以地区间人均实际 GDP 年均值的绝对差值的倒数表征；地理经济距离权重矩阵（W_3），$W_3=\varphi W_1+(1-\varphi)W_2$，为简化分析起见，令 $\varphi=0.5$，即地理距离和经济距离具有同等重要性。三组空间权重都进行了标准化处理。

二、变量与数据说明

经济增长质量（QEG）。现有研究的共识是经济增长质量涵盖多重因素，其测算更为复杂、内涵更为丰富。本书认为经济增长数量和质量是“产出”的两面，即通过投入得到相应产出的数量和质量，研究增长数量和质量需要遵循“投入—产出”分析框架。考虑到各地区的发展环境、条件和技术水平都有差异性，本书按照东、中和西部的地区分组方式，采用

① 我们也测算了地理相邻权重矩阵，两地区地理位置相邻取 1，否则取 0，回归结果与地理距离权重矩阵非常接近，限于篇幅，我们只报告了其他三类权重矩阵的实证结果。

基于共同边界（Metafrontier）① 的 SBM 方向性距离函数测度各省、市、自治区的经济增长质量的增长率。

Barro（2002）提出了内涵极为丰富的广义经济增长质量指数，但为了使研究更为聚焦，这里参考钞小静、任保平（2011）从经济增长的结构、稳定性、成果分配以及生态环境代价四个维度评价经济增长质量的思想，我们认为狭义经济增长质量应涵盖技术效率、成果分配和生态环境代价三个层面。经济增长的结构和稳定性是增长过程而非结果，同时结构和稳定性也不具备方向性，并且涵盖指标过多会导致经济增长质量的解释力模糊，因此将其剔除。由于使用方向性距离函数仅能测度经济增长质量的增长率指标，鉴于已有研究认为 20 世纪 90 年代中期后中国地区经济增长才趋于发散，1992 年我国开始建立社会主义市场经济体制，这里以 1991 年为基期测度各地区历年经济增长质量指数。

表 9－1　变量定义说明和统计性描述

变量名称	变量解释	均值	标准差	观察值
ln*y*	实际劳均产出的自然对数	8.8833	0.7984	720
lnQEG	经济增长质量的自然对数	－0.0035	0.0867	720
g	3 年滚动劳均产出增长率	0.0943	0.0295	720
qg	3 年滚动经济增长质量的增长率	0.9973	0.0151	720
Fis	财政支出占 GDP 的比重	0.1635	0.0849	720
IS	第三产业增加值与第二产业增加值之比	0.9297	0.4033	720
Fix	固定资产投资占 GDP 的比重	0.4993	0.2181	720
Open	进出口与 FDI 占 GDP 比重的加权值	0.1742	0.2205	720
Urban	城镇人口占总人口比重	0.4333	0.1660	720

测度经济增长质量的投入指标有资本存量、劳动力和能源，3 个产出指标包括实际 GDP、CO_2 排放量以及用城镇人均可支配收入与农村人均纯

① 传统 DEA 方法测度效率问题往往忽略了不同评价单位的异质性，用相同的前沿面测算差异化单位的效率，导致评价结果失真。为弥补传统方法的不足，共同边界方法通过组群分类，首先构建组群边界（Group Frontier）计算组群内部效率；其次在组群边界的基础上构造共同边界并评价其效率，两组效率相比得到相应指数。

收入差值衡量的收入分配指标①。其中，实际 GDP、资本存量和城乡收入差距均按 1978 年不变价格计算。资本存量来自单豪杰（2008），并按照其方法测算了 2006—2017 年省际资本存量。CO_2 排放量采用分品种能源消费和水泥生产的碳排放量之和计算。其中分品种能源消费的碳排放量按照杨翔等（2015）的方法测算，水泥生产的碳排放量按照师博、沈坤荣（2013）的方法获得。产出变量中实际 GDP 为期望产出，而 CO_2 排放量和城乡收入差距均为非期望产出。

在收敛回归方程中，控制的经济结构变量分别为：①财政支出占 GDP 比重（*Fis*），用于衡量政府直接影响和干预经济增长的主要方式与手段；②产业结构高级化（IS），第三产业与第二产业增加值之比；③固定资产投资占 GDP 比重（*Fix*），表征投资驱动型增长模式；④经济开放度（Open），将进出口和 FDI 占 GDP 比重加权获得，并按照变异系数法确定权重；⑤城市化（*Urban*），用城镇人口占总人口的比重作为代理变量。

上述数据除特别说明外，其余均来自《新中国 60 年统计资料汇编》、历年《中国统计年鉴》《中国能源统计年鉴》以及各地区统计年鉴。

第五节　政府竞争与中国经济增长收敛性的经验研究

一、不包含空间效应的收敛性分析

我们首先考察不包含空间效应的经济增长数量和质量的收敛性。表 9 - 2 中模型（1）—模型（6）依据 Hausman 检验选择固定效应或者随机效应模型，对收敛方程（4）和收敛方程（5）进行实证检验。模型（1）和模型（2）均未加入控制变量表明，经济增长数量具有显著的绝对 β 收敛特征，而经济增长质量却表现出发散特征。由于中国 30 个地区经济发展

① 我们曾考虑纳入衡量要素分配的劳动力报酬，但其与 GDP 相关性过高，因而未将其纳入投入—产出分析。

的环境和条件差异较大，不纳入控制变量的实证检验可能会得到有偏的结果，我们在模型（3）—模型（6）中进一步加入经济结构的控制变量，同时控制了时间效应。由于使用了固定效应回归模型，可能存在无法观测到的跨期个体异质性，这里采用基于聚类修正标准误差对实证模型进行了调整。模型（3）表明，中国经济增长数量收敛性并不显著，仅符合弱条件收敛的特征，与现有研究发现 20 世纪 90 年代后中国经济增长并未出现收敛性的研究结论相似。从经济结构的控制变量来看，财政支出占比和固定资产投资占比均能显著提升数量上的经济增长率，然而城市化却会产生显著的反向作用，对外开放的影响不显著。模型（4）显示，中国经济增长质量具有显著的条件收敛特征。财政支出占比则会显著降低经济增长质量增长率，其余变量均未通过 10% 的显著性检验。

表 9-2　不包含空间效应的收敛性检验

变量	增长数量 FE	增长质量 FE	增长数量 FE	增长质量 FE	增长数量 FE	增长质量 FE
	(1)	(2)	(3)	(4)	(5)	(6)
lny	-0.0111 *** (-7.42)		-0.0174 (-0.96)		-0.0169 (-1.29)	-0.0372 *** (-6.61)
lnQEG		0.0322 *** (3.06)		-0.0231 ** (-2.24)	-0.0091 *** (3.45)	-0.0251 (-1.03)
Fis			0.1194 *** (4.06)	-0.0595 *** (-3.10)	0.1222 *** (4.06)	-0.0847 *** (-4.46)
IS			-0.0010 (-0.21)	0.0033 (1.04)	-0.0015 (-0.30)	0.0004 (0.12)
Fix			0.0583 *** (5.89)	0.0039 (0.62)	0.0584 *** (5.90)	0.0143 ** (2.29)
Open			-0.0149 (-1.64)	-0.0007 (-0.12)	-0.0151 * (-1.66)	0.0024 (0.42)
Urban			-0.0536 ** (-2.11)	-0.0014 (-0.08)	-0.0560 ** (-2.16)	0.0142 (0.87)
C	0.1910 *** (14.60)	0.9975 *** (1557.95)	0.2396 *** (3.51)	0.9972 *** (124.54)	0.2369 *** (3.45)	1.2788 *** (29.52)

续表

变量	增长数量 FE	增长质量 FE	增长数量 FE	增长质量 FE	增长数量 FE	增长质量 FE
	(1)	(2)	(3)	(4)	(5)	(6)
Obs	720	720	720	720	720	720
Year			Yes	Yes	Yes	Yes
组内 R^2	0.0739	0.0134	0.4066	0.0980	0.4068	0.1539
Hausman	3.03	3.34	63.29	20.13	27.11	30.23

注：*、**和***表示分别通过10%、5%和1%的显著性检验。

考虑到经济增长数量和质量存在相互影响，在模型（5）和模型（6）中分别纳入经济增长质量指数和劳均GDP，发现增长数量和质量的收敛性特征以及控制变量的影响基本未发生变化。劳动GDP的提升会显著降低经济增长质量的增长率，而经济增长质量对经济增长数量增长率的影响却不显著。

二、空间效应的收敛性分析

在表9-2中模型（3）—模型（6）的基础上，表9-3和表9-4进一步采用空间计量技术，考察空间效应对中国经济增长收敛性的影响。表9-2中模型的Hausman检验均支持固定效应，Elhorst（2005）认为使用固定效应连续研究区域中邻近单位的空间—时间数据更合适，本书研究样本包含了中国大陆除西藏外的所有地区，表9-3和9-4使用基于空间面板数据的固定效应分析方法①。表9-3中模型（7）和模型（8）选取仅包含内生交互效应的SAR模型，并以地理距离为权重。结果显示，经济增长数量和质量均具有显著的收敛特征。内生交互效应（$w \cdot g$ 和 $w \cdot qg$ 的系数）显示，相近地区经济数量增长率会显著提升本地区经济增长，而地区

① 使用固定效应分析SDM模型，控制时间效应后将无法进行后文的直接效应与间接效应分析。我们在表9-3和表9-4中的空间效应收敛性检验中，分别考察了包含与不包含时间效应的结果，发现是否控制时间效应并不影响各因素的作用方向和显著性，而控制时间效应会得到相对较高的估计系数，囿于篇幅我们仅汇报了不控制时间效应后的收敛性检验。

间经济增长质量却不存在交互影响。

表 9－3　空间效应的收敛性检验 Ⅰ

变量	增长数量 SAR 地理距离	增长质量 SAR 地理距离	增长数量 SDM 地理距离	增长质量 SDM 地理距离	增长数量 SDM 经济距离	增长质量 SDM 经济距离
	(7)	(8)	(9)	(10)	(11)	(12)
lny	-0.0088 ** (-2.20)		-0.0139 (-1.63)		0.0019 (0.23)	
lnQEG		-0.0330 ** (-2.27)		-0.0492 *** (-3.51)		-0.0571 *** (-3.55)
Fis	0.0905 *** (3.60)	-0.0506 *** (-3.11)	0.1254 *** (3.93)	-0.0392 * (-1.93)	0.0921 *** (2.98)	-0.0562 *** (-2.99)
IS	-0.0069 * (-1.72)	0.0037 (1.51)	-0.0074 * (-1.73)	0.0046 * (1.76)	-0.0080 * (-1.74)	0.0047 * (1.88)
Fix	0.0320 *** (3.79)	0.0029 (0.56)	0.0373 *** (4.36)	0.0050 (0.86)	0.0273 *** (2.98)	0.0021 (0.37)
Open	-0.0082 (-0.94)	-0.0015 (-0.27)	-0.0079 (-0.91)	-0.0008 (-0.15)	-0.0052 (-0.57)	-0.0012 (-0.22)
Urban	-0.0635 *** (-2.72)	-0.0043 (-0.42)	-0.0592 ** (-2.45)	0.0037 (0.27)	-0.0545 ** (-2.12)	-0.0060 (-0.49)
w · *g*	0.7302 *** (17.41)		0.7363 *** (17.82)		0.5161 *** (11.42)	
w · *qg*		0.2169 (1.17)		0.2075 ** (2.06)		0.1623 ** (2.51)
w · lny			0.0147 (1.61)		0.0147 (1.63)	
w · lnQEG				0.0114 (0.24)		0.0514 * (1.06)
w · *Fis*			-0.1918 *** (-2.82)	-0.0322 (-0.76)	-0.0044 (-0.08)	-0.0397 (-1.29)
Obs	720	720	720	720	720	720
组内 R^2	0.04678	0.0601	0.0922	0.0607	0.1304	0.0632

注：*、**和***表示分别通过 10%、5%和 1%的显著性检验。

J. 保罗·埃尔霍斯特（2015）认为仅考察一种类型交互效应的 SAR 模型过于局限，对空间计量经济学的研究重点应转移到包含两种交互效应的 SDM 模型。因此，模型（9）和模型（10）采用同时包含内生交互效应和外生交互效应的 SDM 模型，考虑到已有研究认为 20 世纪 90 年代中后期政策的地区差异导致中国增长数量非收敛性以及地方政府行为对经济增长的显著影响，重点分析劳均 GDP、经济增长质量指数以及财政支出占比的外生交互效应。与不包含空间效应的收敛性分析相比，经济增长数量的收敛性没有通过显著性检验，而经济增长质量显著收敛。控制变量和内生交互效应对经济增长数量的影响保持不变，但是其他地区经济增长质量越高却会显著提升本地经济质量的增长速度。外生交互效应中仅财政支出对增长数量的影响通过显著性检验。模型（11）和模型（12）将空间权重矩阵设置为经济距离，仅劳均产出对经济数量增长率的作用方向由负转为正，但依然不显著，其余变量系数符号未发生变化。

表 9 - 4 中纳入了经济增长数量和质量的相互机制以及城市化水平的非线性因素。模型（13）和模型（14）显示，经济增长质量依然显著收敛，劳均产出的提升会显著降低经济质量的增长率，但经济增长质量对经济数量增长率的影响却不显著。外生交互效应表明，经济发展水平相近地区劳均产出会促进本地区经济质量增长率。考虑到城市化水平对经济数量增长率有非预期的显著负面影响，模型（15）和模型（16）进一步纳入城市化水平的二次项，考察其对经济增长的非线性作用，结果表明，城市化率对经济数量增长率具有显著的“倒 U”形作用机制。

进一步地，本书将空间权重设置为经济地理矩阵形成模型（17）和模型（18），其结论与之前的模型基本相同，表明本书的实证研究具有稳健型。鉴于经济地理空间权重矩阵兼具经济和地理信息，这里重点围绕模型（17）和模型（18）的结果展开报告。中国经济增长数量并未表现出收敛性特征，这与绝大多数研究结论相同，经济增长质量则具有显著的条件性收敛，与钞小静等（2016）的研究结果相一致。经济增长质量收敛性的原因可能在于，随着增长质量的提升，地区技术水平越接近前沿面、技术进步潜力衰减，而边际报酬递减规律使得为缩减城乡收入差距和缓解环境污染的边际成本增加，最终导致地区间经济增长质量趋同。值得注意的是，经济增长质量对经济数量增长率的影响却不显著，现阶段增长质量的改进对促进地区经济增长未产生积极作用，在“以 GDP 论英雄”的激励机制并未彻底扭转的背景下，地方政府提升经济增长质量的动力仍相对不足。本地劳均 GDP 的攀升会显著降低经济质量增长率，提升经济增长质量具有一定的成本，并且经济质量增长率不能显著影响经济数量增长率，部分地区会策略性地选择以牺牲经济增长质量为代价，换取短期数量型经济增长。

从内生交互效应来看，经济发展水平或者地理接近地区经济数量增长率能够显著刺激本地区经济增长加速，而地区间经济增长质量却没有显著的相互影响，进一步证明地区间仅“为增长数量而竞争”。在有限资源约束下，地方政府要保证本地经济增长较邻近地区的优势，在经济领域乃至政治晋升中脱颖而出，有足够激励主动降低环境标准吸引资本流入，形成环境规制的“逐底竞争”（赵霄伟，2014）。并且，彭浩然等（2018）也证实我国地方政府在养老保险征缴等民生领域存在“逐底竞争”。生态环境治理以及民生保障等领域的“逐底竞争”使得地方政府缺乏“为增长质量而竞争”必要的激励机制。外生交互效应显示，相邻或相近地区劳均 GDP 越高，越有助于提升本地区经济质量增长率，经济发达省份具有相对成熟的市场化水平、制度环境以及合理的经济结构，从而能够对周边地区经济增长质量产生正向的空间溢出效应。

产业结构高级化能够显著提升经济数量增长率，但对经济增长质量的影响却不显著。干春晖等（2011）研究认为产业结构高级化的演进对中国经济增长具有正面作用，但二者间的关系却不稳定，这可能是其对经济增长数量和质量差异化影响的原因所在，并且在不包含空间效应的收敛模型以及模型（13）和模型（14）中，产业结构高级化对经济增长的影响也未通过 10% 的显著性水平。固定资产投资能够显著提升经济数量增长率，这与我国投资驱动型发展模式的特征相吻合。城市化率与经济数量增长率呈“倒 U”形关系，短期内城市人口占比的相对快速扩张通过拓展市场规模带动经济增长，但在长期，如果教育、医疗和公共交通等公共产品供给不能与之匹配，将诱发“拥挤效应”，进而抑制经济增长。财政支出占比对经济质量增长率具有显著的负面影响，并且这一结论在所有的模型中均成立，说明政府的过度干预可能会导致经济增长质量的损失。对外开放对经济增长数量和质量的作用系数均不显著，可能的原因在于“逐底竞争”在一定程度上抵消了经济外向性的积极作用。

表9－4 空间效应的收敛性检验Ⅱ

变量	增长数量 SDM 经济距离	增长质量 SDM 经济距离	增长数量 SDM 经济距离	增长质量 SDM 经济距离	增长数量 SDM 经济地理	增长质量 SDM 经济地理
	(13)	(14)	(15)	(16)	(17)	(18)
lny	−0.0006 (−0.08)	−0.0286*** (−5.68)	−0.0030 (−0.36)	−0.0289*** (−5.73)	−0.0041 (−0.50)	−0.0312*** (−5.89)
lnQEG	0.0457 (0.26)	−0.0323*** (−3.88)	0.0386 (1.34)	−0.0336*** (−2.95)	0.0249 (1.01)	−0.0312*** (−3.84)
Fis	0.1116*** (3.57)	−0.0689*** (−3.68)	0.1058*** (3.44)	−0.0682*** (−3.64)	0.0979*** (3.13)	−0.0679*** (−3.45)
IS	−0.0009 (−1.02)	0.0023 (0.84)	−0.0025 (−0.52)	0.0016 (0.58)	0.0005*** (3.12)	0.0013 (0.45)
Fix	0.0372*** (3.93)	0.0093 (1.64)	0.0282*** (2.98)	0.0100* (1.73)	0.0393*** (4.18)	0.0115* (1.91)
Open	−0.0078 (−0.86)	−0.0002 (−0.05)	0.0063 (0.68)	−0.0014 (0.24)	0.0048 (0.54)	−0.0020 (−0.36)
Urban	−0.0546** (−2.07)	0.0088 (0.55)	0.1188*** (2.88)	−0.0056 (−0.22)	0.1014** (2.55)	−0.0053 (−0.21)
Urban2			−0.2194** (−5.38)	0.0180 (0.73)	−0.1993*** (−5.03)	0.0214 (0.85)
w·*g*	0.4811*** (10.30)		0.4415*** (9.25)		0.6039*** (11.82)	
w·*qg*		0.1329 (0.67)		0.1343 (0.79)		0.0665 (0.71)

续表

变量	增长数量 SDM 经济距离	增长质量 SDM 经济距离	增长数量 SDM 经济距离	增长质量 SDM 经济距离	增长数量 SDM 经济地理	增长质量 SDM 经济地理
	(13)	(14)	(15)	(16)	(17)	(18)
$w \cdot \ln y$	-0.0139 (-1.55)	0.0263 *** (4.82)	-0.0162 (-1.03)	0.0265 *** (4.85)	-0.0075 (-0.83)	0.0290 *** (5.02)
$w \cdot \ln QEG$	0.1486 (1.19)	-0.0274 (-0.99)	0.1445 (1.15)	-0.0264 (-0.96)	0.2589 (0.95)	-0.0155 (-0.39)
$w \cdot Fis$	0.0634 (1.16)	-0.0356 (-1.09)	0.0820 (1.52)	-0.0366 (-1.12)	0.1043 (1.49)	-0.0387 (-0.88)
Obs	720	720	720	720	720	720
组内 R^2	0.1960	0.1062	0.2563	0.1070	0.2801	0.1048

注：*、**和***表示分别通过10%、5%和1%的显著性检验。

为了保证研究结果的稳健性，我们测度了非共同边界的增长质量指数以及基于5年滚动窗口计算的经济增长数量和质量平均增长率，在模型（17）和模型（18）的框架下分析经济增长收敛性。模型（19）—模型（22）的估计系数与模型（17）和模型（18）基本保持一致，说明本书的实证结果具有稳健性。

三、直接效应和空间溢出效应分析

当具有空间交互效应时，某个影响因素的变化不仅会作用于本地区经济增长，也会对邻近地区经济增长产生影响，并通过循环反馈机制引起一系列变化。进一步可以将各因素对经济增长的影响分解为直接效应和空间溢出效应：某因素变动对本地区经济增长的总体影响为直接效应，其中包括空间反馈效应，即某因素变动通过影响其他地区经济增长，其他地区经济增长又反过来影响本地经济增长；空间溢出效应为某因素变动对其他地区经济增长的影响。

表9-5汇报了表9-4中模型（17）和模型（18）各因素对经济增长影响效应的分解结果，我们重点分析通过显著性检验的变量。经济增长质量

指数对经济质量增长率的直接效应为 -0.0401，其估计系数为 -0.0352，即经济增长质量指数的反馈效应为 -0.0049，为直接效应的12.2%。需要指出的是，Mlachila 等（2014）估计了1990—2011年93个发展中国家的经济增长质量收敛系数为 -0.066，与本书估计的直接效应较为接近。本书采用基于共同边界（Metafrontier）的方向性距离函数，通过构造分地区前沿面，测度各地的相对经济增长质量指数。换言之，某地增长质量指数上升，也必然意味着其他地区经济增长质量相对下滑。

表9-5　各因素对经济增长影响效应分解

变量	直接效应	空间溢出效应	直接效应	空间溢出效应
	增长数量	增长数量	增长质量	增长质量
ln*y*	-0.0051 (-0.64)	-0.0242 * (-1.70)	-0.0285 *** (-6.03)	0.0292 *** (5.15)
lnQEG	0.0452 ** (2.21)	0.6773 *** (3.98)	-0.0401 *** (-2.90)	-0.0135 (-0.34)
Fis	0.1106 *** (3.88)	0.4000 *** (2.60)	-0.0684 *** (-3.64)	-0.0355 (-0.77)
IS	0.0004 (0.08)	0.0007 (0.09)	0.0012 (0.42)	-0.0001 (-0.39)
Fix	0.0414 *** (3.98)	0.0602 *** (2.88)	0.0116 (0.84)	-0.0006 (-0.55)
Open	0.0049 (0.51)	0.0069 (0.49)	-0.0021 (-0.36)	0.0001 (0.20)
Urban	0.1065 *** (2.60)	0.1529 ** (2.38)	-0.0051 (-0.20)	0.0002 (0.07)
Urban2	-0.2094 *** (-5.07)	-0.3003 *** (-3.87)	0.0208 (0.82)	-0.0010 (-0.32)

注：*、**和***表示分别通过10%、5%和1%的显著性检验。

劳均产出对经济质量增长率的直接效应为 -0.0285，不存在反馈效应。但劳均产出的间接效应即空间溢出效应是0.0292，与其在模型（18）中的外生交互效应估计系数0.029较为接近，本地区经济发展水平也会对其他地区经济增长质量产生正向的空间溢出效应。此外，我们还可以根据收敛

方程的估计系数 β，对比分析是否包含空间效应时收敛速度的差异，表9－2中模型（6）给出了不包含空间效应时 β 为－0.0251，表9－5包含空间效应时增长质量指数的直接效应达－0.0401。收敛速度（λ）测算方法为 $\beta=-[1-(1-\lambda)^{T}]/T$，当 $T=3$ 时，不包含空间效应时经济增长质量将以年均2.57%的速度收敛，而纳入空间效应时收敛速度将提升至年均4.18%。因此，忽略空间交互效应会导致经济增长质量年均收敛速度被低估1.6个百分点，占直接效应收敛速度的38.4%。

虽然无论是否包含空间效应都无法得到经济增长数量趋同的证据，但我们依然能够比较空间效应对经济增长数量收敛性的影响。表9－2中模型（6）显示，在不分析空间效应时，经济增长数量的收敛性系数为－0.0169（t检验为－1.29），而表9－5中经济增长数量收敛的直接效应仅为－0.0051，并且t检验也降至－0.64，遗漏空间交互效应会高估经济增长数量的收敛性。这里与Elhorst等（2010）发现忽略空间交互效应会导致对收敛速度有偏估计的结论相一致。

财政支出占比对经济数量增长率的直接效应为0.1106，反馈效应达0.0127，占直接效应的11.48%。由于其他地区会对本地财政支出占比变动作出策略性反应，最终通过反馈效应对本地经济增长数量产生显著影响。财政支出占比对经济质量增长率的直接效应为－0.0684，反馈效应为－0.0005，相对较小。李永友、沈坤荣（2008）的研究表明，面对政治晋升，辖区间的竞争将由税价竞争向财政支出竞争演化，但由于收入能力的限制，欠发达地区在支出来源上更依赖于非税收入，并对其经济增长产生抑制效应。与此同时，为提高竞争力，地方政府增加经济建设支出、减少社会性支出成为占优策略。我们认为正是地区财政支出的策略性竞争，造成财政支出占比的直接效应低于模型（5）不包含空间效应时对其的估计系数（0.1222），并且由于收入能力的差异导致发达地区与欠发达地区财政支出水平的拉大，地区间经济增长难以收敛。如图9－2所示，1992—2017年中国省际实际财政支出的变异系数呈“倒U”形，财政支出的变异系数从1992年的49%攀升至2017年的54%，但2015年后变异系数有所下降。以1978年不变价格衡量的东、西部实际财政支出差距由1992年的247.23亿元增至2017年的8161.58亿元，地区间财政支出能力的差距逐步拉大，印证了本书的判断。东部和西部地区经济建设财政支出占比分别由1997年的11%和8.2%变动为2011年的8.2%和9.7%，欠发达地区更易于产生经济建设偏向型的财政支出结构。此外，结构偏向性的财政支出竞争也会抑制经济质量的增长率，表现为财政支出占比对经济增长质量具有显著的直接效应。

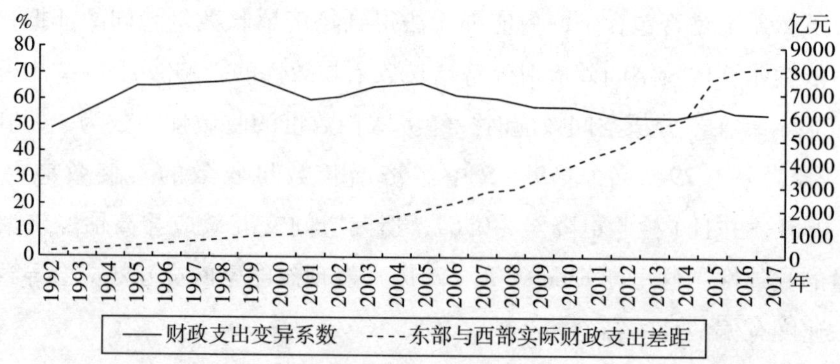

图9-2　1992—2017年中国省级财政支出变异系数及东、西部财政支出差距

结合实证结果，本书认为地方财政支出策略性竞争通过空间效应对经济增长收敛性的作用机制体现为：在财政分权和晋升锦标赛背景下，地方政府会策略性地增加经济建设支出、减少社会性支出，以取得更高的经济增长绩效。在外溢效应机制作用下，空间临近的地方政府为“增长而竞争”，“相互模仿”形成“经济建设偏向型的财政支出结构”。欠发达地区在支出来源上更依赖于非税收入，财政收入缺乏稳定性。财政支出竞争使得发达地区和欠发达地区间的财政收支差距不断拉大，欠发达地区用于经济建设的财政投入相对较低，造成省际经济增长数量的发散。

而在与经济增长质量有关的环境治理（赵宵伟，2014）和养老保险征缴等民生领域（彭浩然等，2018），地方政府存在“逐底竞争”的特征。空间相邻的地方政府出于“共同承担污染治理和民生建设成本”的考量，而策略性地将环境保护和民生建设方面的财政支出维持在政策“达标线”

附近，以便能够将更多的财税资源投入经济建设，换言之，地方政府间缺乏“为增长质量而竞争”的动力。各地政府在环境质量和民生领域的财政投入相对接近，间接造成各地经济增长质量的趋同。这也凸显出在面对“保数量”还是“要质量”的抉择时，为了实现以 GDP 为核心的政绩目标，部分地区策略性地选择以牺牲经济增长质量为代价，换取短期数量型经济增长。

固定资产投资对经济增长数量的直接效应为 0.0414，反馈效应为 0.0019，是直接效应的 4.59%。城市化进程一次项和二次项对经济增长数量的反馈效应分别为 0.0051 和 -0.0101，占各自直接效应的 4.78% 和 4.81，空间溢出效应分别为 0.1529 和 -0.3003，绝对值超过了直接效应。当教育、医疗以及公共交通等公共产品供给不能满足人口城市化时，人口跨区域流动导致“城市病”在地区间蔓延，因此，无法忽视地区间拥挤效应的反馈机制。

第六节　主要结论及政策建议

中国省际经济增长收敛性关系实现共同富裕目标和推动高质量发展。与以往研究不同，本书采用 Metafrontier 方向性距离函数测算 1992—2017 年省际经济增长质量指数，基于地区间财政支出策略性竞争的统一分析框架，考察经济增长数量和质量的收敛特征与作用机制。主要结论如下：第一，中国省际经济增长数量并未收敛，而经济增长质量却表现出显著的收敛性特征。第二，经济数量增长率上升会显著降低经济质量增长率，即部分地区以牺牲经济增长质量为代价，实现了数量型的经济增长。而经济质量增长率却未能对经济数量增长形成有效影响。第三，内生交互效应显示，经济发展水平或者地理接近地区经济数量增长率能够显著刺激本地区经济增长加速，而地区间经济增长质量却鲜有互动。由于地方政府在环境治理和民生领域存在“逐底竞争”，地区间仅“为增长数量而竞争”，缺乏

"为增长质量而竞争"。第四，外生交互效应表明，相邻或相近地区经济发展水平越高，对提升本地区经济质量增长率产生了正外部性。第五，对影响因素的分解发现，虽然财政支出占比对经济数量增长率的作用系数没有通过显著性检验，但由于其他地区会对本地财政支出变动作出策略性反应，最终通过反馈效应对本地经济增长数量产生显著影响。并且由于收入能力的差异，地方政府间策略化竞争行为导致发达地区与欠发达地区财政支出水平的拉大、地区间经济增长难以收敛。

基于此，本书提出如下政策建议：首先，中央政府强化对欠发达地区的转移支付和政策倾斜，防止区域间增长数量差距的扩大；其次，地方政府在发展过程中需要"既看经济指标，又看人文环境指标"，从单纯追求经济增长数量，转向综合考量经济增长、环境质量、城乡收入差距、全要素生产率，构筑"为增长质量而竞争"的空间新竞争格局，实现经济增长数量和质量的协调发展；最后，弱化投资尤其是政府主导型投资对经济增长的拉动力，减少政府通过财政支出对资源的直接配置，防止地方政府间策略性竞争所导致的过度干预行为。

第十章　新时代中国经济高质量发展的政治经济学分析

第一节　新时代中国经济高质量发展的理论和现实意义

新中国成立 70 周年来，中国作为一个发展中、转型中大国，经历了 30 多年 GDP 增长率平均 9.9% 的高速增长，从低收入国家进入中等收入国家行列，并逐步向高收入国家迈进。国际经验表明，中等收入国家迈向高收入国家，是集中爆发各类经济社会矛盾的时期。对中国而言，这完全是一个前所未有的巨大挑战。

发展理念作为发展行动的先导，决定了发展目标、政策举措的根本方向。在中等收入阶段，我国经济发展在条件和环境方面已经或即将发生诸多转变，在经济基本矛盾转换与经济发展阶段转变的条件下，原有经济发展理论体系、原有经济发展模式与机制迫切需要进行调整与完善，新时代中国特色社会主义思想迫切需要对经济发展理论进行一系列创新。马克思主义政治经济学关于经济发展质量有多方面的论述，梳理和概括马克思主义政治经济学的基本原理和内在逻辑对构建中国特色社会主义理论体系和实现经济发展阶段转变有着重要的指导作用。那么，推动中国经济高质量发展的理论机理是什么？以及中国经济转向高质量发展阶段的实现路径与支撑体系又是什么？这些问题成为中国现阶段经济发展亟须回答的重要问题。

第二节　中国经济发展的历史过程与基本特征

一、中国经济发展的历史过程与基本特征：工业化视角

高速持久的经济增长是工业革命以后才出现的现象，尤其是 20 世纪 80 年代中后期至 2008 年国际金融危机爆发的这 20 年间，全球各类经济体大多数都实现了较快速的经济发展。华尔特·惠特曼·罗斯托（Walt Whitman Rostow）（2010）根据工业发展状况，将世界各国分成传统社会、为起飞创造前提、起飞、成熟、大众消费、追求生活质量 6 个不同的经济发展阶段，其中，成熟阶段持续时间长且经济保持持续高速增长，欠发达国家需以经济起飞的实现为前提，才能进入成熟阶段，跳出“贫困的恶性循环”。霍利斯·钱纳里（Hollis B. Chenery）等（1989）从结构转变过程角度，将经济发展依据人均收入状况的不同划分成初级产品生产、工业化、发达经济 3 个阶段。托马斯·皮凯蒂（Thomas Piketty）（2014）的研究发现，在工业革命之前，世界各国的经济增长都是极为缓慢的，高速经济增长只是工业化时期发生的一段特殊历史现象，当工业化完成后，这种高速增长将不复存在。现有研究表明，历史上大部分的经济体以高速增长运行了较长时间以后，经济增速下降的概率会明显加大，在经济增长阶段发生变化的过程中对经济发展质量的要求相应地也会发生变化，由此逐渐形成经济发展的新阶段。

从速度角度来看，中国自工业化以来，经济发展速度变化的长期趋势明显（见表 10 - 1）。本书借鉴金碚（2015）对中国工业化进程的划分，将中国近现代历史分为工业萌芽期（1912—1949 年）、工业化雏形期（1950—1979 年）、工业化加速期（1980—2012 年）和工业化深化期（2013 年至今），来研究我国经济发展数量的运行轨迹。其中，在工业化萌芽期（1912—1949 年），中国处于由传统以农业为主自给自足的自然经济向以机器大生产为主的近代经济转型的阶段，这一时期以“实业救国”为

口号，民族资本企业等相继兴办，推动中国近代经济发展。在此期间，国内生产总值由164.8亿元上涨到189.5亿元，这一时期GDP的年均增长率为0.4%。到工业化雏形期（1950—1979年），我国为了以最快速度恢复国民经济，主要采取计划经济体制改革来进行大规模经济建设。国内生产总值从1950年的290.0亿元上涨到1979年的4100.5亿元，约为1950年国内生产总值的14倍、1912年国内生产总值的25倍，这一时期，国内生产总值的年均增长率达9.6%，相比工业化萌芽期的年均增长率增加了近9倍。在工业化加速期（1980—2012年），中国从原先的计划经济体制向市场经济体制转变，开启了改革开放的新征程。这一时期，国内生产总值由4587.6亿元增加到540367.4亿元，2012年的国内生产总值是1980年的118倍、1950年的1863倍、1912年的3279倍。此外，这一期间国内生产总值的年均增长率为16.1%，相比工业化雏形期的年均增长率扩大了0.7倍，相比工业化萌芽期的年均增长率扩大了近39倍，中国经济表现为超常增长①。在工业化深化期（2013年至今），中国进入全面深化改革阶段，经济发展呈现出“新常态”，经济发展数量的增长率由高速增长转向中高速增长态势。截至2017年年末，国内生产总值由2013年的595244.4亿元增加到2017年的827122.0亿元，这一时期国内生产总值的年均增长率达7.8%，相比工业加速期的年均增长率下降了8.3个百分点。由此可见，在工业化深化期间，经济发展数量增长率出现下移趋势，这不仅印证了大部分发达国家经济增速的变动实践，也说明中高速增长已然成为我国经济发展新阶段的基本特征（洪银兴，2014）。

表10-1　中国工业化以来名义GDP变化的长期趋势

时期	起止年份	名义GDP/亿元	年平均增长率（%）
工业化萌芽期（1912—1949年）	1912	164.8	0.4
	1949	189.5	

① 按照汪红驹(2015)对高速经济增长率的界定,将经济增长率超过7.2%视为高速经济。

续表

时期	起止年份	名义 GDP/亿元	年平均增长率（%）
工业化雏形期（1950—1979 年）	1950	290.0	9.6
	1979	4100.5	
工业化加速期（1980—2012 年）	1980	4587.6	16.1
	2012	540367.4	
工业化深化期（2013 年至今）	2013	595244.4	7.8
	2017	827122.0	

注：小数点后保留一位。

资料来源：1912—1949 年 GDP 数据分别参考张乃丽（2013）和王玉茹、张东刚（2006）得到。其余数据均由 2017 年《中国统计年鉴》得到。对于个别缺失数据，通过建立方程进行估算得到。

从质量角度来看，经济发展质量强调的是系统之间的协调发展，主要是指经济发展过程中经济、社会与自然三个系统之间相互协调形成的质态。其中，经济系统包含发展强度、发展稳定性以及发展开放度；社会系统包含卫生、教育和文化维度；自然系统包含水、大气和生活垃圾处理等资源利用与处理情况。鉴于我国在党的十八大以后，明确指出提高质量和效益为今后经济发展的主题，本书主要刻画党的十八大以来我国经济发展质量水平的变化趋势，对应到工业化阶段即工业化深化期间（见图 10－1 和图 10－2）[①]。

在工业化深化期间，我国经济发展质量水平从 2013 年的 0.964 上升为 2016 年的 1.105，整体呈逐年递增的态势，并且经济发展质量的增长率也表现出较为明显的上升趋势，只是在 2014—2015 年经济发展质量的增长率

① 经济发展质量水平指数的计算具体如下：在经济系统中，选取人均 GDP 表示发展强度，选取居民消费物价指数表示发展稳定性，选取进出口总额占 GDP 比重表示发展开放度；在社会系统中，选取普通高等学校教职工数表示教育水平，选取文化文物机构数表示文化水平，选取每万人拥有卫生技术人员数表示医疗水平；自然系统中，选取废水排放总量、二氧化硫排放总量以及生活垃圾清运量表示资源的可持续程度。在以上指数构建的基础上，对逆向指标正向化处理后，再对所有指标进行标准化处理，并对构成经济系统、社会系统和自然系统的每个维度各赋 1/3 的权重，对其进行加总后得到经济系统指数、社会系统指数与自然系统指数，进一步对三者进行算术平均得到经济发展质量指数。

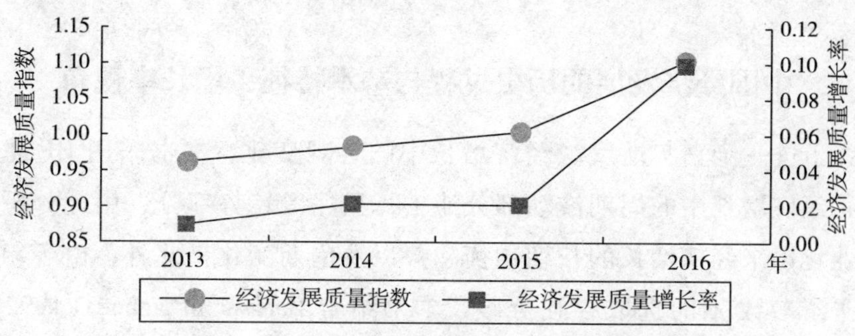

图 10－1　中国工业化深化期以来经济发展质量

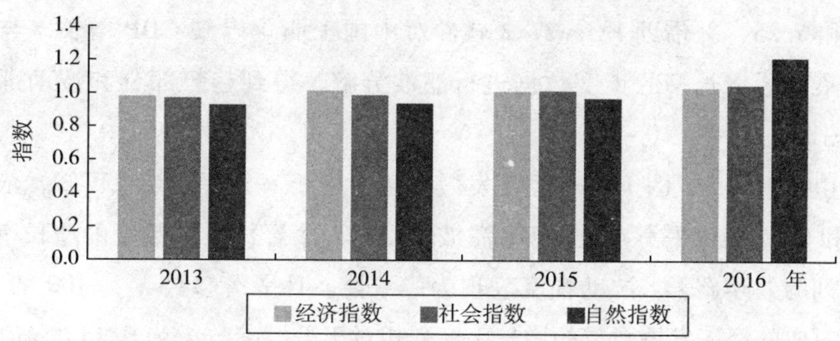

图 10－2　中国工业化深化期以来的经济指数、社会指数、自然指数

略有下降。从经济发展质量指数的各分项变动情况来看，2013 年我国主要呈现出经济指数、社会指数以及自然指数依次递减的格局，而到 2016 年，格局变化为自然指数、社会指数与经济指数逐次递减。2013—2016 年，经济指数总体上升幅度并不明显，社会指数相对略有提升，而自然指数上升趋势显著，这表明我国近年来经济发展质量指数的提高很大程度上是由自然指数的上升所带来的。

综上所述，从工业化视角来看，中国经济发展的基本特征为：我国在工业化萌芽期以及工业化雏形期，经济发展数量的增长率表现出较大的波动幅度，而在工业化加速期，经济增速波动幅度逐渐减少，经济总体在高位运行，到了工业化深化期，经济发展数量的增速逐渐回落，且回落幅度呈现出逐步收窄的态势，经济运行逐渐趋稳。但经济发展的数量与质量变化趋势并不同步，虽然经济发展数量的增长率放缓，但经济发展质量水平却不断上升，这是经济系统、社会系统与自然系统不断改善的结果。

二、中国经济发展的历史过程与基本特征：增长率视角

为了进一步真实地反映经济增长中的客观变化，本书采用 HP 滤波方法将经济增长中的周期波动部分滤去，只保留趋势部分，由此分析中国工业化以来经济增长的长期均衡趋势以及周期变化。此外，由于年度数据平滑参数 λ 的选取存在分歧，本书结合 Backus 和 Kehoe（1992）、Ravn 和 Uhlig（2002）的年度数据中平滑参数 λ 设定，将 λ 分别设为 100 和 6.25，并借助 Eviews7.2 软件对中国工业化以来 GDP 增长率与经济发展质量增长率的年度数据进行滤波分解，得到趋势部分和波动部分（见图 10－3～图 10－6）。

由图 10－3、图 10－4 经济发展数量的增长率分解的结果可知，依据 100 和 6.25 两种平滑参数下 HP 滤波所得的两个经济发展数量的增长率趋势序列的差异显著，波动幅度表现为一致性。且平滑参数 λ 为 100 的 HP 滤波对应的经济发展数量的增长率序列相对于平滑参数 λ 为 6.25 的 HP 滤波对应的经济发展数量的增长率序列有较高的平滑程度，但波动幅度较大。在平滑参数 λ 为 100 的条件下，这一周期经济发展数量的增长率波动幅度呈现出阶段性特征。大致可分为四个阶段：第一阶段为 1912—1938 年，经济发展数量的增长率大致呈“倒 U”形增长趋势，增长率前期处于上升阶段，后期开始下降，增长率的均值约为 0.3%；第二阶段为 1939—1962 年，经济发展数量的增长率同样呈先上升后下降的“倒 U”形趋势，这一阶段增长率的均值约为 2.7%；第三阶段为 1963—1978 年，经济发展数量的增长率缓慢上涨但有小幅波动，增长率的均值大致为 6.7%；第四阶段为 1979—2017 年，经济发展数量的增长率总体上升但 2011 年以后经济发展数量的增长率开始回落，且这一阶段经济发展数量的增长率的离散程度有所降低，经济发展数量的增长率的均值为 9.5%，较前三个阶段经济发展数量的增长率大幅增加。在平滑参数 λ 为 6.25 的条件下，该滤波的趋势结果波动幅度较大，按图 10－3 显示的结果，可将其分为 1912—1936 年、1937—1961 年、1962—1975 年、1976—1999 年、2000—

2010 年和 2011—2017 年六个时间段。其中，1912—1936 年、1962—1975 年以及 1976—1999 年这个时间段的经济发展数量的增长率呈现出“M”形波动，经济发展数量增长率的均值分别约为 0.5%、6.6% 和 9.4%；1937—1961 年的经济发展数量的增长率呈先波动上升后下降的趋势，经济发展数量增长率的均值约为 2.1%；2000—2010 年是中国经济高速增长的十年，经济发展数量增长率的均值达 10.3%；2011—2017 年，经济增速开始下移，但波动幅度不大，经济发展数量增长率的均值在 7.6% 左右。综上所述，对比平滑参数 λ 为 100 和 6.25 时经济发展数量增长率的趋势序列和波动序列可知，平滑参数取 6.25 的 HP 滤波更能反映经济产出的结构性变动，刻画结果相对准确。

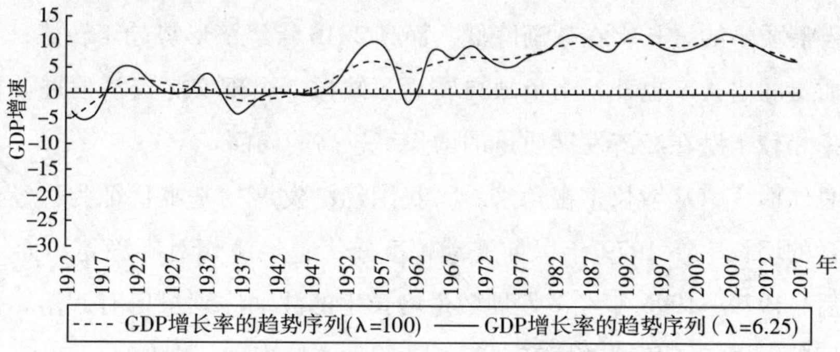

图 10－3　中国 1912—2017 年 GDP 增速的趋势分析

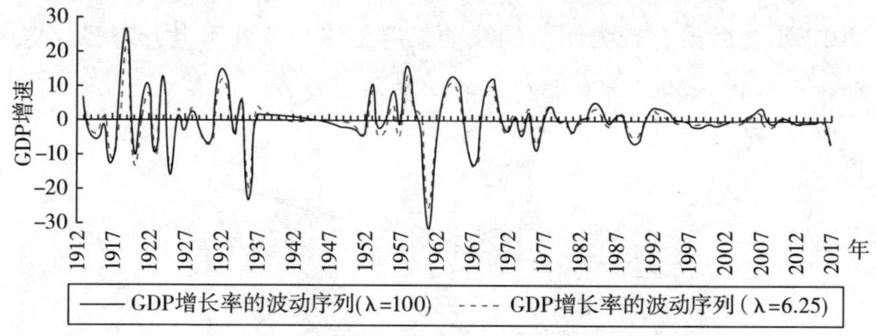

图 10－4　中国 1912—2017 年 GDP 增速的波动分析

根据图 10－5、图 10－6 分解后的经济发展质量增长率可知，平滑参数 λ 为 100 和 6.25 下 HP 滤波所得到的两个经济发展质量的增长率趋势序列和波动序列较为一致，但经济发展质量增长率的趋势序列在平滑参数 λ 为 100 下比平滑参数 λ 为 6. 25 在 2006 年其增长率较低，而波动序列在平滑参数 λ 为 100 时，整体波动幅度较为偏大。进一步分析，在 100 和 6. 25 两个平滑参数 λ 下，一方面，HP 滤波后经济增长率的趋势序列是不断上升的，2016 年经济发展质量的增长率达到最高，而 2013 年经济发展质量的增长率最低。而经济发展质量增长率的波动序列峰点都出现在 2016 年，经济发展质量的缺口率分别为 3. 5% 和 3. 0%；而经济发展质量的波动序列波谷出现在 2015 年，经济发展质量的缺口率分别为 -3. 1% 和 -2. 8%。另一方面，虽然 2013—2016 年经济发展质量的增长率趋势序列一直在上升，但经济发展质量的水平不高，且 2016 年以前经济发展质量的缺口率为负，经济发展质量的增长率在逐渐降低，而到 2016 年经济形势趋于转好，经济发展质量的增长率也开始由负缺口转为正缺口，出现实际经济发展质量的增长率相较于潜在经济发展质量的增长率较高的局面。

总体而言，从增长率视角来看，我国经济发展的基本特征为：经济发展数量的增长率在 1979 年以前波动幅度较大，经济相对不稳定。而 1979 年以后，1979—1996 年经济发展数量增长率的波动序列虽仍有起落，但经济发展数量增长率的波动幅度都明显降低且离散程度相对较小。2012 年以后，其波动幅度仍在减小，经济相对更平稳增长。而经济发展质量的增长率在 2013 年之后虽有较为明显的波动，但总体一直处于上升态势。这也与工业化视角下得到的经济发展趋势的结果相一致。

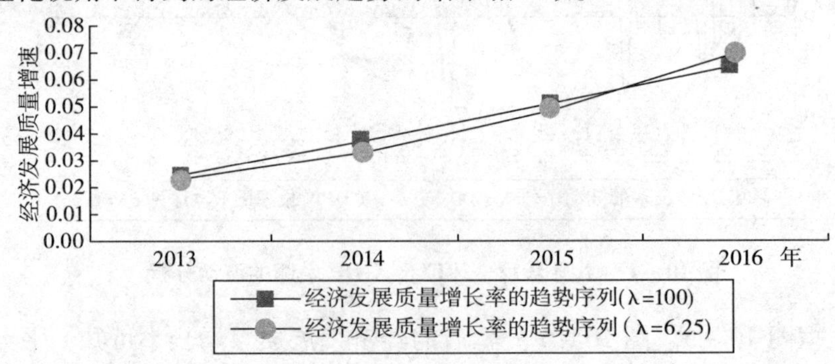

图 10 -5　中国 2013—2016 年经济发展质量增速的趋势分析

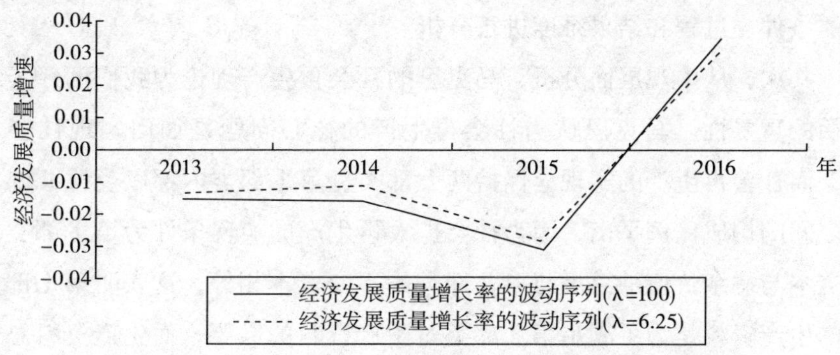

图 10－6　中国 2013—2016 年经济发展质量增速的波动分析

第三节　经济发展质量的理论逻辑与高质量发展的内在要求

中国进入新阶段，经济发展的质态相应地发生了变化，质量的重要性逐渐显现。追溯到马克思主义理论，经济发展质量从微观层面可理解为产品质量，即使得产品及其经济活动的使用价值既合意于人的物质需要，也合意于社会需要；从中观层面可理解为结构质量，即使得经济结构实现平衡；从宏观层面可理解为生产力质量，即使得生产力不断提升与发展。因此，根据这三个层面，其对经济发展质量也有相应的要求。

首先，从微观层面上分析，马克思的技术创新理论为发展动力提供了依据。微观产品质量的提升需通过要素质量的提高来实现，而要素质量的提升需借助于劳动过程中技术条件的变革，技术进步和创新可通过提高要素的结合效率以及剩余价值转换为资本的使用效率来提高要素的生产效率从而提升要素的质量（任保平，2018）。具体来看，各要素都具有增殖能力，可通过各个要素的组合与变动提高其增殖效率，从而增加剩余价值，实现要素质量的增加。但由于技术创新不能自然发生，它需建立在一定社会关系的基础上，因此，技术创新的衡量应将创新的条件纳入进去，从创新的条件、过程和结果维度进行分析。

其次，从中观层面分析，马克思的社会再生产理论为我们阐释了结构平衡的重要性。马克思认为社会再生产的核心问题是如何实现社会总产品，而社会再生产的实现应保持两大部类、第Ⅰ部类内部以及第Ⅱ部类内部之间的构成比例平衡，因为社会扩大再生产的实现条件为第Ⅰ部类的可变资本与剩余价值加总后与第Ⅱ部类的不变资本相等，这表明第Ⅰ部类生产的生产资料是为了满足第Ⅱ部类对生产资料的需要，而生产资料总会制约着消费资料的生产。因此，生产资料与消费资料保持必要的比例关系是必要的（刘诗白，2008），且经济结构应涵盖供需结构、产业结构、市场结构等方面。

最后，从宏观层面分析，马克思在生产力理论中阐述了实现经济发展质量的要求。马克思认为，生产力的发展是衡量社会发展水平的基本尺度，且生产力具有质量特征，它取决于从事生产活动过程中的效率，若生产效率提高，由劳动提供的使用价值量高；而生产效率降低时，其使用价值量相应偏低（任保平，2018）。而在产品结构保持不变的情况下，生产效率的衡量一般可用单位时间内生产的劳动产品数量或者单位时间内生产的劳动产品所耗费的劳动时间来表示劳动生产率，但现实生活产品结构是发展变化的，不能单纯依靠劳动生产率来衡量，因此，生产效率的高低还应将技术以及资本的投入产出的变化等因素考虑在内，包括技术效率和资本效率。

第四节　中国经济实现高质量发展的制约因素

马克思主义政治经济学从微观、中观和宏观维度对经济发展质量的提升提出要求，而根据经济发展的现状，我国在经济发展的发展动力、发展结构与发展效率三个层面的新推力尚未完全形成，对经济实现高质量发展仍有一定的制约作用。

一、发展动力约束

创新驱动是现阶段中国经济增长的新动力，不同于原先以要素驱动、投资驱动为主的经济增长旧动力，创新驱动是通过技术进步实现劳动生产率的提高，而目前中国创新驱动在创新条件、创新过程和创新结果三个维度上都面临着相应的制约因素。

首先，在创新条件维度上表现为：第一，财政政策支持力度不到位。财政支持是创新驱动的客观条件，我国在创新投入方面，2015 年国家财政支出中教育支出占比为 14.9%，相比上一年降低 0.2%，而科学技术支出占国家财政支出的比重为 3.3%，相比上一年降低 0.2%，与发达国家存在较大差距。第二，知识产权保护供给与需求不匹配。创新行为的激励受知识产权保护的直接作用，而知识产权保护也是对技术创新开展的有力保障。虽然我国目前已制定了《专利法》与《合同法》等相关法律，但随着知识产权保护市场需求的不断扩大，日新月异的科学技术与相对保守的法律法规产生了一定冲突，间接制约了创新的发展进度。第三，劳动力质量红利开发不足。创新的主体是人，而目前中国技能型人才紧缺，高级技工比例仅有 5% 左右，与日本高级技工比例的 40%、德国高级技工比例的 50% 等发达国家的差距悬殊。此外，资料显示①，2017 年农民工总量已达到 28171 万，而仅有 32.9% 是受到农业和非农职业技能培训的农民工，稀缺的高级技能型人才极大地制约了创新的产生。

其次，在创新过程维度上表现为：第一，研究企业创新能力培育不足。企业是创新的主体，企业的创新能力决定了生产要素的边际价值以及配置资源的有效性。我国企业目前整体研发投入总量还偏低，研发强度相对较低，企业内部研发机构进行创新研发的占比还很低，且多为应用试验等研发，在关键性和前瞻性的高精尖技术领域研发能力不足，研发体系也尚不完善。第二，企业家精神有限。企业家精神是引领企业激发创新改革

---

① 根据《2017 年农民工监测调查报告》结果得到。

的重要活力，其根本特征在于企业家的创新精神，而目前我国大部分中小企业的创新精神缺失，缺少对产品精益求精的坚持与积累，缺乏长远的创新规划，企业的稳定性和可持续性不足。第三，所有制掣肘。所有制结构会通过影响企业的战略选择从而干预创新研发的开展，我国目前的所有制改革并没有有效推进，反而掣肘了创新的进程。在我国所有制改革过程中，国有资本股权集中以及长期固化的问题仍然存在，企业内部激励机制尚不完善，故而都会干扰企业创新能力的持续性。

最后，在创新结果维度上表现为：第一，创新成果转化不畅。持续活跃的技术创新是实现高质量经济增长的源泉，2015 年发明专利申请受理数为 2798500 项，而专利申请授权数为 1718200 项，仅占受理数的 61.4%；2015 年我国发明专利申请受理数为 1101864 项，而发明专利申请授权数为 359316 项，仅占受理数的 32.6% 左右，不难看出，科技成果未能有效转换成现实生产力，这严重影响了技术创新。第二，多元创新共同体系未形成。创新的开展取决于政企校的协同合作，各创新主体的协同创新能力通过影响创新行为的内在机制从而产生更大范围的创新成果。但目前我国尚未形成创新共同体，主要在于政企校的利益诉求和激励机制不同，同时，在进行创新研发过程中，创新链内部分工不明晰且缺乏有效衔接，从而协调合作中的矛盾有一定难度，不易形成稳定的长期合作机制。

二、发展结构约束

现阶段，我国经济结构优化与升级已取得一定成效。然而随着国内外发展环境的急剧变化，经济增长的结构性问题也逐渐凸显，主要体现在宏观层面的供需结构、中观层面的产业结构和区域结构以及微观层面的市场结构等方面对中国经济实现经济高质量发展起到制约作用。

首先，在宏观层面上表现为：第一，供给结构方面。供给是产品供给，主要从事与生产和提供产品有关的活动（金碚，2017）。总体来看，我国供给体系存在的问题主要是中低端产能过剩，高端供给相对匮乏，造成国内产品和服务的供给水平与居民消费需求错位，导致居民对国外产品的依赖度较高，消费需求外溢，不能正确引导国内产品的有效升级。第二，需求结构方面。需求包含消费需求、投资需求和进出口需求，而我国近年来消费需求相较于投资与进出口需求对经济的拉动力要弱。财政部公布数据显示，2017 年 8 月国内增值税为 3908 亿元，同比增长 19.3%。其中，进口货物增值税、消费税相比国内消费税高出 505 亿元，这说明国内消费需求低迷，消费前景不太乐观。此外，我国投资主体易位，投资仍由政府主导，民间投资增速回升缓慢且动力不足（许光建等，2017）。

其次，在中观层面上表现为：第一，产业结构方面。产业内部的演进趋势是传统行业逐步被替换为新兴产业，整个产业高技术密集型趋势日益明显。而目前第一产业中现代农业比重偏低，第二产业中现代制造业比重偏低，第三产业中现代服务业比重偏低，产业结构不合理。此外，我国高新技术产业面临着创新基础薄弱、缺乏核心和关键共性技术的问题，生产的产品亟待向轻量化、精密化、绿色化产品转型，与发达国家相比仍有上升空间。第二，区域结构方面。区域经济的发展本应是从非均衡向高水平均衡迈进的过程，而我国目前的发展不平衡不充分已经成为满足人民美好生活需要的主要制约因素，着重体现在地区间经济差距呈现出“先升后降”趋势，但地区内经济差距呈现出“先降后升”趋势，地区经济差异总体明显（朱承亮，2014）；城乡之间在收入水平、教育、医疗、消费、社会保障等方面的差距日趋扩大；家庭间贫富差距日益严峻，社会流动性在逐渐下降，并开始出现代际固化的特点（郭豫媚等，2015）。

最后，在微观层面上表现为：市场结构方面。由于竞争环境下的厂商经营是在其价格与边际成本相等的位置处，而垄断厂商的经营则是在价格大于边际成本的点处，这使得完全竞争厂商比垄断厂商在配置资源方面的效率更高。因此，垄断厂商会造成帕累托低效率。而目前虽然我国在下游产品市场已实现市场化竞争，但上游要素市场还具有较大的垄断势力，如医药行业的原料药垄断以及油气资源的上游垄断等，市场要素不够完善。这种上游市场垄断、下游市场竞争的格局使得生产要素的价格不由市场决定，而是由垄断厂商自己决定，进而影响到整个市场的稳定。因为产品的最终价格看似是由市场决定的，实则上游要素市场可通过控制要素价格影响产品的生产成本进而改变产品的最终价格，使得价格不能完全反映市场供需，易造成市场的紊乱。由此可以看出市场机制仍需进一步强化。

三、发展效率约束

中国在发展过程中仍存在低效率洼地，在生产要素投入既定的情况下产出的提升缓慢，从而使得经济系统无法实现帕累托最优，因此，推进效率提升是我国新阶段下经济发展的核心要求。而目前我国发展效率对中国经济高质量发展的制约作用体现在技术效率、劳动效率和资本效率三大方面。

首先，在技术效率方面表现为：第一，技术配置效率低下。技术配置的有效性取决于市场的作用是否充分发挥，而我国要素市场存在扭曲，使得劳动力流动性减弱，资金的使用率降低，不能有效地从低收益流向高效益，从而降低了技术配置效率，影响了全要素生产率的提升。第二，技术质量偏低。技术需要以质量作为支撑，汤森路透发布的 2017 年“全球 100 大顶尖科技领导企业”中、美企业占 45 家，而我国大陆以及台湾地区、香港地区仅有 17 家，虽然我国技术较之前已有较大发展，但在质量方面尤其是关键技术的质量上相对于发达国家仍然偏低。企业对关键技术、原创技术的投入较少，基础研究相较于应用研究存在差距，整体技术质量偏低。

其次，在劳动效率方面表现为：第一，有效劳动力短缺。劳动力供给是劳动生产率提高的前提条件，国家统计局资料显示，我国 2017 年出生人口共计 1723 万人，较 2016 年出生人口减少 63 万人，人口结构发生了变化，适龄劳动力数量下降，我国长期的低劳动成本的竞争优势正逐步消失，从而引发劳动力短缺，制约经济长期持续增长。第二，劳动力转移刚性。适度的地区生产率差异会引导劳动力由低效率向高效率转移，促使社会整体劳动生产率进一步提高。而中国劳动力转移方向与现阶段产业转移方向呈现出逆向特征，劳动力并未跟随产业同方向回流，致使欠发达地区的实际劳动力供给与企业需求的劳动力结构匹配度较低（樊士德等，2015），这不仅影响了劳动生产率的提高，也不利于产业形成大规模的区际转移。

最后，在资本效率方面表现为：第一，资本使用效率差异化。国有资本的使用效率与私营企业的资本使用效率存在较大差距，现阶段国有企业的每百元资产实现收入约是私营企业最高收入的一半以下，而国有资金沉淀低效会使国有企业难以实现良性运营，进而影响整个社会的经济发展。第二，资本配置效率偏低。资本的配置是资源配置的核心，关系到劳动与技术等其余生产要素的效率。我国目前资本的绝对增速虽仍处在高位，但资本配置效率仍有待提升，这主要是因为财政受限，使得地方政府对银行体系等金融资源的控制力度加大，从而造成不良贷款上升、资金配置效率降低。

第五节　推动中国经济转向高质量发展阶段的突破之点

新时代中国经济发展需要由数量扩张的传统发展转向质量提升的新发展转变，依据马克思主义政治经济学对经济发展的内在要求，以及我国目前经济发展的现实约束，本书认为实现经济高质量发展的关键在于重塑增长动力、优化经济结构和提升发展效率，并将“三维创新驱动—结构再平衡支撑—发展效率提升”的“三位一体”的系统性改革框架作为推动经济高质量发展的路径选择。

一、重塑发展动力：以三维创新引领中国经济转向高质量发展阶段

新时代下经济增长动力应由要素驱动向创新驱动转变，创新和技术进步可以克服资源有限性的约束，从而为实现经济高效增长提供持续动力（任保平等，2013）。为实现经济高质量发展提供不断的动力支撑，我国应

在创新驱动的改善条件、完善过程、提升结果三个维度上下功夫。

首先，改善创新条件。第一，加大政府在创新方面的财政投入。通过政府引导、部门支持的方式，优化政府的财政资金，加快创新公共服务平台建设，加强对企业的财税扶持，给企业和创新者减负。第二，改革知识产权保护体系。通过完善有关知识产权保护的法律，构建多方联动的知识产权保护体系的措施，假设规范化知识产权保护市场，提高其效率，保障创新的活力。第三，重视劳动力质量投资。政府应引导高层次教育尽快适应就业结构的调整，重点提高非农产业的劳动参与率，设立人才培养基地，有针对性地逐步培养适应非农产业要求的技能型人才（蔡昉，2015）。

其次，完善创新过程。第一，推进企业研发平台建设。政府通过协助企业构建专业化高水平研发平台，吸引科创资源在平台集聚，使企业在技术溢出中获益。并以高端技术支撑高端产品研发为目标，引领产业高端化发展。第二，充分激发企业家精神。政府应为企业家打造健康良好的成长环境，以优秀企业家的示范作用，带动广大民营企业家主动对接创新，激发市场活力，创造社会价值。第三，深化所有制改革。政府应通过建立国有资本市场化运作专业平台，盘活国有资本，在资本流动中优化企业布局结构，全方位提高国有企业的运营效率，从而为创新助力。

最后，提升创新结果。第一，加快搭建创新成果转化平台。政府应加速打通科技成果的转换通道，通过建立健全成果孵化平台，做好高校或科研机构与企业的对接与合作，让科研成果尽快向适应社会发展的生产力转换，推动科研项目企业化落地。第二，推进创新共同体构建进程。通过建立第三方服务平台作为沟通政企业校的桥梁与纽带，协调政企校之间的利益诉求，明确创新链条内各部门的分工，并建立适应各方的创新激励机制，以期形成稳定的长期合作机制。

二、优化发展结构：以结构再平衡驱动中国经济转向高质量发展阶段

新时代是一个经济结构再平衡过程，经济发展过程由优先发展转变为

结构协调。要实现经济中高速增长，我国应从宏观层面的供需结构、中观层面的区域结构以及微观层面的市场结构的优化升级着手推动突破性改革机制与路径。

首先，宏观层面的结构优化升级。这里主要的侧重点在于深化供给侧改革。第一，加快推进有效供给。政府应多方位培育发展新产业，着力打造技术、材料、产品、业态等创新，并且应研究制定与市场化破产程序及不良资产处理有关的配套政策，积极淘汰落后产能。第二，推动消费结构升级。政府应积极培育新的消费增长点，优化消费结构，促使商品向品牌化、高端化和个性化转型，带动国内享受型和发展型消费。第三，优化投资结构。政府应进一步降低民间投资市场准入门槛，引导并扶持民间投资进入教育、医疗、养老等领域，同时，夯实软硬基础设施条件，全面提高投资质量。

其次，中观层面的结构优化升级。第一，加强产业结构优化。政府应积极转变在三次产业方面的财政支持方式，立足结构调整，以增量优化推动存量调整，分别加快推进传统农业、传统制造业、传统服务业向现代化农业、现代化制造业以及现代化服务业转化的步伐。第二，推进区域经济均衡发展。从区域发展理念、要素流动、就业收入、产业培育以及城市建设等惠及民生的方面全面加速各区域的“合纵连横”，逐渐缩小我国在地区之间、城乡之间和家庭之间的经济差距，打造区域平衡发展新格局。

最后，微观层面的结构优化升级。主要通过完善市场机制并以政府干预相协调来推进上游要素市场改革提速。政府应积极转变政府职能，深化国有企业改革，逐步放开对上游市场要素的价格管制，打破国有企业对上游要素市场的垄断，消除民营企业进入上游市场的壁垒，实现要素市场的充分竞争。并通过以市场主导、政府支撑的方式，打造一个适于上游要素市场自由竞争的市场氛围，确保市场机制对要素价格的决定性地位。完善上游要素市场机制，尽可能实现要素市场化，使得资源配置更合理。

三、提高发展效率：以要素效率改善支撑中国经济转向高质量发展阶段

新时代下，经济实现效率的合理高效转换，是充分发挥市场作用、提高全要素生产率、推动经济高质量发展的关键。发展效率实际上是投入产出的效率，依赖于要素的重组与合理流动，而我国要提高发展效率，需实现技术效率、劳动效率与资本效率的“三重提高”。

首先，提高技术效率。第一，提高技术配置效率。这里主要是消除要素流动中的制度壁垒，破除城乡、地区之间发展的体制障碍，合理引导要素自由流动，以进一步完善市场化机制。第二，推进技术的质量提升。我国应加强基础研究。政府应通过诸如建立研发机构、实验室等多渠道多方式积极深化企业、高校与研究机构的基础合作，加强基础研究的产学研协同创新。

其次，提高劳动效率。第一，优化人力资本结构。我国应将重点放在人力资本质量的积累上，通过提高人力资本质量，优化配置人力资本，释放其具备的知识与技能，对冲劳动力短缺，实现经济发展的提质增效。第二，缓解劳动力转移刚性。我国应加大完善欠发达地区公共服务政策，缩小地区间福利体系的差距，为保证劳动力流动与产业转移方向一致提供正向激励。

最后，提高资本效率。第一，提升国企资本使用效率。国有企业应在围绕国家战略导向下，改变固有的投资观念，注重投资导向与资本经营，强化资本流动性，实现资本盈利，以进一步提升国有资本的运营效率。第二，提高资本配置效率。政府应加大深化财税体制改革，积极创新财政资金使用方式，加强地方政府债务监测管理，并强化事中事后监管，不断优化财政方面的资源配置方式，使得资金使用效率不断提高。

第十一章　新时代中国宏观调控转型的政治经济学分析

党的十八大以来，伴随内部条件和外部环境的巨大变化，我国经济进入以新常态和供给侧结构性改革为主线的新时代。党的十九大报告中明确指出，新时代中国特色社会主义的总体任务是在全面建成小康社会的基础上，建成富强民主文明和谐美丽的社会主义现代化强国。新时代中国特色社会主义的总体任务既包括经济发展，也涵盖政治、社会和生态环境等多维目标，其实现过程是一项长期而艰巨的系统性工程，在本质上需要国家宏观调控的政策保障。首先，社会主义国家的所有制基础是公有制，这就需要政府从总量和结构层面对经济运行予以调控，满足以人民为中心的利益诉求。其次，2020 年到 21 世纪中叶，中国特色社会主义现代化强国建设需要遵循“两步走”的战略，只有宏观调控才能保证经济在长期一以贯之地按照既定方针运行。再次，发达国家走过的现代化历程，往往伴随着两极分化、城市拥挤、农村凋敝、环境污染等现代病。社会主义现代化不能完全效仿西方现代化过程，一开始就要防止和克服这些现代化病（洪银兴，2017）。我国经济发展能否规避西方现代化历程的弯路，关键是要通过新时代中国特色社会主义宏观调控的顶层设计加以预防。最后，宏观经济的高质量发展是建成新时代社会主义现代化强国的必由之路，我国由高速增长阶段转向高质量发展阶段，需要改变以经济增长为核心目标、以直接干预为调控原则以及以需求管理为主要调控方式的传统宏观调控，建立与新时代经济运行的新特点和新规律相协调的高质量发展的宏观调控体系。

第一节　新时代中国特色社会主义宏观经济运行的特征分析

党的十九大报告中指出，经过改革开放以来的长期努力，中国特色社会主义进入了新时代。进入新时代，我国发展进入了新的高层次的历史方位，同时经济发展和宏观经济运行也出现了一系列新特征：

一、经济增长减速

1978—2011 年，中国国内生产总值由 3678.7 亿元攀升至 489300.6 亿元，剔除价格因素后年均增速达 9.9%。2012 年，中国经济进入“三期叠加”的新常态，经济增长速度由 2011 年的 9.5% 下探到 7.9%，2000 年以来首次低于 8%。2016 年，我国经济增速进一步降至 6.7%，虽然 2017 年 GDP 已达827121.7 亿元，同比增长 6.9%，经济呈现出复苏态势，但 2018 年经济下行压力仍然较大，预期增速目标为 6.5%。中国经济增速放缓的根本原因在于，国内要素禀赋结构发生了变化，高速增长缺乏支撑。我国经过经济快速增长阶段的积累，物质资本由稀缺变为相对丰裕，在边际报酬递减规律的作用下，投资对经济增长的贡献逐渐下降。在劳动力供给方面，农村剩余劳动力转移殆尽，加之人口老龄化，使得劳动力低成本优势缩减。此外，改革开放 40 余年的增长使得人民群众的物质生活需求得到满足，经济也没必要维持高速增长。在经济减速时期，培育新动能替代旧动能、推动高质量发展替代高速增长的社会矛盾相对较低。并且新时代背景下，中国已成为世界第二大经济体，9% 以上高速增长产生的经济、社会和生态成本巨大，稳中求进地保持 6% ~7% 的高速增长不仅符合实际，更能满足宏观层面高质量发展的客观要求。

二、经济结构变迁

宏观经济运行在降速的同时，我国经济结构也在发生着显著变化。从产业结构来看，第三产业占比由 2012 年的 44.2% 攀升至 2017 年的 51.6%，第二产业占比则从 45.3% 降到 39.8%。就三大需求对经济贡献的结构而言，2012—2016 年投资和净出口对 GDP 的贡献分别由 43.3% 和 1.7% 降为 42.2% 和 -6.8%，而消费的贡献则由 54.9% 上升至 64.6%。与此同时，我国的城市化水平也在快速发展，以城镇人口衡量的城市化率由 2012 年的 52.6% 增至 2016 年的 57.4%。因此，从经济总量、增速和结构来看，新时代背景下，中国宏观经济运行要构筑现代经济体系来推动高质量发展。与之相匹配，需要通过大力发展生产者服务业，在做强第三产业的同时，助力制造业的高质量发展，防止“产业空心化”。消费对经济增长的贡献不断凸显，面对居民消费升级的总体趋势，需要不断强化供给侧结构性改革，提升产品和服务供给的质量和附加值（张晓晶，2015），吸引外溢的消费回流国内。中国的城市化水平与发达国家相比还有较大差距，需要进一步激发城市经济的潜能和效率。以城市化水平的提升，为制造业和现代服务业的规模化发展提供空间，这也是新时代中国经济在中观层面高质量发展的重要内容。

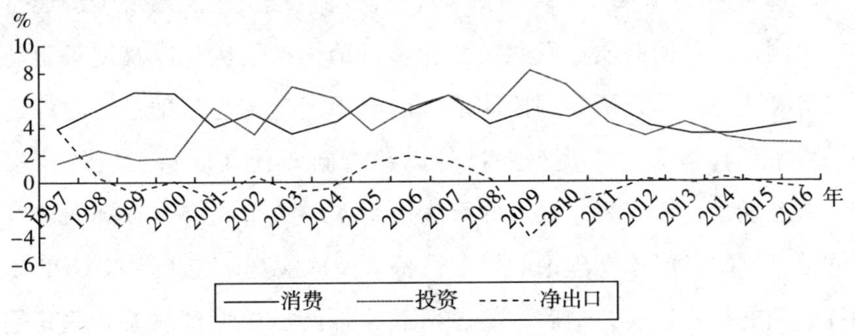

图 11-1 三大需求对经济增长的拉动

三、经济增长动力转化

中国经济增长的内在动力在逐渐转化。2001 年以来，中国经济增长主要依赖于投资等要素驱动，2009 年的“4 万亿投资”对经济增长的拉动更是高达 8.1 个百分点。然而政府作为固定资产投资的主体，由于地方政府债务风险加大以及投资乘数的“双刃剑”效应，2012 年之后投资对经济增长的拉动作用逐渐弱化。创新将是我国通过“两步走”战略，建成社会主义现代化强国的核心动力。统计数据显示，近年来我国研发支出保持强劲增长势头，2012 年首次突破 1 万亿元，2016 年高达 1.57 万亿元。2012 年专利申请受理数突破 200 万项，2016 年已增至 346.48 万项。随着中国高铁、大飞机、核电、空间探索等领域的技术走向世界前列，创新驱动已现成效。按照熊彼特“创造性毁灭”的理论，新的创新会替代已有技术，并能带动新一波的经济周期。我国多项技术已走在全球科技前列，需要进一步加大自主创新力度，引领科技浪潮，落实创新型国家建设，实现创新驱动型增长。创新是引领发展的第一动力，中国要加快建设创新国家，基础在于微观企业创新能力的不断提升，而企业创新能力又决定着微观层面的高质量发展。

2012 年党的十八大以来，新时代中国特色社会主义宏观经济运行已显现出由高速增长向高质量发展转变、经济结构持续优化以及创新驱动等新的趋势和规律。传统宏观调控体系是以凯恩斯理论为基础，然而理论的缺陷导致了调控体系的不足，并且难以符合新时代高质量发展的要求。首先，凯恩斯理论没有界定政府的行为边界，导致了政府对经济的过度干预和调控；其次，凯恩斯理论的短期性特征造成宏观调控为追求 GDP 攀升而牺牲长期的技术进步；最后，凯恩斯理论强调需求管理政策，尤其是投资刺激政策，具有较高的经济、社会和生态成本。相应地，为实现新时代中国特色社会主义的高质量发展，就需要形成调控有度、引领创新和政策成本可控的高质量调控体系，支撑起质量变革、效率变革和动力变革。

第二节　新时代中国特色社会主义宏观调控目标的转变

传统的宏观调控是以经济增长、充分就业、物价稳定和国际收支平衡为目标，这一目标体系相对易于评价和考核，但却遗漏了新时代中国宏观经济运行的一些重要问题，如环境治理、风险防控和精准脱贫等。新时代中国特色社会主义宏观调控是以建设富强民主文明和谐美丽的社会主义现代化强国为宗旨，相应地就应转变宏观调控目标，以适应新时代经济运行的趋势和特征。

一、以高质量发展为导向

传统宏观调控体系通过追求短期的经济增长，能够在生产力相对较低的状态下提供足够的物质产品和社会服务，从而满足人民群众日益增长的物质文化需求。目前中国仍处于社会主义初级阶段，我国是世界最大发展中国家的国际地位也没有改变。但中国已成为世界第二大经济体，2016 年 GDP 为 113916 亿美元，相当于美国 GDP 的 61.4%，以人均 GDP 衡量已进入中等偏上收入国家行列。在经济发展水平较低、生产力水平不高的阶段，以经济增长为目标实现了“富”。而从“富”到“强”的转变，则需要推进高质量发展。通过进一步解放、发展和保护生产力，实现经济社会结构的平衡和资源利用效率的充分提升，满足人民日益增长的美好生活需求。

当前经济增长速度下降属于结构性减速，是淘汰落后产能和低效产能的结构性调整的结果。加快发展现代经济体系是抵消经济减速不利影响的必然选择。这需要将互联网、大数据和人工智能与实体经济融合建设制造业强国，加快发展以先进科学技术为支撑的现代服务业，最终通过产业优化升级和建设现代化经济体系实现高质量发展。需要指出的是，追求高质量发展并不意味着放弃经济增长。一方面，高速和低速增长都不利于转方式、调结构和深化改革（刘树成，2014）。另一方面，中国已有的增长红利趋于弱化，维持传统高速增长的条件难以满足，以创新驱动和提高供给体系质量为核心的高质量发展将会为未来长期稳健的经济增长创造新红利和新动能。

二、以充分就业为先导

保证劳动者的充分就业，一方面，使劳动这种创造财富最能动的要素能够充分发挥作用，充分发展生产力。根据马克思的概括，生产力的发展来源于三个方面："归结为发挥着作用的劳动的社会性质，归结为社会内部的分工，归结为智力劳动特别是自然科学的发展。"① 建设新时代中国特色社会主义需要形成实体经济、科技创新、现代金融与人力资源协同发展的产业体系，在四方面协同中，劳动者居于核心地位。实体经济的发展离不开大量熟练的产业工人，科技创新和现代金融的发展需要人力资源的支撑。因此，只有实现充分就业才能够最广泛地发挥劳动者的作用，也只有充分就业才能够有效地提升劳动者的生产技能和经验，激发人民的创造活力，服务社会主义现代化强国建设。

另一方面，充分就业保障了劳动者的权利，是实现公平的收入分配的基础（张宇等，2017）。一是中国特色社会主义的基础是公有制，每个劳动者要搜寻到期望的工作岗位，进而保障自身的决策权、选择权和发展权必然是通过充分就业实现的。二是就业就是民生，更高质量和更充分就业才能使得居民收入与经济增长同步，使经济增长的红利充分外溢到每一位劳动者。充分就业能够最大化地保障劳动者的个人收入，最广泛地实现个体和家庭的全面发展，以及充分体现以人民为中心的发展宗旨。三是新时代的充分就业还有一项重要功能，就是要与精准脱贫紧密结合。充分就业是

---

① ［德］卡尔·马克思．资本论：第三卷［M］．中共中央马克思恩格斯列宁斯大林著作编译局，译．北京：人民出版社，2004：96.

将扶贫同扶志、扶智相结合的必要条件。只有实现充分就业，才能最广泛地保证劳动者在工作中提升经验和技术水平，从劳动者自身发展的角度实现精准扶贫、精准脱贫以及预防返贫困。

三、以物价稳定为基础

物价波动是价格、货币和经济变动的综合体现。物价水平保持稳定，即温和的通货膨胀，是宏观经济平稳运行的基本条件，正如马克思认为的“剧烈的价格波动，会在社会再生产过程中引起中断，巨大的冲突，甚至灾难”①。保持物价稳定，首先应防止恶性通货膨胀和超级通货膨胀。马克思虽然没有直接分析过通货膨胀，但在《资本论》中探讨了货币流通公式，涉及物价和货币的相关问题。马克思指出，货币的总量应等于商品的价格总额与同名铸币的流通次数的比值。换言之，“商品的价格总额”在数值上等于待销售的商品量和商品的价格水平的乘积，而通货膨胀则可以定义为纸币发行量超过商品流通中的实际需要量所引起的货币贬值现象。过高的通货膨胀率导致货币购买力下降，进而通过影响公众预期，导致金融体系遭遇信用危机，最终冲击实体经济。

其次，通货紧缩也是新时代中国宏观经济运行中需要重点关注的问题，郭克莎和汪红驹认为，经济新常态下，经济由高速转向中高速，通胀水平回落较快，因此，宏观调控应由主要防控通货膨胀转变为主要防控通货紧缩（郭克莎、汪红驹，2015）。目前的经济增速结构性下滑、高杠杆率、资产价格波动、产能过剩、人民币汇率贬值预期、国际大宗商品价格中长期颓势等均会导致通货紧缩（方昕，2016）。通货紧缩会导致企业利润下滑，诱发悲观预期，同样不利于宏观经济稳健发展。新时代中国特色社会主义宏观调控保持物价稳定，需要既控制通货膨胀率，也要预防通货紧缩，通过保持适度通货膨胀区间，为高质量发展创造稳定的经济环境。

---

① ［德］卡尔·马克思．资本论:第三卷［M］．中共中央马克思恩格斯列宁斯大林著作编译局，译．北京:人民出版社,2004:135.

四、以化解重大风险为核心

进入新时代以来，中国经济的结构性减速、经济结构变迁以及经济增长动力转化，都为宏观经济带来了较大的不确定性，如何化解实体经济、金融体系以及全方位对外开放中面临的重大风险也将影响中国经济的高质量发展。从现在到2020年全面建成小康社会，是我国发展面临的各方面风险不断积累甚至集中显露的时期。习近平总书记在2016年中央经济工作会议中指出“要加强对各种风险源的调查研判，提高动态监测、实时预警能力，推进风险防控工作科学化、精细化，对各种可能的风险及其原因都要心中有数、对症下药、综合施策，出手及时有力，力争把风险化解在源头，不让小风险演化为大风险，不让个别风险演化为综合风险，不让局部风险演化为区域性或系统性风险，不让经济风险演化为社会政治风险，不让国际风险演化为国内风险”。

新常态背景下，我国宏观经济潜藏的重大风险集中在三个领域。一是制造业。中国经济增长出现结构性减速，部分行业出现产能过剩，不通过以创新驱动为核心的供给侧结构性改革，难以使制造业攀升到国际产业价值链的高端。进一步将阻碍质量强国和制造强国的建设，诱发产业空洞化的风险。二是金融业。近年来，地产过热引发的资产价格泡沫和不良贷款、地方政府债务违约、人民币贬值压力以及互联网金融违约频发，导致金融系统流动性的压力增大，金融风险爆发概率增加。三是改革开放以来中国不断融入全球经济，中国制造也凭借低成本奠定了全球竞争优势。然而低成本也导致了中国制造的产品质量不高、品牌溢价较低，长期来看，此类风险将侵蚀新时代中国推动全面开放新格局的基础。不仅如此，中国企业在“走出去”的过程中，所面临的商业、政治和生态环境风险也在逐渐增大。这就要求在构筑人类命运共同体、凝聚共识的基础上，提升对外直接投资质量，化解国际风险。

五、以污染防治为根本

在中国经济高速增长阶段，粗放型增长导致了对生态环境的巨大破坏，中国也成为全球碳排放量最大的国家。建设社会主义现代化强国是人与自然和谐共生的现代化，既要创造更多的物质财富和精神财富以满足人民日益增长的美好生活需求，也要提供更多优质生态产品以满足人民日益增长的优美生态环境需求。马克思主义政治经济学的研究对象是在一定生产力水平基础上的生产关系。邓小平指出“应该把解放生产力和发展生产力讲全了”，在此基础上，习近平总书记提出“保护生态环境就是保护生产力、改善生态环境就是发展生产力”。从而中国特色社会主义政治经济学对生产力有三个层次的内容：解放生产力、发展生产力和保护生产力。环境和生态本身就是财富，青山绿水就是金山银山。保护生产力与绿色发展的理念相一致。绿色发展方式和生活方式，是永续发展的必要条件和人民对美好生活追求的重要体现（洪银兴，2016）。进一步从生产关系的角度，马克思主义认为，环境问题不能脱离一定的社会生产关系来解决。人与人的关系和人与自然的关系是互为中介的，人的全面发展必须合乎生态规律，良好的自然环境是人的全面发展的源头活水，也是全人类解放的基本标准之一（张岂之，2001）。

因此，无论是从践行绿色发展理念、保护生产力的视角，还是从协调人与自然的关系、促进全面发展的角度而言，要解决社会主要矛盾必须保护和促进绿色生产力发展，污染防治也必然是新时代中国特色社会主义宏观经济调控的根本目标。

第三节　新时代中国特色社会主义宏观调控的新原则

新时代中国特色社会主义需要建立宏观调控有度的经济体系，不断增强我国经济的创新力和竞争力。相应地，为实现经济高质量发展、充分就业、物价稳定、化解重大风险和污染防治的目标转变，宏观调控就应遵循间接引导、固定规则、和存量调控的原则，避免过度调控和干预成本过高，引导公众的理性预期，最终提升宏观调控的长期政策效果。

一、间接引导为主、直接干预为辅

传统宏观调控多以直接干预为主，由于政策实施过程中存在信息不对称、外部性以及行政垄断，诱发了资源配置扭曲、政策实施成本过高、寻租行为等后遗症，导致宏观调控政策效果滞后甚至政策失灵。新时代中国特色社会主义宏观调控需要遵循间接引导为主、直接干预为辅的原则，减少和化解不必要的政策实施成本与扭曲效应。马克思在分析价值规律时提出，价值规律是通过竞争即同供求关系相适应的价格的波动而实现的，换言之，以供求关系为核心的市场机制是资源配置的基础。因此，间接引导的核心在于完善市场机制、知识产权保护机制、农地“三权分置”制度、区域协调发展机制、贸易和投资便利化制度、生态资源环境补偿机制以及自动稳定器制度。通过制度建设自发引导资源的合理配置，在充分调动各类经济主体活力的基础上，激发新动能、优化经济结构、助力高质量发展。间接引导的基础在于体制改革，即改革和完善激励机制、容错机制、监督机制和退出机制，以激励机制鼓励创新，以容错机制加快改革，以监督机制防止投机性行为，以退出机制增强市场竞争活力。最终以改革的办法促进要素充分流动和合理配置，通过市场和制度的力量自发推动质量变革、效率变革和动力变革，最大化地节约调控政策成本。

新时代中国特色社会主义宏观调控以直接干预为辅，即以微刺激替代强刺激辅助经济平稳运行。微刺激政策体系既能保证经济增长和就业，又尽可能地促进结构调整（刘伟、苏剑，2014）。一方面，通过货币政策调控使得通货膨胀率保持爬行和温和状态，既防止通货膨胀率过高，也防止通货紧缩的风险，保证宏观经济平稳运行。另一方面，通过财政政策增加教育、医疗和环保等方面的公共投入，充分释放公共产品的正外部性，提升经济发展的公平性。与此同时，减少对落后产能的财政补贴，促进经济结构升级。

二、固定规则为主、相机抉择为辅

固定规则和相机决策是围绕宏观调控争论最多的两个问题，以凯恩斯理论为基础的传统宏观调控更多的是相机决策，根据宏观经济波动状况，灵活调整财政政策和货币政策。相机抉择虽然从表面上看具有适应性和灵活性的特征，但却不利于树立政府公信力，难以引导公众的理性预期。新时代中国特色社会主义宏观调控应以固定规则为主、相机决策为辅。固定规则主要体现在，宏观调控的核心目标是围绕建设社会主义现代化强国而推动经济高质量发展，这一目标不会因为内外部环境的变化而改变。一是坚持质量第一、效率优先，绝不因经济增长率的下滑而采取降低发展质量为代价的保增长政策。二是坚决推动创新驱动型的发展模式和绿色发展理念，以建设创新型国家和美丽中国为导向，杜绝投资驱动型增长模式和“先污染后治理”的粗放型增长方式。三是各级政府严格执行财政预算管理，坚决遏制政府债务规模膨胀。四是货币政策以物价稳定、经济稳定为核心，坚持宏观审慎政策维持金融稳定，慎用以刺激经济增长为目标的扩张型货币政策。

宏观调控的相机决策主要用于防范化解重大风险。无论是金融风险还是国际风险，都是由不确定性所引发，化解重大风险需要非常规的政策手段，因时制宜、因地制宜。依据各类风险爆发的源头，灵活制定应对策略。固定规则为主、相机抉择为辅的调控原则能够界定宏观调控的适用范围和界限，其目的也在于确立调控有度的宏观调控。

三、存量调控为主、流量调控为辅

凯恩斯理论强调短期分析，侧重于调控流量如投资、消费和进出口等，从而对经济产生立竿见影的干预效果。流量调控的优点在于，政策目标明确，政策工具易于掌控，政策的短期效果明显，政策实施的不确定性较少。但是，流量调控在长期内难以对经济平稳运行产生积极影响。首先，流量具有时效性，只能在固定的时间段内对宏观经济产生单一的作用，使得流量调控政策也无法形成累计叠加的调控效果。其次，针对不同流量的调控政策存在内部冲突，如刺激投资的调控政策会导致利率和物价水平的攀升，进而对消费产生挤出效应。最后，流量调控政策实质上属于消耗性政策，而新时代宏观经济需要通过知识、技术和经验的积累推动创新驱动型发展。消耗性的流量调控无法与强调积累性的高质量发展相协调，难以支撑长期稳定的高质量发展。

新时代高质量发展的宏观调控体系应以存量调控为主、流量调控为辅。物质资本、人力资本和文化资本作为经济最主要的存量，对创新驱动具有重要影响。刘易斯认为，随着物质资本和文化资本的增加，传统观念的束缚将趋于弱化，新产品的知识逐步扩散，进而驱动了技术进步和知识广泛外溢。[①] 创新驱动型的高质量发展需要立足于长期强化存量调控，通过促进人力资本、物质资本、文化资本、社会资本以及生态资本等各类财富的积累，引导经济自发运转到高质量发展的平衡增长路径。在具体的调控内容上包括：一是确立合理的国家财富观，重视精神财富和生态财富的积累，促进国家财富观和个人财富观的协调统一，将投资由过剩的制造业引导至高新技术产业和现代服务业（任保平，2015）；二是在国家税收体系中调整向流量征税和向存量征税的比例关系，即将税基的重点由收入和消费等流量调整到资产和财富等存量，通过抑制财富分化防止国家创新动力衰减（托马斯·皮凯蒂，2014）。三是加大对生态资源的保护，强化"青山绿水"作为生态资本同样具有财富价值和生产力的功能，促进经济社会的绿色、协调发展。

---

① ［英］阿瑟尔·刘易斯．经济增长理论［M］．周师铭，沈丙杰，沈伯根，译．北京：商务印书馆，2005：31.

第四节　新时代中国特色社会主义宏观调控方式的转型

新时代中国特色社会主义宏观调控的目标体系和长期性原则，与传统的经济增长、充分就业、物价稳定和国际收支平衡目标以及短期直接刺激经济的原则有实质性差异，并主要体现为数量型发展与质量型发展理念的冲突。相应地，宏观调控方式就需要以推动经济的高质量发展为核心，以供给侧结构性改革为主线，以促进创新驱动为导向，在调控理念和方式上进行必要的转型，以适应新时代中国特色社会主义宏观经济运行的需要。

一、数量调控转向质量调控

在生产力水平不高、国民收入水平较低的发展阶段，我国的宏观调控为了促进经济高速增长、服务 GDP 倍增计划，淡化甚至忽视了经济增长质量提升和效率改进。在凯恩斯理论的指导下，传统数量型宏观调控通过刺激要素投入，推动经济在短期内快速增长，实现了经济总量的数量型攀升。然而数量型的宏观调控牺牲了经济结构的优化升级、收入分配的公平性、非生产性公共产品和服务的投入以及生态环境质量。数量型宏观调控虽然能在短期内有效刺激经济，但却无法在长期优化经济结构和培育经济增长新动能。

新时代的中国仍然处于社会主义初级阶段，但生产力水平较改革开放之初已有了显著的上升，为了满足人民日益增长的美好生活需求，应当实施质量型的宏观调控方式。质量型的宏观调控不仅服务于经济增长数量，更是一种综合型的调控方式，并主要体现在：第一，从经济增长的稳定性、增长动力的强劲性、经济结构的合理化以及经济的开放性的维度进行调控，促进全要素生产率的提升，构筑稳定的发展基础。第二，优化教育和公共医疗卫生投入，以不断提升人力资本水平、培育劳动力的就业能力和自我发展能力，服务以人民为中心的利益诉求。通过实现人的全面发展，增加经济发展的社会成果。第三，防治和减少气体污染、液体污染和固体污染，提升环境和资源综合利用效率。通过促进人和自然的和谐发展，增加经济发展的生态成果。

二、总量调控转向结构调控

传统的宏观调控重点关注对经济总量的调控，生产力水平较低时总量问题解决了，民生和就业问题便得到保障，宏观经济就具有稳定发展的环境。但当前中国宏观经济运行中的矛盾不是总量性矛盾，不是周期性矛盾，也不是短期需求矛盾，而是长期结构性矛盾（任保平，2017）。《资本论》中系统论述了要使社会再生产能够顺利进行，两大部类之间必须保持均衡关系，即经济结构的平衡性在宏观经济运行中具有重要作用。我国宏观经济的长期结构性矛盾是传统宏观调控的后遗症，具体表现为经济社会结构的不平衡性：一是需求结构不平衡，投资需求过于旺盛，而消费需求无法充分释放，尤其是在中国人均收入迈向 1 万美元的背景下居民对高质量产品和服务的消费需求没有得到满足。二是产业结构的不平衡，服务业发展较快，工业尤其是高端制造业发展速度不快，实体经济对经济增长支撑不足。三是收入分配结构不合理，总收入中资本要素报酬占比远高于劳动要素报酬占比。

总量调控是要解决有没有的问题，而结构调控则是要进一步解决好不好的问题。新时代中国特色社会主义宏观经济调控，应更注重结构性调控。第一，逐渐减少政府导向的投资，通过完善市场机制激发民间投资的活力。加快对落后产能的淘汰和“僵尸企业”的断血，将经济社会资源投向创新能力更强、经营品质更高的企业，提升对高质量产品和服务的供给。第二，加大对制造业尤其是先进制造业的支持力度。在加大税收和信贷支持以及知识产权保护力度的同时，推动互联网、大数据、人工智能和实体经济的深度融合。以技术进步促进产业迈向全球价值链中高端，防范和化解产业空洞化风险和企业对内和对外投资的低质量风险。第三，矫正要素市场尤其是资本市场由垄断势力造成的各类扭曲，完善要素分配的体制和机制以及加强金融市场监管，预防系统性金融风险。坚持按劳分配的原则，综合利用财税工具扩大中等收入群体、增加低收入劳动者报酬、调节过高收入。

三、需求调控转向综合调控

建立在凯恩斯理论基础上的宏观调控在实质上是逆经济周期的需求管理，即通过财政政策和货币政策刺激总需求，实现干预和调节宏观经济运行的目的。然而，以需求管理的方式来进行宏观调控只适合于短期，长期调控会造成政策成本较高以及与公众预期相关的政策失灵问题。供给管理是从生产方的因素入手进行宏观调控，供给管理的因素变量包括制度、经济结构、要素禀赋等，供给管理的本质是长期管理（任保平、张蓓，2017）。新时代中国特色社会主义宏观调控要服务于到21世纪中叶的现代化强国建设，既需要关注短期经济波动，更需着眼于长期经济的高质量发展，在整体上综合需求管理和供给管理。

新时代中国特色社会主义宏观调控的需求管理与凯恩斯理论的需求管理有所区别。首先，财政政策侧重于平衡生产性和非生产性财政支出的结构。增加科技和教育支出加快建设创新型国家，提升文化支出建设社会主义文化强国，提高医疗卫生支出实施“健康中国”战略，加大生态环境治理支出建设美丽中国。其次，完善自动稳定器制度，优化累进制所得税和失业救济，在优化收入分配结构、保障民生的同时，为宏观经济稳定运行保驾护航。

新时代中国特色社会主义宏观调控的供给管理，是以提高供给质量作为主攻方向。一是持去产能、去库存、去杠杆、降成本、补短板，淘汰落后产能、减少无效供给，从生产领域增加高质量供给。提高供给体系的适应性和创新性，优化供给结构，优化存量资源配置，扩大优质增量供给，实现供需动态平衡。二是优化生产领域的供给，以供给侧的产业结构优化保障高质量供给。大力发展智能制造业、共享经济产业、绿色低碳经济产业和生产者服务业，加快构筑实体经济、科技创新、现代金融与人力资源协同发展的现代产业体系。三是增加激励创新的制度供给，以制度引领创新、以创新支撑高质量供给。加大知识产权的保护力度，强化对侵权行为的监督和惩处，保证创新企业能够获得超过平均利润的报酬，激发创新行为。增加对高质量创新的补贴、信贷和资格认证等方面的倾斜政策，将创新活动的外部性内部化，激励知识和创新在各区域和各领域的充分外溢。四是激发和保护企业家精神，保证高质量供给能够在微观经济层面落实。营造保护企业家财产权、自主经营权、创新权益的法治环境，更要营造促进企业家公平竞争诚信经营的市场环境，强化企业家公平竞争权益保障，健全企业家诚信经营激励约束机制，持续提高监管的公平性、规范性和简约性（沈坤荣，2018）。

四、“强刺激”政策搭配调控转向货币政策和宏观审慎政策双支柱调控

1997 年亚洲金融危机爆发后，我国政府采用了凯恩斯理论的“强刺激”政策，以扩张型的财政政策和货币政策推动经济高速增长，但也间接诱发了地方政府债务违约、资产价格泡沫和不良贷款等经济金融风险。新时代中国特色社会主义宏观调控在政策搭配上，应从“强刺激”转向健全货币政策和宏观审慎政策双支柱调控框架，在有效调控经济的同时，防范和化解各类风险。

实施货币政策的目标在于保持物价稳定和充分就业，为高质量发展营造稳定的经济环境。宏观审慎政策则直接并集中作用于金融体系本身，通过抑制杠杆过度扩张和顺周期行为，进而防范系统性风险、维护金融稳定，最终避免或减少由于金融不稳定造成的宏观经济成本。换言之，在宏观经济稳定领域，货币政策是服务于宏观经济目标的最主要调控手段，宏观审慎政策是有条件的补充。在金融稳定领域应当以宏观审慎政策为主，货币政策有条件地对它进行协助。两项政策的制定和实施都需要考虑它们对另一项政策主要目标的影响，并根据具体的经济环境进行权衡和调整（王爱俭、王璟怡，2014）。

搭建货币政策和宏观审慎政策双支柱调控的重点在于：一是处理好货币政策和宏观审慎政策的关系。明确固定规则的货币政策，抑制货币政策调节可能产生的顺周期效应，减缓宏观审慎政策的使用频率（张健华、贾彦东，2012）。确立合理的宏观审慎政策框架，优化货币政策的传导机制。二是加强数据搜集和处理，尤其是经济金融大数据，通过模型化分析有效识别系统性风险。三是结合国际经验和中国国情，建立起涵盖风险计量、财务报告、资本监管、风险集中度限制以及保险机制等一整套宏观审慎政策工具箱。

综上所述，新时代中国特色社会主义宏观调控应当与新时代中国宏观经济运行的特征和规律相协调，以高质量发展、充分就业、物价稳定、化解重大风险和污染防治为目标，遵循“间接引导为主、直接干预为辅”“固定规则为主、相机抉择为辅”和“存量调控为主、流量调控为辅”的调控理念，实施由数量调控转向质量调控、由总量调控转向结构调控、由需求调控转向综合调控、由“强刺激”政策搭配调控转向货币政策和宏观审慎政策双支柱调控。最终围绕高质量发展，建立起调控有度、引领创新和政策成本可控的宏观调控体系，服务于富强、民主、文明、和谐、美丽的社会主义现代化强国建设。

参考文献

[1][英]阿瑟·刘易斯. 经济增长理论[M]. 北京:商务印书馆,1996:1.

[2]白俊红,聂亮. 环境分权是否真的加剧了雾霾污染?[J]. 中国人口·资源与环境,2017(12):59-69.

[3]白重恩,钱震杰. 劳动收入份额决定因素:来自中国省际面板数据的证据[J]. 世界经济,2010(12):3-27.

[4]蔡昉. 引领新常态才有中高速[J]. 经济研究,2015,50(12):4-6.

[5]蔡昉,都阳. 中国地区经济增长的趋同与差异——对西部开发战略的启示[J]. 经济研究,2000(10):30-37,80.

[6]曹裕. 城市化、城乡收入差距与经济增长——基于我国省级面板数据的实证研究[J]. 统计研究,2010(3):29-36.

[7]曾永明. 中国省际人口迁移的地缘效应与驱动机制:男女有别吗?[J]. 人口研究,2017,41(5):40-51.

[8]钞小静. 城乡收入差距、劳动力质量与中国经济增长[J]. 经济研究,2014(6):30-43.

[9]钞小静,任保平. 中国经济增长质量的时序变化与地区差异分析[J]. 经济研究,2011,46(4):26-40.

[10]陈斌开. 发展战略、城市化与中国城乡收入差距[J]. 中国社会科学,2013(4):81-102,206.

[11]陈斌开. 政府教育投入、人力资本投资与中国城乡收入差距[J]. 管理世界,2010(1):36-43.

[12]陈工. 民生财政支出分权与中国城乡收入差距[J]. 财贸研究,2016(2):95 - 103.

[13]陈建东. 按城乡分解我国居民收入基尼系数的研究[J]. 中国经济问题,2010(7):33 - 41.

[14]陈建东. 按城乡分解我国居民收入基尼系数的研究[J]. 中国经济问题,2010(4):33 - 41.

[15]陈劲,陈钰芬,余芳珍. FDI 对促进我国区域创新能力的影响[J]. 科研管理,2007(1).

[16]陈诗一,陈登科. 雾霾污染、政府治理与经济高质量发展[J]. 经济研究,2018(2):20 - 34.

[17]陈硕,高琳. 央地关系:财政分权度量及作用机制再评估[J]. 管理世界,2012(6):43 - 59.

[18]陈晓君. 马克思的财富及财富创造理论[J]. 当代经济研究,2017(7):78 - 84.

[19]陈宇辉. 收入结构与城乡家庭收入不平等——源于 CHIP2013 的实证研究[J]. 经济问题探索,2018(6):58 - 66.

[20]陈正其. 中国固定资产投资来源结构优化分析——基于熵值法的实证研究[J]. 经济论坛,2015(12):75 - 78.

[21]程开明. 城市偏向、城市化与城乡收入差距的作用机制及动态分析[J]. 数量经济技术经济研究,2007(7):116 - 125.

[22]戴觅,茅锐. 产业异质性、产业结构与中国省际经济收敛[J]. 管理世界,2015(6):34 - 46,62,187.

[23]单豪杰. 中国资本存量 K 的再估算:1952—2006 年[J]. 数量经济技术经济研究,2008,25(10):17 - 31.

[24]丁有钢. 论政府债务对经济增长的影响及作用渠道[J]. 财会学习,2017(23):203,205.

[25]董艳梅,朱英明. 高铁建设能否重塑中国的经济空间布局——基于就业、工资和经济增长的区域异质性视角[J]. 中国工业经济,2016(10):92 - 108.

[26]杜丹清. 互联网助推消费升级的动力机制研究[J]. 经济学家, 2017(3):48-54.

[27]杜娟,霍佳震. 基于数据包络分析的中国城市创新能力评价[J]. 中国管理科学,2014(6).

[28][美]凡勃伦. 有闲阶级论[M]. 北京:中央编译出版社,2012:1.

[29]樊士德,沈坤荣,朱克朋. 中国制造业劳动力转移刚性与产业区际转移——基于核心—边缘模型拓展的数值模拟和经验研究[J]. 中国工业经济,2015(11):94-108.

[30]范欣,宋冬林,赵新宇. 基础设施建设打破了国内市场分割吗?[J]. 经济研究,2017,52(2):20-34.

[31]范跃进,冯维江. 核心通货膨胀测量及宏观调控的有效性:对中国1995—2004的实证分析[J]. 管理世界,2005(5):6-13.

[32]范子英,彭飞,刘冲. 政治关联与经济增长——基于卫星灯光数据的研究[J]. 经济研究,2016(1):114-126.

[33]干春晖,郑若谷,余典范. 中国产业结构变迁对经济增长和波动的影响[J]. 经济研究,2011,46(5):4-16,31.

[34]龚刚,魏熙晔,杨先明,等. 建设中国特色国家创新体系跨越中等收入陷阱[J]. 中国社会科学,2017(8):61-86.

[35]郭庆旺,贾俊雪. 地方政府间策略互动行为、财政支出竞争与地区经济增长[J]. 管理世界,2009(10):17-27,187.

[36]郭豫媚,陈彦斌. 收入差距代际固化的破解:透视几种手段[J]. 改革,2015(9):41-52.

[37]何天祥. 环长株潭城市群技术进步及空间溢出效应研究[J]. 经济地理,2014,34(5):109-115.

[38]洪银兴. 论中高速增长新常态及其支撑常态[J]. 经济学动态, 2014(11):4-7.

[39]洪银兴. 市场化导向的政府和市场关系改革40年[J]. 政治经济学评论,2018(6).

[40]洪银兴．自主创新投入的动力和协调机制研究[J]．中国工业经济,2010(8).

[41]洪源．民生财政能否有效缩小城乡居民收入差距？[J]．数量经济技术经济研究,2014(7):3－20.

[42]侯成琪,龚六堂,张维迎．核心通货膨胀:理论模型与经验分析[J]．经济研究,2011(2).

[43]胡鞍钢,刘生龙．交通运输、经济增长及溢出效应——基于中国省际数据空间经济计量的结果[J]．中国工业经济,2009(5):5－14.

[44]胡梅玲．国企与民企关系的发展历程与未来展望[J]．成都大学学报(社会科学版),2016(3):37－41.

[45][美]华尔特·惠特曼·罗斯托．经济成长的阶段[M]．北京:中国社会科学出版社,2010.

[46]黄卫挺．居民消费升级的理论与现实研究[J]．科学发展,2013(3):43－52.

[47][美]霍利斯·钱纳里．工业化进程[M]．上海:上海三联书店,1989.

[48]J. Paul Elhorst. 空间计量经济学:从横截面数据到空间面板[M]．肖光恩,译．北京:中国人民大学出版社,2015.

[49]简泽．中国核心通货膨胀的估计[J]．数量经济技术经济研究,2005(11).

[50]蒋振威,王平．海南区域技术创新能力评价与空间差异性分析——基于2009—2014年海南18个市县面板数据[J]．经济地理,2016(11).

[51]金碚．关于“高质量发展”的经济学研究[J]．中国工业经济,2018(4):5－18.

[52]金刚,沈坤荣．以邻为壑还是以邻为伴？——环境规制执行互动与城市生产率增长[J]．管理世界,2018(12):43－55.

[53]匡大伟．我国地方政府投资对通货膨胀影响的实证研究[D]．上

海:上海师范大学,2013.

[54]雷根强. 初次分配扭曲、财政支出城市偏向与城乡收入差距——来自中国省级面板数据的经验证据[J]. 数量经济技术经济研究,2012(3):76-89.

[55]黎文靖,郑曼妮. 实质性创新还是策略性创新?——宏观产业政策对微观企业创新的影响[J]. 经济研究,2016(4):60-73.

[56]李泊溪,刘德顺. 中国基础设施水平与经济增长的区域比较分析[J]. 管理世界,1995(2):106-111.

[57]李涵,黎志刚. 交通基础设施投资对企业库存的影响——基于中国制造业企业面板数据的实证研究[J]. 管理世界,2009(8):73-80.

[58]李涵,唐丽淼. 交通基础设施投资、空间溢出效应与企业库存[J]. 管理世界,2015(4):126-136.

[59]李红昌,Linda Tjia,胡顺香. 中国高速铁路对沿线城市经济集聚与均等化的影响[J]. 数量经济技术经济研究,2016,33(11):127-143.

[60]李江. 财政分权、地方政府投资与通货膨胀——来自中国转型期的证据[J]. 经济问题,2012(3):44-45,120.

[61]李江龙,徐斌."诅咒"还是"福音":资源丰裕程度如何影响中国绿色经济增长?[J]. 经济研究,2018(9):151-167.

[62]李平,王春晖,于国才. 基础设施与经济发展的文献综述[J]. 世界经济,2011,34(5):93-116.

[63]李茜. 中国交通基础设施的投资格局及政策建议[J]. 综合运输,2005(11):33-36.

[64]李胜兰,初善冰,申晨. 地方政府竞争、环境规制与区域生态效率[J]. 世界经济,2014,37(4):88-110.

[65]李实. 中国经济转型40年中居民收入差距的变动[J]. 管理世界,2018(12):19-28.

[66]李涛,陈斌开. 家庭固定资产、财富效应与居民消费:来自中国城镇家庭的经验证据[J]. 经济研究,2014(3).

[67]李庭辉,范玲. 中国地区区域创新能力的实证研究[J]. 统计与决策,2009(8).

[68]李雪松,孙博文. 高铁开通促进了地区制造业集聚吗?——基于京广高铁的准自然试验研究[J]. 中国软科学,2017(7):81-90.

[69]李延军,史笑迎,李海月. 京津冀区域金融集聚对经济增长的空间溢出效应研究[J]. 经济与管理,2018,32(1):21-26.

[70]李永友. 房价上涨的需求驱动和涟漪效应——兼论我国房价问题的应对策略[J]. 经济学(季刊),2014(2).

[71]李永友,沈坤荣. 辖区间竞争、策略性财政政策与FDI增长绩效的区域特征[J]. 经济研究,2008(5):58-69.

[72]李勇刚,王猛. 土地财政与产业结构服务化——一个解释产业结构服务化"中国悖论"的新视角[J]. 财经研究,2015,41(9):29-41.

[73]李子叶. 中国城市化进程扩大了城乡收入差距吗——基于中国省级面板数据的经验分析[J]. 经济学家,2016(2):69-74.

[74]厉以宁. 论城乡二元体制改革[J]. 中国城市经济,2008(2):92-92.

[75]林毅夫,蔡昉,李周. 中国经济转型时期的地区差距分析[J]. 经济研究,1998(6):5-12.

[76]刘秉镰,刘玉海. 交通基础设施建设与中国制造业企业库存成本降低[J]. 中国工业经济,2011(5):69-79.

[77]刘秉镰,武鹏,刘玉海. 交通基础设施与中国全要素生产率增长——基于省域数据的空间面板计量分析[J]. 中国工业经济,2010(3):54-64.

[78]刘冲,周黎安,徐立新. 高速公路可达性对城乡居民收入差距的影响:来自中国县级水平的证据[C]//第十三届中国青年经济学者论坛论文集. 清华大学,北京大学,世界银行,2013:53-64.

[79]刘强. 中国经济增长的收敛性分析[J]. 经济研究,2001(6):70-77.

[80]刘生龙,胡鞍钢. 基础设施的外部性在中国的检验:1988—2007[J]. 经济研究,2010,45(3):4-15.

[81]刘生龙,胡鞍钢. 交通基础设施与经济增长:中国区域差距的视角[J]. 中国工业经济,2010(4):14-23.

[82]刘生龙,胡鞍钢. 交通基础设施与中国区域经济一体化[J]. 经济研究,2011,46(3):72-82.

[83]刘生龙,王亚华,胡鞍钢. 西部大开发成效与中国区域经济收敛[J]. 经济研究,2009,44(9):94-105.

[84]刘生龙,郑世林. 交通基础设施跨区域的溢出效应研究——来自中国省级面板数据的实证证据[J]. 产业经济研究,2013(4):59-69.

[85]刘生龙. 中国跨省人口迁移的影响因素分析[J]. 数量经济技术经济研究,2014(4):83-98.

[86]刘诗白. 改变中国命运的伟大战略决策(下)——论中国构建社会主义市场经济的改革[J]. 经济学家,2008(5):5-11.

[87]刘晓光,张勋,方文全. 基础设施的城乡收入分配效应:基于劳动力转移的视角[J]. 世界经济,2015,38(3):145-170.

[88]刘新荣. 论国有企业亏损对通货膨胀的影响[J]. 求索,1996(2):4.

[89]刘勇. 交通基础设施投资、区域经济增长及空间溢出作用——基于公路、水运交通的面板数据分析[J]. 中国工业经济,2010(12):37-46.

[90]刘忠敏,李双,陆宇欣,李思志. 公债效应研究综述[J]. 经济师,2018(3):65-66.

[91]柳卸林,胡志坚. 中国区域创新能力的分布与成因[J]. 科学学研究,2002(5).

[92]龙小宁,易巍,林志帆. 知识产权保护的价值有多大?——来自中国上市公司专利数据的经验证据[J]. 金融研究,2018(8):120-136.

[93]龙小宁,林菡馨. 专利执行保险的创新激励效应[J]. 中国工业经济,2018(3):116-135.

[94]鲁元平,张克中,欧阳洁. 土地财政阻碍了区域技术创新吗?——基于267个地级市面板数据的实证检验[J]. 金融研究,2018(5).

[95]陆铭,陈钊. 城市化、城市倾向的经济政策与城乡收入差距[J]. 经济研究,2004(6):50-58.

[96]罗能生,彭郁. 交通基础设施建设有助于改善城乡收入公平吗?——基于省级空间面板数据的实证检验[J]. 产业经济研究,2016(4):100-110.

[97]罗知. 兼顾效率与公平的城镇化:理论模型与中国实证[J]. 经济研究,2018(7):89-105.

[98]骆永民. 中国城乡基础设施差距的经济效应分析——基于空间面板计量模型[J]. 中国农村经济,2010(3):60-72,86.

[99]马红旗,陈仲常. 我国省际人口流动的特征——基于全国第六次人口普查数据[J]. 人口研究,2012,36(6):87-99.

[100]马丽梅,张晓. 中国雾霾污染的空间效应及经济、能源结构影响[J]. 中国工业经济,2014(4):19-31.

[101]]马拴友,于红霞. 转移支付与地区经济收敛[J]. 经济研究,2003(3):26-33,90.

[102]毛昊,尹志锋,张锦. 中国创新能够摆脱"实用新型专利制度使用陷阱"吗[J]. 中国工业经济,2018(3):98-115.

[103]毛伟. 中国区域创新能力评测及差异分析[J]. 社会科学战线,2016(10).

[104]欧阳志刚. 中国城乡经济一体化的推进是否阻滞了城乡收入差距的扩大[J]. 世界经济,2014(2):116-135.

[105]潘文轩. 在新时代下实现更加公平合理的收入分配——习近平收入分配思想探析[J]. 经济学家,2019(10):14-20.

[106]裴小革. 论创新驱动——马克思主义政治经济学的分析视角[J]. 经济研究,2016(6).

[107]彭国华. 技术能力匹配、劳动力流动与中国地区差距[J]. 经济研

究,2015,50(1):99-110.

[108]彭浩然,岳经纶,李晨烽. 中国地方政府养老保险征缴是否存在逐底竞争?[J]. 管理世界,2018,34(2):103-111.

[109][法]皮凯蒂.21世纪资本论[M]. 北京:中信出版社,2014.

[110]蒲英霞,韩洪凌,葛莹,等. 中国省际人口迁移的多边效应机制分析[J]. 地理学报,2016,71(2):205-216.

[111]秦蒙,刘修岩,仝怡婷. 蔓延的城市空间是否加重了雾霾污染——来自中国PM2.5数据的经验分析[J]. 财贸经济,2016(11):146-160.

[112]任保平,钞小静,魏婕. 中国经济发展质量发展报告(2014)[M]. 北京:中国经济出版社,2014.

[113]金碚. 总需求调控与供给侧改革的理论逻辑和有效实施[J]. 经济管理,2016,38(5):1-9.

[114]任保平,王蓉. 经济增长质量价值判断体系的逻辑探究及其构建[J]. 学术月刊,2013,45(3):88-94.

[115]任保平. 新国家财富观:引导经济增长质量的价值判断[J]. 国家治理,2015(19):5-11.

[116]任保平. 新时代高质量发展的政治经济学理论逻辑及其现实性[J]. 人文杂志,2018(2):26-34.

[117]任胜钢,彭建华. 基于因子分析法的中国区域创新能力的评价及比较[J]. 系统工程,2007(2).

[118]荣昭,王文春. 房价上涨和企业进入房地产——基于我国非房地产上市公司数据的研究[J]. 金融研究,2014(4).

[119]邵传林. 住房价格是否阻碍了地区创新——基于中国285个地级市的空间计量研究[J]. 现代财经(天津财经大学学报),2018(8).

[120]邵帅,李欣,曹建华,杨莉莉. 中国雾霾污染治理的经济政策选择——基于空间溢出效应的视角[J]. 经济研究,2016(9):73-88.

[121]沈坤荣,金刚,方娴. 环境规制引起了污染就近转移吗?[J]. 经

济研究,2017(5):44-59.

[122]沈坤荣. 以供给侧结构性改革推动我国消费成长[A]. 全国高校社会主义经济理论与实践研讨会领导小组. 社会主义经济理论研究集萃(2016):——新发展理念指引下的中国经济[C]. 全国高校社会主义经济理论与实践研讨会领导小组:中国人民大学中国经济改革与发展研究院,2016:8.

[123]沈坤荣,付文林. 税收竞争、地区博弈及其增长绩效[J]. 经济研究,2006(6):16-26.

[124]沈坤荣,唐文健. 大规模劳动力转移条件下的经济收敛性分析[J]. 中国社会科学,2006(5):46-57,206.

[125]师博,沈坤荣. 政府干预、经济集聚与能源效率[J]. 管理世界,2013(10):6-18,187.

[126]宋春合,吴福象. 相机抉择、房价预期与地方政府房地产市场干预[J]. 经济问题探索,2017(1).

[127]宋建. 区域城乡收入差距的动态收敛性与影响因素探究[J]. 经济经纬,2019(1):18-25.

[128]宋文杰,朱青,朱月梅,等. 高铁对不同规模城市发展的影响[J]. 经济地理,2015,35(10):57-63.

[129]苏屹,李柏洲,喻登科. 区域创新系统知识存量的测度与公平性研究[J]. 中国软科学,2012(5):157-174.

[130]孙永强. 金融发展、城市化与城乡居民收入差距研究[J]. 金融研究,2012(4):98-109.

[131]汤鹏主. 国家创新能力及其指标设计研究[J]. 社会科学家,2015(10).

[132]唐将伟. 土地财政与发展不平衡:一个分析框架[J]. 经济问题探索,2018(11):28-33.

[133]唐为,王媛. 行政区划调整与人口城市化:来自撤县设区的经验证据[J]. 经济研究,2015(9):72-85.

[134]陶然,袁飞,曹广忠. 区域竞争、土地出让与地方财政效应:基于1999—2003年中国地级城市面板数据的分析[J]. 世界经济,2007(10):15-27.

[135]田长海,刘锐. 消费金融促进消费升级的理论与实证分析[J]. 消费经济,2013,29(6):18-21,26.

[136]仝允桓. 关于中国交通基础设施投资融资政策的思考[J]. 中国软科学,1997(5):90-96.

[137]万广华,范蓓蕾,陆铭. 解析中国创新能力的不平等:基于回归的分解方法[J]. 世界经济,2010,33(2):3-14.

[138]汪伟,刘玉飞. 人口老龄化与居民家庭消费结构升级——基于CFPS 2012数据的实证研究[J]. 山东大学学报(哲学社会科学版),2017(5):84-92.

[139]汪伟. 经济新常态下如何扩大消费需求?[J]. 人文杂志,2016(4).

[140]汪伟. 如何构建扩大消费需求的长效机制[J]. 学术月刊,2017(9).

[141]王桂新,潘泽瀚. 中国人口迁移分布的顽健性与"胡焕庸线"[J]. 中国人口科学,2016(1):2-13.

[142]王昊. 从"国进民退"之争看政府职能转变[A]. 中国行政体制改革研究会. 第五届中国行政改革论坛——创新政府治理,深化行政改革优秀论文集[C]. 中国行政体制改革研究会,2014:9.

[143]王红建,李茫茫,汤泰劼. 实体企业跨行业套利的驱动因素及其对创新的影响[J]. 中国工业经济,2016(11).

[144]王林辉. 有偏型技术进步、产业结构变迁和中国要素收入分配格局[J]. 经济研究,2018(11):115-131.

[145]王少平,欧阳志刚. 我国城乡收入差距的度量及其对经济增长的效应[J]. 经济研究,2007(10):44-55.

[146]王少平,欧阳志刚. 我国城乡收入差距的度量及其对经济增长的效应[J]. 经济研究,2007(10):44-55.

[147]王少平,谭本艳．中国的核心通货膨胀率及其动态调整行为[J]．世界经济,2009(11).

[148]王书斌,徐盈之．环境规制与雾霾脱钩效应——基于企业投资偏好的视角[J]．中国工业经济,2015(4):18-30.

[149]王文春,荣昭．房价上涨对工业企业创新的抑制影响研究[J]．经济学(季刊),2014(1).

[150]王文刚,孙桂平,张文忠,等．京津冀地区流动人口家庭化迁移的特征与影响机理[J]．中国人口·资源与环境,2017,27(1):137-145.

[151]王贤斌,黄亮雄．夜间灯光数据及其在经济学研究中的应用[J]．经济学动态,2018(10):75-87.

[152]王小鲁,樊纲．中国地区差距的变动趋势和影响因素[J]．经济研究,2004(1):33-44.

[153]王小鲁．中国收入差距的走势和影响因素分析[J]．经济研究,2005(10):24-36.

[154]王晓东,邓丹萱,赵忠秀．交通基础设施对经济增长的影响——基于省际面板数据与Feder模型的实证检验[J]．管理世界,2014(4):173-174.

[155]王修华．农村金融发展对城乡收入差距的影响机理与实证研究[J]．经济学动态,2011(2):71-75.

[156]王艺明．经济增长与马克思主义视角下收入和财富分配[J]．经济研究,2017(11).

[157]王寅寅．地方政府收支、财政分权与通货膨胀[D]．上海:复旦大学,2011.

[158]王永贵,马双,杨宏恩．服务外包中创新能力的测量、提升与绩效影响研究——基于发包与承包双方知识转移视角的分析[J]．管理科学,2015(6).

[159]王永钦．中国的大国发展道路——论分权式改革的得失[J]．经济研究,2007(1):4-16.

[160]王雨飞,倪鹏飞．高速铁路影响下的经济增长溢出与区域空间优

化[J]. 中国工业经济,2016(2):21-36.

[161]王玉茹,张东刚. 中国近代史[M]. 天津:南开大学出版社,2006.

[162]魏浩. 对外贸易、进出口商品结构与我国城乡收入差距[J]. 经济经纬,2011(5):56-60.

[163]魏浩. 对外贸易与中国的城乡收入差距[J]. 世界经济研究,2015(7):89-99.

[164]魏后凯. 中国地区间居民收入差异及其分解[J]. 经济研究,1996(11):66-73.

[165]魏后凯. 中国地区经济增长及其收敛性[J]. 中国工业经济,1997(3):31-37.

[166]魏婕,任保平. 中国各地区经济增长质量指数的测度及其排序[J]. 经济学动态,2012(4):27-33.

[167]温涛. 中国金融发展与农民收入增长[J]. 经济研究,2005(9):30-43.

[168]吴超鹏,唐菂. 知识产权保护执法力度、技术创新与企业绩效——来自中国上市公司的证据[J]. 经济研究,2016(11):125-139.

[169]吴福象,沈浩平. 新型城镇化、基础设施空间溢出与地区产业结构升级——基于长三角城市群16个核心城市的实证分析[J]. 财经科学,2013(7):89-98.

[170]吴瑞君,朱宝树. 中国人口的非均衡分布与“胡焕庸线”的稳定性[J]. 中国人口科学,2016(1):14-24.

[171]夏怡然,陆铭. 城市间的“孟母三迁”——公共服务影响劳动力流向的经验研究[J]. 管理世界,2015(10):78-90.

[172]谢小平. 消费结构升级与技术进步[J]. 南方经济,2018(7).

[173]徐常建. 要素收入分配结构、居民消费与经济增长[J]. 经济经纬,2018(6):121-126.

[174]徐娟. 对中国的通货膨胀、产出增长与国有企业改革三者间关系的实证研究分析[J]. 企业导报,2011(13).

[175]徐康宁,陈丰龙,刘秀岩. 中国经济增长的真实性:基于全球夜间灯光数据的检验[J]. 经济研究,2015(9):17-29,57.

[176]徐升艳,陈杰,赵刚. 土地出让市场化如何促进经济增长[J]. 中国工业经济,2018(3).

[177]徐文昕. 国有企业预算软约束影响通货膨胀率的实证分析[J]. 现代商贸工业,2008(7):185-186.

[178]徐现祥,李书娟,王贤彬,毕青苗. 中国经济增长目标的选择:以高质量发展终结"崩溃论"[J]. 世界经济,2018,41(10):3-25.

[179]许光建,许坤. 以经济周期性回暖为契机加快推进供给侧结构性改革——2017年上半年宏观经济形势及下半年走势分析[J]. 价格理论与实践,2017(6):14-17.

[180]许召元,李善同. 区域间劳动力迁移对地区差距的影响[J]. 经济学(季刊),2009,8(1):53-76.

[181]严成樑,周铭山,龚六堂. 知识生产、创新与研发投资回报[J]. 经济学(季刊),2010(3):1051-1070.

[182]严雅雪,齐绍洲. 外商直接投资与中国雾霾污染[J]. 统计研究,2017(4):69-81.

[183]颜咏华,郭志仪. 中国人口流动迁移对城市化进程影响的实证分析[J]. 中国人口·资源与环境,2015,25(10):103-110.

[184]杨春学,杨新铭. 关于"国进民退"的思考[J]. 经济纵横,2015(10):35-45.

[185]杨宏志,陈欣. 国有企业与非国有企业及我国的结构性通货膨胀[J]. 信阳师范学院学报(哲学社会科学版),1998(2):3.

[186]杨蕙馨,李春梅. 中国信息产业技术进步对劳动力就业及工资差距的影响[J]. 中国工业经济,2013,298(1):51-63.

[187]杨继东,罗路宝. 产业政策、地区竞争与资源空间配置扭曲[J]. 中国工业经济,2018(12):5-22.

[188]杨晶. 产业结构升级、财政支农与城乡居民收入差距[J]. 经济问

题探索,2018(7):134 - 141.

[189]杨天宇,陈明玉. 消费升级对产业迈向中高端的带动作用:理论逻辑和经验证据[J]. 经济学家,2018(11).

[190]杨翔,李小平,周大川. 中国制造业碳生产率的差异与收敛性研究[J]. 数量经济技术经济研究,2015,32(12):3 - 20.

[191]杨义武,林万龙,张莉琴. 地方公共品供给与人口迁移——来自地级及以上城市的经验证据[J]. 中国人口科学,2017(2):93 - 103,128.

[192]姚战琪,夏长杰. 资本深化、技术进步对中国就业效应的经验分析[J]. 世界经济,2005(1):58 - 67.

[193]叶志强. 金融发展能减少城乡收入差距吗?——来自中国的证据[J]. 金融研究,2011(2):42 - 56.

[194]宜文. 财政分权、银行信贷与通货膨胀——基于中国省级面板数据的研究[D]. 重庆:西南大学,2015.

[195]银温泉. 国有企业改革与通货膨胀:两难境地与政策选择[J]. 经济研究,1995(7):21 - 27.

[196]尹志锋,叶静怡,黄阳华,秦雪征. 知识产权保护与企业创新:传导机制及其检验[J]. 世界经济,2013(12):111 - 129.

[197]游士兵,任静茹,赵雨. 我国人口老龄化加速发展对城市化发展速度的影响[J]. 中国人口·资源与环境,2016,26(6):169 - 176.

[198]余菊. 城市化、社会保障支出与城乡收入差距——来自中国省级面板数据的经验证据[J]. 经济地理,2014(3):79 - 84,120.

[199]余永泽,张少辉. 城市房价、限购政策与技术创新[J]. 中国工业经济,2017(6).

[200]袁诚,陆晓天,杨骁. 地方自有财力对交通设施类 PPP 项目实施的影响[J]. 财政研究,2017(6):26 - 39,50.

[201]张琛. 中国式财政分权与通货膨胀的关系研究——基于省际面板数据的分析[D]. 南京:南京大学,2014.

[202]张光南,宋冉. 中国交通对"中国制造"的要素投入影响研究[J].

经济研究,2013,48(7):63－75.

[203]张光南,朱宏佳,陈广汉．基础设施对中国制造业企业生产成本和投入要素的影响——基于中国 1998—2005 年 27 个制造业行业企业的面板数据分析[J]. 统计研究,2010,27(6):46－57.

[204]张杰,杨连星,新夫．房地产阻碍了中国创新么?——基于金融体系贷款期限结构的解释[J]. 管理世界,2016(5).

[205]张军,高远,傅勇,张弘．中国为什么拥有了良好的基础设施?[J]. 经济研究,2007(3).

[206]张克中,陶东杰．交通基础设施的经济分布效应——来自高铁开通的证据[J]. 经济学动态,2016(6):62－73.

[207]张乃丽．近代中国的进出口、商品化趋势与经济增长(1887—1936)[J]. 文史哲,2013(6):51－59,162.

[208]张启迪．政府债务对经济增长的影响存在阈值效应吗——来自欧元区的证据[J]. 南开经济研究,2015(3):95－113.

[209]张庆丰,克鲁克斯．迈向环境可持续的未来:中华人民共和国国家环境分析[M]. 北京:中国财政经济出版社,2012.

[210]张天华,陈力,董志强．高速公路建设、企业演化与区域经济效率[J]. 中国工业经济,2018(1):79－99.

[211]张维迎,栗树和．地区间竞争与中国国有企业的民营化[J]. 经济研究,1998(12):13－22.

[212]张学良．中国交通基础设施促进了区域经济增长吗——兼论交通基础设施的空间溢出效应[J]. 中国社会科学,2012(3):60－77,206.

[213]张学良．中国交通基础设施促进了区域经济增长吗——兼论交通基础设施的空间溢出效应[J]. 中国社会科学,2012(3):60－77,206.

[214]张延群．中国核心通货膨胀率的度量及其货币政策含义[J]. 金融研究,2011(1).

[215]张翼．当前中国社会各阶层的消费倾向——从生存性消费到发展性消费[J]. 社会学研究,2016,31(4):74－97,243－244.

[216]赵家章. 中国利用外资历程及其特点探析[J]. 经济界,2011(1):79-84.

[217]赵凯,刘成坤. 住房价格、土地价格与地方政府行为[J]. 统计研究,2018(10).

[218]赵宵伟. 地方政府间环境规制竞争策略及其地区增长效应——来自地级市以上城市面板的经验数据[J]. 财贸经济,2014(10).

[219]赵昕东,汤丹. 基于CPI分项目价格指数的中国核心通货膨胀估计及政策选择研究[J]. 统计研究,2012,29(7).

[220]赵昕东. 基于SVAR模型的中国核心通货膨胀的估计与应用[J]. 统计研究,2008,25(7).

[221]周皓. 中国人口迁移的家庭化趋势及影响因素分析[J]. 人口研究,2004,28(6):60-69.

[222]周黎安. "官场+市场"与中国增长故事[J]. 社会,2018,38(2):1-45.

[223]周黎安. 晋升博弈中政府官员的激励与合作——兼论我国地方保护主义和重复建设问题长期存在的原因[J]. 经济研究,2004(6):33-40.

[224]周黎安. 中国地方官员的晋升锦标赛模式研究[J]. 经济研究,2007(7):36-50.

[225]周茂. 地区产业升级与劳动收入份额:基于合成工具变量的估计[J]. 经济研究,2018(11):132-147.

[226]周煊,程立茹,王皓. 技术创新水平越高企业财务绩效越好吗?——基于16年中国制药上市公司专利申请数据的实证研究[J]. 金融研究,2012(8):166-179.

[227]周业安,冯兴元,赵坚毅. 地方政府的竞争与市场秩序的重构[J]. 中国社会科学,2004(1).

[228]朱承亮. 中国地区经济差距的演变轨迹与来源分解[J]. 数量经济技术经济研究,2014,31(6):36-54.

[229]朱海就. 区域创新能力评估的指标体系研究[J]. 科研管理,2004

(3).

[230] 洪银兴．新时代现代化理论的创新[J]．经济研究,2017(11).

[231]张晓晶．试论中国宏观调控新常态[J]．经济学动态,2015(4).

[232]刘树成．改革宏观调控方式与把握合理区间中线[J]．财贸经济,2014(7).

[233]张宇,谢地,任保平,蒋永穆．中国特色社会主义政治经济学[M].北京:高等教育出版社,2017.

[234] 郭克莎,汪红驹．经济新常态下宏观调控的若干重大转变[J]．中国工业经济,2015(11).

[235]方昕．警惕通货紧缩,完善宏观调控[J]．金融研究,2016(2).

[236]洪银兴．以创新理论构建中国特色社会主义政治经济学的理论体系[J]．经济研究,2016(4).

[237]张岂之．关于生态环境问题的历史思考[J]．史学集刊,2001(3).

[238] 刘伟,苏剑."新常态"下中国宏观调控[J]．经济科学,2014(4).

[239]任保平．新国家财富观:引导经济增长质量的价值判断[J]．国家治理,2015(19).

[240]托马斯·皮凯蒂.21 世纪资本论[M]．巴曙松,译．北京:中信出版社,2014.

[241]任保平．我国供给侧结构性改革的本质:体制改革[J]．社会科学辑刊,2017(2).

[242]任保平,张蓓．新常态下我国地方经济增长质量的转型及其宏观调控的转向[J]．人文杂志,2017(8).

[243] 沈坤荣．以供给侧结构性改革为主线,提升经济发展质量[J]．政治经济学评论,2018(1).

[244] 王爱俭,王璟怡．宏观审慎政策效应及其与货币政策关系研究[J]．经济研究,2014(4).

[245] 张健华,贾彦东．宏观审慎政策的理论与实践进展[J]．金融研究,2012(1).

[246] Acemoglu D. , Akcigit U. Intellectual Property Rights Policy, Competition and Innovation [J]. *Journal of the European Economic Association*, 2012, 10 (1): 1 – 42.

[247] Acemoglu, D. and U. Akcigit. Intellectual Property Rights Policy, Competition and Innovation [J]. *Journal of the European Economic Association*, 2012, 10 (1): 1 – 42.

[248] Aghion P. , Howitt P. A. Model of Growth through Creative Destruction [J]. *Econometrica*, 1992, 60: 323 – 351.

[249] Aghion, P. , C. Harris, P. Howitt and J. Vickers. Competition, Imitation and Growth with Step – by – Step Innovation [J]. *Review of Economic Studies*, 2001, 68 (3): 467 – 492.

[250] Arnold M. James Le Sage, Robert K. Pace: Introduction to spatial econometrics [J]. *Statistical Papers*, 2011, 52 (2): 493 – 494.

[251] Auty R. Sustaining Development in Mineral Economies [C]//European Conference on Lasers & Electro – optics. IEEE, 1993.

[252] Backus, David K. , Patrick J. Kehoe. International Evidence on the Historical Properties of Business Cycles [J]. *American Economic Review*, 1992, (4).

[253] Barro, R. J. &X. Sala – i – Mart, Convergence [J]. *Journal of Political Economy*, 1992: (100) 223 – 251.

[254] Barro, R. J. , Quality and Quantity of Economic Growth [J]. *Working Paper from Central Bank of Chile*, 2002.

[255] Barro, R. J. , Economic Growth and Convergence, Applied Especially to China [J]. *NBER Working Paper*, 2016, No. 21872.

[256] Bartik, T. J. Boon or Boondoggle: The Debate Over State and Local Economic Development Policies. Who Benefits from State and Local Economic Development Policies, 1991.

[257] Bleakley, H. &J. Lin. Portage and path dependence [J]. *Quarterly Journal of Economics*, 2012, 127 (2): 587 – 644.

[258] Blundell, R. and S. Bond. Initial Conditions and Moment Restrictions in Dynamic Panel Data Models[J]. *Journal of Economics*, 1998, 109(3): 693 - 617.

[259] Boarnet, G., Spillovers and Locational Effects of Public Infrastructure [J]. *Journal of Regional Science*, Vol. 38, No. 3, 1998: 381 - 400.

[260] Borsi, M. T. &N. Metiu, The Evolution of Economic Convergence in the European Union[J]. *Empirical Economics*, 2015, 48: 657 - 681.

[261] Bryan, M. and S. Cecchetti. The Consumer Price Index as a Measure of Inflation[J]. *Federal Reserve Bank of Cleveland Economic Review*, 1993, 29: 15 - 24.

[262] Cassiman, B. and G. Valentini. Open Innovation: Are Inbound and Outbound Knowledge Flows Really Complementary [J]. *Strategic Management Journal*, 2016, 37(6): 1034 - 1046.

[263] Delgado, M. & M. E. Porter and S. Stern Clusters, Convergence, and Economic Performance[J]. *Research Policy*, 2014, 43: 1785 - 1799.

[264] Elhorst, P. &G. Piras&G. Arbia Growth and Convergence in a Multiregional Model with Space - Time Dynamics[J]. *Geographical Analysis*, 2010, 42: 338 - 355.

[265] Elhorst, P. Unconditional Maximum Likelihood Estimation of Linear and Log - linear Dynamic Models for Spatial Panels[J]. *Geographical Analysis*, 2005, 37: 62 - 83.

[266] Fujita, M., P. Krugman and A. *Venables. The Spatial Economy and International Trade*[M]. MIT Press, Cambridge MA, 1999.

[267] Gallini, N. and S. Scotchmer. Intellectual Property: When Is It the Best Incentive System[J]. *Innovation Policy and the Economy*, 2002, 2(2): 51 - 77.

[268] Grossman, G. M. and A. B. Krueger. Economic Growth and the Environment[J]. Quarterly Journal of Economics, 1995, 110(2): 353 - 377.

[269] Grossman, G. M. and Krueger, A. B. Environmental impacts of a North American free trade agreement [R]. NBER Working Paper, Cambridge MA, 1991.

[270] Henderson, J. V. et al., Measuring Economic Growth from Outer

Space[J]. *American Economic Review*,2012,102(2):994 - 1028.

[271] Jacobsen, M. Z. Atmospheric Pollution: History. Science and Regulation[J]. *New York: Cambridge University Press*,2002.

[272]Jones C. Sources of U. S. Economic Growth in a World of Ideas [J]. *American Economic Review*,2002,92(1):220 - 239.

[273] Kang, K. H. and J. Kang. Do External Knowledge Sourcing Modes Matter for Service Innovation? Empirical Evidence From South Korean Service Firms[J]. *Journal of Product Innovation Management*,2014,31(1):176 - 191.

[274] Krugman, P. *Geography and Trade* [M]. MIT Press, Cambridge MA,1991.

[275]Lanjouw,J. O. and J. Lerner. The Enforcement of Intellectual Property Rights: A Survey of the Empirical Literature[J]. *Annals of Economics and Statistics*,1998,49 - 50:223 - 246.

[276]LEWIS,W. A. Economic Development with Unlimited Supplies of Labour[J]. *The Manchester School*,1954,22(2):139 - 191.

[277]Lucas R. Life Earnings and Rural - urban Migration[J]. *Journal of Political Economy*,2004,112(1):s29 - s59.

[278]Mikelbank,B. and R. W. Jackson Equity vs. Efficiency: Public Capital Investment in Ohio,1988 - 1992[J]. *The Professional Geographer*, Vol. 51, No. 2, May 1999.

[279]Mlachila,M. & R. Tapsoba&S. J. A. Tapsoba A Quality of Growth Index for Developing Countries: A Proposal[J]. *IMF Working Paper*,2004,No. 172.

[280]Nadiri,M. Ishaq,and T. P. Mamuneas The Effects of Public Infrastructure and R&D Capital on the Cost Structure and Performance of U. S. Manufacturing Industries[J]. *Review of Economics and Statistics*,1994,76(1),22 - 37.

[281]Norihiko Yamano and Toru Ohkaware The Regional Allocation of Public Investment: Efficiency or Equity? [J]. *Journal of Regional Science*, Vol. 40, No. 2,2000:205 - 229.

[282] P. N. Rosenstein – Rodan Problems of Industrialization of Eastern and South – Eastern Europe[J]. *The Economic Journal*, Vol. 53, No. 210/211 (Jun. – Sep. ,1943):202 – 211.

[283] PESSOA A. "Ideas" Driven Growth: the OECD Evidence [J]. *Portuguese Economic Journal*, 2005, 4(1):46 – 67.

[284] Pessoa A. "Ideas" Driven Growth: the OECD Evidence[J]. *Portuguese Economic Journal*, 2005, 4(1):46 – 67.

[285] Pessoa, A. Ideas Driven Growth: the OECD Evidence[J]. *Portuguese Economic Journal*, 2005, 4(1):46 – 67.

[286] Porter M. E, Stern S. Measuring the "Ideas" Production Function: Evidence from International Patent Output[R]. *NBER Working Papers*, 2000.

[287] Porter, M. E. America's green strategy [J]. *Scientific American*, 1991, 264(4):193 – 246.

[288] Qian Yingyi, Gerard Roland. Federalism and the Soft Budget Constraint[J]. *American Economic Review*, 1998(88):1143 – 1162.

[289] Ravn, M., H. Uhlig. On Adjusting the HP – Filter for the Frequenc yof Observations[J]. *Review of Economics and Statistics*, 2002(2).

[290] Rodrik, D. An African Growth Miracle? [R]. NBER Working Paper, 2014, No. 20188.

[291] Romer, P. Endogenous Technological Change[J]. *Journal of Political Economy*, 1990, 98(5):71 – 102.

[292] Shuai Chen, Paulina Oliva, and Peng Zhang. The Effect of Air Pollution on Migration: Evidence from China[R]. NBER Working Paper, 2017.

[293] Todaro MP. A Model of Labor Migration and Urban Unemployment in Less Developed Countries[J]. *American Economic Review*, 1969, 59:138 – 148.

[294] Vickerman, R. High – speed Rail in Europe: Experience and Issues for Future Development[J]. *The Annals of Regional Science*, 1997, 31:21 – 38.

索　引

后　记

本书是在“发展的政治经济学与新中国70年”系列丛书的组成部分。“发展的政治经济学”是西北大学理论经济学科近年来重点关注和研究的学术领域。《中国宏观经济发展的政治经济学》力图在传统宏观经济学分析框架上，结合中国宏观经济实践，探讨财富、创新和绿色发展等宏观经济学的核心问题；围绕消费、投资、劳动力流动、收入分配和通货膨胀等内容展开宏观经济的短期分析；在宏观长期分析层面，着重考察经济增长与收敛、经济高质量发展和新时代宏观调控的转型问题。

在研究体系上，本书更加关注如何将发展和政治经济学有机融合。我们尝试将财富、创新、绿色发展等宏观经济发展问题与新中国成立70年来社会主义经济运行的实践和特征相融合。突出分析政府和市场在资源配置过程中对中国宏观经济发展的影响，考察中央政府和地方政府以及国有企业和民营企业两组关系对中国宏观经济发展的作用。在短期分析和长期分析中，我们从新中国成立70年来消费、投资和经济增长等运行轨迹和阶段性特征分析入手，重点研究了政府在中国经济发展奇迹中举足轻重的作用。最后将研究的落脚点定位于新时代经济高质量发展的宏观调控的转型。

本书的研究框架是在教育部长江学者任保平教授的指导下确定的，由师博教授和钞小静教授带领的科研团队集体合作完成，各章分工如下：第一章，师博、叶蔚然；第二章，师博、史萌；第三章，师博、党海卿；第四章，钞小静、薛志欣、罗鎏铠；第五章，刘风起；第六章，师博、张新月；第七章，钞小静、廉园梅、李俏；第八章，梁菲；第九章，师博、任保平；第十章，钞小静、薛志欣；第十一章，师博。

本书的出版得到了西北大学师长及同人的大力支持，在此感谢西北大学校长郭立宏教授，副校长贾明德教授、王振斌教授，以及孙国华副书记、常江副校长。同时，学校各级处室也给予了积极的支持，感谢社科处原处长刘丰研究员，社科处现任处长马朝奇教授、副处长李丰庆；学科处汪涛处长、研究生院徐哲峰副院长以及教务处郭晗副处长。经济管理学院的茹少峰教授、何爱平教授、宋宇教授、马莉莉教授、高煜教授、吴振磊教授、杜勇书记、李辉副院长、赵金哲副书记、赵传仁副院长、康蓉副教授、魏婕副教授，以及法学院书记李一凡同志、物理学院副书记杨军良同志、中国西部经济发展研究中心副主任李文斌同志在书稿写作过程中都给予了大力支持，在此一并表示感谢。最后感谢西北大学研究生院院长、教育部人文社科重点研究基地——西北大学中国西部经济发展研究中心主任任保平教授多年来的悉心指导。任老师不仅在本书的选题和框架设计方面给予了无私的帮助，更在平日的教学和科研工作中不断地点拨、鼓励和培养我们，照亮和指引我们前进的道路。

笔　者

于 2019 年 7 月